用于国家职业技能鉴定

YONGYU GUOJIA ZHIYE JINENG JIANDING

国家职业资格培训教程

GUOJIA ZHIYE ZIGE PEIXUN JIAOCHENG

防腐蚀工

（初级）

第2版

编审委员会

主　任　刘　康　任振铎

副主任　张亚男　潘小洁

委　员　张炎明　李济克　段林峰　张志宇　余　波
　　　　姚　建　辜志俊　王卫东　陶永顺　张庆虎
　　　　王贵敏　雍兴跃　高　扬　任　朋　李　侠
　　　　陈　蕾　张　伟

编写人员

主　编　段林峰　潘小洁

副主编　邱小云

编　者　邱小云　段林峰　刘冬梅　叶　亮　吕今强
　　　　郝晓燕　张庆虎　陈国宝　王海英　倪永泉
　　　　张志宇　王贵敏　王　鸿　于春洋　雍兴跃
　　　　余　波　姚　建　翁子懋　姚松年

中国劳动社会保障出版社

图书在版编目(CIP)数据

防腐蚀工：初级/中国就业培训技术指导中心组织编写. —2 版. —北京：中国劳动社会保障出版社，2013

国家职业资格培训教程

ISBN 978 - 7 - 5167 - 0302 - 1

Ⅰ.①防… Ⅱ.①中… Ⅲ.①防腐-技术培训-教材 Ⅳ.①TB304

中国版本图书馆 CIP 数据核字(2013)第 139903 号

中国劳动社会保障出版社出版发行

（北京市惠新东街 1 号　邮政编码：100029）

出 版 人：张梦欣

*

北京市艺辉印刷有限公司印刷装订　新华书店经销

787 毫米×1092 毫米　16 开本　19 印张　328 千字

2013 年 7 月第 2 版　2013 年 7 月第 1 次印刷

定价：42.00 元

读者服务部电话：（010）64929211/64921644/84643933

发行部电话：（010）64961894

出版社网址：http://www.class.com.cn

前　言

为推动防腐蚀工职业培训和职业技能鉴定工作的开展，在防腐蚀工从业人员中推行国家职业资格证书制度，中国就业培训技术指导中心在完成《国家职业技能标准·防腐蚀工》(2009年修订）（以下简称《标准》）制定工作的基础上，委托中国工业防腐蚀技术协会组织参加《标准》编写和审定的专家及其他有关专家，编写了防腐蚀工国家职业资格培训系列教程（第2版）。

防腐蚀工国家职业资格培训系列教程（第2版）紧贴《标准》要求，内容上体现“以职业活动为导向、以职业能力为核心”的指导思想，突出职业资格培训特色；结构上针对防腐蚀工职业活动领域，按照职业功能模块分级别编写。

防腐蚀工国家职业资格培训系列教程（第2版）共包括《防腐蚀工（基础知识)》《防腐蚀工（初级)》《防腐蚀工（中级)》《防腐蚀工（高级)》《防腐蚀工（技师 高级技师)》5本。《防腐蚀工（基础知识)》内容涵盖《标准》的“基本要求”，是各级别防腐蚀工均需掌握的基础知识；其他各级别教程的章对应于《标准》的“职业功能”，节对应于《标准》的“工作内容”，节中阐述的内容对应于《标准》的“技能要求”和“相关知识”。

本书是防腐蚀工国家职业资格培训系列教程（第2版）中的一本，适用于对初级防腐蚀工的职业资格培训，是国家职业技能鉴定推荐辅导用书，也是初级防腐蚀工职业技能鉴定国家题库命题的直接依据。

本书共12章。第1章由邱小云（南京化工职业技术学院）编写，第2章由段林峰（南京化工职业技术学院）编写，第3章由刘冬梅［正臣新材料科技（上海）有限公司］、叶亮（广州秀铂化工股份有限公司）编写，第4章由吕今强（安钢集团）、邱小云、郝晓燕（安钢集团）编写，第5章由张庆虎、陈国宝（杭州顺豪橡胶工程有限公司）编写，第6章由王海英、倪永泉（浙江晋巨化工有限公司）编写，第7章由王鸿（黄石市汇波防腐技术有限公司）编写，第8章由张志宇（南京化工职业技术学院）编写，第9章由王贵敏（北京安特克防腐科技发展有限公司）编写，第10章由于春洋（北京联合大学生物化学工程学院)、雍兴跃（北京化工大学）编写，第11章由余波（黄石市汇波防腐技术有限公司）编写，第12章由姚建、翁子懋、姚松年（南通山剑石墨设备有限公司）编写。

本书在编写过程中得到安钢集团附属企业有限责任公司、正臣新材料科技（上海）有限公司、黄石市汇波防腐技术有限公司、厦门洗霸科技有限公司等单位的大力支持与协助，在此一并表示衷心的感谢。

中国就业培训技术指导中心

目 录

CONTENTS 国家职业资格培训教程

第1章
准备工作

第1节　工程项目准备

学习目标

➢ 了解实施工程项目的必备材料，学会检查和验收工程项目。

知识要求

一、技术资料

1. 设计文件

设计文件是工程建设的依据，也是防腐蚀施工的依据。设计文件是由具有设计资格的设计单位编制的，由工程甲方提供。设计文件要作为施工图会审的依据，应在工程开工前收集准备好。防腐蚀施工的设计文件主要包括设计说明书、施工图和材料一览表等。通过设计文件，可以了解防腐蚀的方法、材料、能源及消耗，施工操作的要求，质量检查和验收的标准等。

2. 施工方案

施工方案是工程施工单位根据国家标准、规范的规定和设计要求所制定的指导施工用的具体方案。施工要按照方案的要求进行。

3. 施工技术操作规程

施工技术操作规程是施工单位规定的操作规范。它包括各种机械操作的具体步骤和方法。只有按照操作规程进行操作，才能保证工程施工质量。违反操作规程，将会造成事故或影响工程质量。

二、施工对象的检验

接受项目后，施工方应对施工对象进行检验，这种检验不是设备的检验，而是从工程施工的角度进行的检查，目的是检查当时设备的状态、结构是否适合施工，分清需修整的责任，为制定施工方案打好基础。

对于施工对象，要按照施工图的要求，检查其外形和尺寸，主要内容有：是否受过碰撞，外形是否产生明显的损伤或发生明显的变形，施工对象几何尺寸的偏差是否在施工图要求的范围内。同时要进行表观检查。防腐蚀对象外观检查的目的在于确定施工对象的表面状况，如焊缝是否平整、飞溅焊渣是否清除、接管端面是否磨平、结构是否符合防腐蚀作业要求等。

三、记录

对于检查、检验的结果应按项目分别记录，应详细记录缺陷的类型、位置、程度（相应的尺寸）以及处理意见。所有记录除由施工方的相应负责人签字外，还应由甲方的有关人员签字认可。

第2节　表面处理工具准备

➢ 掌握常用表面处理工具的种类。

➢ 能够正确选用、检查工具。

一、常用打磨、清灰工具的种类

基体表面常因焊接等原因，导致表面的不平整。因此，在表面除锈前，需进行打磨处理，同时还应将基体表面的灰尘清扫干净。

打磨一般使用手提式砂轮机，清灰可用扫帚或吸尘器。

二、常用除锈工具的种类

除锈包括手工除锈和动力工具除锈。常用的手工除锈工具有锤子、钢丝刷、铲刀、刮刀及铁砂布等。

动力工具除锈是采用以电、风为动力的机具磨、铲、敲、刷的除垢和除锈工作，常见的工具有台式砂轮机、风动砂轮机、角向磨光机、风动除锈机等。

技能要求

一、选用、检查打磨、清灰工具

根据需要打磨的量准备足够的砂轮片，并试运转手提式砂轮机。

如果基体结构复杂、面积小，可选择扫帚清灰；对于面积较大的基体表面，可选择吸尘器。

二、选用、检查除锈工具

一般如果基体结构复杂、面积小，可选用锤子、砂布、钢丝刷、铲刀；如果除锈面积较大，可选用手提式砂轮（或钢丝轮）机。

砂布要检查规格是否符合要求，是否受潮；钢丝刷要检查钢丝是否牢固可用；铲刀要检查是否锋利；手提式砂轮机要检查转动是否正常，砂轮或钢丝轮是否完整可用。

第 3 节　通风设备、消防器材准备

学习单元 1　通风设备

学习目标

➢ 掌握通风设备的种类和使用要求。

知识要求

一、常用通风设备的种类

常用通风设备主要有轴流风机、排风扇等，可根据施工现场环境条件进行选择。

二、常用通风设备的使用要求

在使用前，要按照说明书的要求，对通风设备进行试运转。在运行过程中发现风机有异常声、电动机严重发热、外壳带电、开关跳闸、不能启动等现象时，应立即停机检查。为了保证安全，不允许在风机运行中进行维修。检修后应试运转5 min左右，确认无异常现象后再开机运转。

学习单元2　消防器材

学习目标

➢ 掌握防火器材的种类和使用方法。

知识要求

一、消防器材的种类

1. 灭火器

灭火器是一种可由人力移动的轻便灭火器具，它能在其内部压力作用下，将所充装的灭火剂喷出，用来扑救火灾。灭火器种类繁多，其适用范围也有所不同，只有正确选择灭火器的类型，才能有效地扑救不同种类的火灾，达到预期的效果。常用的灭火器有干粉灭火器、二氧化碳灭火器、泡沫灭火器等。

灭火器的灭火种类通常印在灭火器的铭牌或筒身上，在使用前应仔细阅读，并根据现场可能发生的火情种类选择合适的灭火器。

2. 消火栓

消火栓主要供消防车从市政给水管网或室外消防给水管网取水实施灭火，也可以直接连接水带、水枪出水灭火。消火栓系统也是扑救火灾的重要措施之一。

3. 砂、土等灭火物

用砂、土等作为覆盖物也可进行灭火。

各类防火器材应符合安全标准，使用前应掌握其操作规程。

二、消防器材的使用方法

1. 灭火器

(1) 干粉灭火器。先拔去保险销，手握灭火器的橡胶喷嘴，在距火源 2 m 左右处，将灭火器上部手柄压下，拿着喷管左右摆动，喷射干粉覆盖整个燃烧区。灭火时，灭火器要保持直立，不宜水平或颠倒使用。

(2) 二氧化碳灭火器。先拔去保险销，手握灭火器喇叭状喷嘴，在距火源 2 m 左右处，将灭火器上部手柄压下，向火焰根部喷射并不断推进，直到扑灭火焰。

(3) 泡沫灭火器。一只手捂住喷嘴，另一只手执筒底边缘，把灭火器倒过来呈垂直状态，用力上下晃动几下，然后放开喷嘴，站在离火源 8 ~ 10 m 处开始向燃烧区喷射，并不断前进，兜围着火焰喷射，直到把火扑灭。

2. 消火栓

消火栓一般都设置在建筑物公共部位的墙壁上，有明显的标志，内有水带和水枪。当发生火灾时，找到离火场最近的消火栓，打开消火栓箱门，取出水带，将水带的一端接在消火栓出水口上，另一端接好水枪，拉到起火点附近后方可打开消火栓阀门。

注意：只有在确认火灾现场供电已断开的情况下，才能用水进行扑救。

第 4 节　劳动防护用品

➢ 了解常用劳动防护用品及使用方法。

➢ 能够正确穿戴劳动防护用品。

知识要求

劳动防护用品、设施是人们在实际工作中用于保护自身安全与健康的一种辅助措施。劳动防护用品种类很多，不同种类的防护用品，可以起到不同的防护作用。

一、常用劳动防护用品

1. 头部防护用品

主要是安全帽，它能使冲击力分散到尽可能广的表面，并使高空坠落物向外侧偏离。

2. 呼吸器官防护用品

主要是防尘和防毒用的防尘口罩和防毒面具等。

3. 眼（面）防护用品

主要是护面镜和面罩。

4. 听力防护用品

主要是耳塞或耳罩。

5. 手和手臂防护用品

主要是防护手套，如耐酸（碱）手套、焊工手套、橡胶耐油手套、防X射线手套等。

6. 足部防护用品

主要是安全鞋，如防砸安全靴、防酸鞋、焊接防护鞋及防触电需要穿的绝缘鞋等。

7. 躯干防护用品

主要是防护服，如灭火人员应穿阻燃工作服，从事酸（碱）作业的人员应穿防酸（碱）工作服等。

8. 高处坠落防护用品

主要是安全带、安全绳、安全网。

9. 皮肤防护用品

主要是各种类型的劳动护肤用品。

二、重要劳动保护用品的使用方法

1. 安全帽

（1）要把前额完全护盖住，并将帽子的大小调整好。

(2) 固定带要固定在下颌，预留约有一指宽的空间。

(3) 两边固定带的扣环要调到耳朵正下方。

(4) 安全帽的前后方向不要戴错。

(5) 安全帽不可套在后脑。

(6) 如果能加戴头巾或头带更好，不但有助于吸排汗水、避免汗液流入眼睛，还能防晒、防虫，夏季散热消暑，冬季保暖防寒。

(7) 一定要选用有合格标签的安全帽。

(8) 尽量选用外形颜色靓丽的安全帽，且通风孔越多越好，但价格上会较贵些。

(9) 汰旧换新原则。安全帽摔过一次后，或每使用三年就要换新。不要将安全帽放在密闭汽车内或高热的地方，以确保品质安全。每次使用后，要用清水冲洗，以保持卫生。

2. 安全带

(1) 先检查安全带是否完好。

(2) 把安全带捋顺后，先调松安全带的腿带和腰带。

(3) 穿时注意，保护环朝正前方，先穿腿带，再挎肩带。

(4) 穿戴坐式安全带时，要把腰带提至胯部以上，先紧腰带再紧腿带。

(5) 紧腰带和腿带时要以两个手指放入腰带不能立起为准。

(6) 把腰带尾部长出部分放入腰带后部。

(7) 确认检查（自我检查或保护者检查）。

3. 防毒面具

(1) 使用者应根据自己的脸形选配适宜的防毒面具。

(2) 使用者应根据毒物种类、浓度选择防毒面具。

4. 绝缘鞋

正常使用期内的绝缘鞋，应避免接触尖锐物，防止因尖锐物刺破鞋子绝缘层而带来危险。同时还要防止机械损伤，应正确合理地进行保养，避免接触高温、油污、酸、碱和腐蚀性的物质。跟绝缘鞋配套使用的还有绝缘手套、绝缘服等其他绝缘物品。

为了确保使用安全，绝缘鞋的检验周期一般不应超过6个月。如鞋子有破损、断底等现象，应及时更换。

技能要求

一、操作准备

在进行相关操作前，按操作需要的防护要求准备好相应的劳动保护用品。

二、操作步骤

按照有关防腐蚀作业的技术要求，根据不同工种、不同劳动条件，穿戴不同的劳动保护用品。

三、注意事项

需要佩戴防护用品的人员在使用防护用品前，应认真阅读产品安全说明书，确认其使用范围、有效期限等内容，熟悉其使用、维护和保养方法，一旦发现防护用品有受损或超过有效期限等情况，应立即更换，绝不能冒险使用。

思考题

1. 常用的清灰工具有哪些？
2. 防腐蚀作业时有哪些常用的通风设备？
3. 简述常用的灭火器的种类及使用方法。
4. 防腐蚀作业时需要哪些劳动防护用品？

第2章 基体表面处理

第1节 表面清理标准

学习目标

➢ 了解基体的表面特性及表面清理的有关标准。

知识要求

在施工之前，被防腐的基体表面要没有污染物，表面状况良好。所谓表面状况良好是指基体表面能与防腐蚀覆盖层良好地结合，使其能够起到防腐蚀的作用。

一、基体表面特性及对防腐蚀施工的影响

基体的表面状态可以从清洁度、孔隙度、粗糙度三个方面来描述，它们对防腐蚀工程施工质量有较大影响。

1. 清洁度

清洁度表明基体表面清除杂物污染后的洁净程度。基体表面清洁度差，将直接影响防腐蚀层的施工。例如，钢铁表面经常有一层铁锈或氧化皮，又常被油、水等污染，直接影响其与涂、衬层的黏结。又如，混凝土的表面因施工环境等因素常粘有许多污染物，并且其内部含有的水分和碱性物质也会渗到表面，影响其与涂、衬层的黏结。

2. 孔隙度

孔隙度表明基体表面孔隙的多少。基体表面存在各种不同直径和深度的细孔，黏结剂可以通过毛细孔渗入到孔内，起到镶嵌作用，其渗入的深度受到细孔形式、涂料或黏结剂的黏度和固化性能等因素的影响。如果细孔是不通底的，并且黏结剂的黏度又较大，那么孔内的气体将无法排尽，此时黏结剂虽然能借助毛细力进入孔内，但其渗入将随孔内被封闭气体压力的升高而停止，因此渗入的深度会受到限制。如果细孔是通底的，黏结剂就会慢慢渗入并充满整个细孔，但黏结剂渗入深度将受到固化前所能流淌的时间的限制，当黏结剂太稠时，它就无法继续渗入。

如果孔径较大，那么黏结剂会很难填满而形成坑。如铸铁孔隙多，衬胶硫化后，孔隙中残留的空气会使衬胶层鼓泡。总的说来，基体的孔隙度大对防腐层施工没有好处。

3. 粗糙度

粗糙度反映了基体表面的粗糙程度。适当地将基体表面粗糙化，对于涂衬是有好处的，可提高涂、衬层与基体表面的黏结强度。但粗糙度不能超过一定的界限，粗糙度太大反而会降低黏结强度，影响黏结剂对基体表面的浸润，凹处残留的空气也对粘接不利。另外，尖峰处的涂层过薄，也会影响涂装防腐蚀层的效果。

表面清理的目的，就是在进行防腐蚀施工前，通过清理使基体的表面状态符合防腐蚀施工的要求。

二、表面清理标准

表面清理方法包括机械方法、化学方法和火焰法三大类。《涂覆涂料前钢材表面处理　表面清洁度的目视评定　第 1 部分：未涂覆过的钢材表面和全面清除原有涂层后的钢材表面的锈蚀等级和处理等级》（GB/T 8923. 1—2011）适用于喷射或抛射除锈、手工和动力工具除锈及火焰除锈；行业标准还规定了化学除锈的质量等级。

1. 基体表面的锈蚀等级

依据《涂覆涂料前钢材表面处理　表面清洁度的目视评定　第 1 部分：未涂覆过的钢材表面和全面清除原有涂层后的钢材表面的锈蚀等级和处理等级》（GB/T 8923. 1—2011），钢材基体表面的锈蚀等级分为 A、B、C、D 四个等级，见表 2—1。

2. 手工和动力工具除锈的质量标准

手工和动力工具除锈，是指用铲刀、手工或动力钢丝刷、动力砂纸盘或砂轮等工具除去金属表面的氧化物、油脂和污垢的过程。

表 2—1　　钢材表面原始锈蚀等级

锈蚀等级	锈蚀程度
A	全面覆盖着氧化皮而几乎没有铁锈的钢材表面
B	已经发生锈蚀，并且部分氧化皮已经剥落的钢材表面
C	氧化皮已因锈蚀剥落，或可以刮除，并有少量点蚀的钢材表面
D	氧化皮已因锈蚀而全面剥落，并且表面已经普遍发生点蚀的钢材表面

手工和动力工具除锈前，应铲除厚的锈层，也应清除可见的油脂和污垢。手工和动力工具除锈后，应清除钢材表面的浮灰和碎屑。对于手工和动力工具除锈过的钢材表面，按《涂覆涂料前钢材表面处理　表面清洁度的目视评定　第 1 部分：未涂覆过的钢材表面和全面清除原有涂层后的钢材表面的锈蚀等级和处理等级》（GB/T 8923. 1—2011）规定制定了两个除锈等级，见表 2—2。

表 2—2　　手工及动力工具除锈等级标准

除锈级别	定　义	验收标准
St2	彻底的手工和动力工具除锈	钢材表面应无可见的油脂和污垢，并且没有附着不牢的氧化皮、铁锈和油漆涂层等附着物
St3	非常彻底的手工和动力工具除锈	钢材表面应无可见的油脂和污垢，并且没有附着不牢的氧化皮、铁锈和油漆涂层等附着物。除锈应比 St2 更为彻底，底材显露部分的表面应具有金属光泽

这里要注意的是：国家标准中对 A 级锈蚀表面，不含有 St1 的除锈处理。

第 2 节　打磨、清灰、脱脂

学习单元 1　打磨

学习目标

➢ 掌握常用的基体打磨工具的使用方法。

➢ 能够对基体进行打磨处理。

知识要求

一、打磨的要求及工具

打磨是为了把钢铁设备的焊缝、补焊处的突起物或表面不平整的地方磨平或磨圆，以保证覆盖层的粘接。打磨后要求焊缝基本平整，圆滑过渡；钢板表面平整，无凹凸不平现象。

常用的基体打磨工具为手提式磨光机，如图2—1所示。

图2—1　手提式磨光机

二、手提式磨光机的使用方法

（1）使用前或安装时对砂轮进行全面检查，发现砂轮质量、硬度、强度、粒度和外观等有缺陷时不得使用。

（2）砂轮片在旋转时不得正对使用者的面部，使用时必须双手握紧手柄。

（3）砂轮片的有效半径磨损到原半径的1/3时必须更换。

（4）操作时发现异常现象，应立即停止打磨。

技能要求

一、操作准备

准备打磨工具及消耗材料。

二、操作步骤

（1）试空运转磨光机。

（2）安装砂轮片。

（3）打磨。

三、注意事项

（1）打磨时应戴护目镜、口罩等劳动防护用品。

（2）打磨过程中，设备未停止运转前不得脱手。

学习单元 2　清灰

学习目标

➤ 掌握常用清灰工具的使用方法。

➤ 能够清除基体表面灰尘。

知识要求

一、常用清灰工具的种类

常用的清灰工具主要有扫帚和吸尘器。

二、吸尘器的使用方法

吸尘器是常用的清灰工具，其使用方法如下：

（1）使用前，应先将软管与外壳吸入口连接妥当，连接软管与各段超长接管以及接管末端的吸嘴。

（2）接好地线，确保用电安全。吸尘器有两个开关，一个在吸尘器的壳体上，另一个在软管的握持把手上。使用时应先打开壳体上的开关，然后打开握持把手上的开关。

（3）使用时，根据所清洁场合的不同，可适当调节吸力控制装置。在弯管上有一个圆孔，上面有一个调节环，当调节环盖住弯管上的孔时，吸力为最大，而当调节环使孔全部暴露时，吸力则为最小。

（4）当发现储尘筒内垃圾较多时，应在清除垃圾的同时清除过滤器上的积灰，保持通风道的畅通，以避免过滤器阻塞而造成吸力下降、电动机发热甚至影响吸尘器的使用寿命。

技能要求

一、操作准备

准备扫帚及吸尘器。

二、操作步骤

（1）试运转吸尘器。

（2）用扫帚或吸尘器清除灰尘。

三、注意事项

（1）不可吸入易燃、潮湿物品及重金属等物。

（2）经常清除储尘筒内的垃圾。

（3）滤尘袋及滤尘纸如有破损，应及时更换，以免损坏电动机。

（4）勿用潮布揩擦开关部位。

学习单元3　脱脂

学习目标

➢ 了解油脂的概念、分类和脱脂的方法。

➢ 能除去基体表面的油污。

知识要求

一、油脂的概念

油脂是由多种高级脂肪酸和甘油生成的甘油酯。油在常温下呈液态，脂肪在常温下呈固态。

二、油脂的分类

1. 皂化油

皂化油是指能与碱产生化学反应进行皂化而生成肥皂的油脂，如动物油、植物油。

2. 非皂化油

非皂化油是指不能与碱产生皂化反应的矿物油，如凡士林、润滑油、石蜡等。

三、脱脂的必要性

金属由于机械加工和中间防锈的需要，会在其表面涂有各种油脂。在对金属表面进行除锈前，必须除去其表面的油脂，否则，会对后续的除锈处理和防腐处理产生不利的影响。

四、常用脱脂方法

1. 有机溶剂清洗

这是最常用也最简单的方法。常用的有机溶剂有汽油、煤油、三氯乙烯、四氯化碳、酒精等。其中汽油用得较多。清理时可将工件浸在溶剂中，或用干净的棉纱（布）浸透溶剂后对工件进行擦洗。由于有机溶剂多数对人体有害，所以应注意安全。

2. 碱液清洗

一般用氢氧化钠、碳酸钠及其他化学药剂配成溶液，在加热的条件下进行除油处理。

3. 高温高压水清洗

在高温高压水中添加少量的工业洗涤剂，清洗金属表面的油污时具有速度快、清洗干净彻底的优点，但需要专用设备。

五、常用脱脂剂的有关知识

1. 丙酮

丙酮在常温常压下为无色、透明、易流动液体，有类似薄荷的芳香气味，极易挥发，极易燃烧，其蒸气与空气能形成爆炸性混合物，遇明火或高热易引起燃烧，具有刺激性。丙酮的化学性质较活泼，其液体比水轻，能与水、酒精、乙醚、氯仿、乙炔、油类及碳氢化合物相互溶解，能溶解油脂和橡胶。丙酮蒸气有麻醉效应。其毒性低，空气中最高允许浓度为 400 mg/m^3。

丙酮储藏与运输时，严禁与氧化剂、还原剂、碱类物质、食用化学品等混装混运。应储存于阴凉、通风仓库内，远离火种、热源。仓库温度不宜超过30℃，防止阳光直射，保持容器密封。应与氧化剂分开存放。

2. 二甲苯

二甲苯是无色透明液体，气味芳香。它溶于乙醇、乙醚，不溶于水，易燃，化学性质较活泼，其蒸气与空气混合可形成爆炸性混合物，爆炸极限为1.09%～6.6%（体积分数）。遇明火、高热能引起燃烧爆炸。能与氧化剂发生强烈反应。其蒸气比空气重，能在较低处扩散至相当远的地方，遇明火会引着回燃。二甲苯具有中等毒性，其毒性比苯和甲苯小，空气中最高允许浓度为100 mg/m^3。

二甲苯应储存于阴凉、通风的库房内，远离火种、热源。包装外应有明显的易燃危险品标志。

3. 溶剂汽油

常用的溶剂汽油有120号溶剂汽油和200号溶剂汽油，用于涂料、树脂、橡胶工业中，俗称松香水、石油溶剂，是无色透明液体，易燃，不溶于水，但溶于大多数有机溶剂，低毒，对皮肤有脱脂作用，在空气中最高允许浓度为300 mg/m^3。

某些溶剂汽油可用做高沸点溶剂，可溶解树脂和橡胶。其化学性质活泼，遇明火、高热、氧化剂有引起燃烧的危险。溶剂汽油应与氧化剂隔离储运，并储存于阴凉、通风的仓库内，远离火种、热源，避免阳光直射。

4. 碱液

采用有机溶剂清洗的基体表面，在溶剂挥发后仍会残留一层薄薄的油膜，因此还需要进行碱液清洗。在工业上很少单独用一种碱作为清洗剂，通常由强碱、弱碱、聚合碱性盐、表面活性剂配合组成清洗剂，这样可发挥各种碱类的洗净特性，显著地提高洗净效率。需要注意的是，增加少量的表面活性剂可使洗净效率显著提高。根据油垢产生的原因，油垢有皂化油与非皂化油之分。皂化油在碱液中能产生皂化反应而生成肥皂，肥皂易溶于水，因此能被方便地除去。当碱液配方和工艺条件选择适当时，非皂化油垢能与碱形成乳浊液，可从基体表面除去。

一般的碱液配方由氢氧化钠、碳酸钠、磷酸三钠、碳酸钾、水玻璃、肥皂等组成。

技能要求

一、操作准备

按选择的脱脂方式准备脱脂剂及清洗设备。

二、操作步骤

（1）根据油污成分配置脱脂剂。

（2）用脱脂剂清洗基体表面，直到除去油污。或使用高温高压清洗机清除油污。

三、注意事项

（1）有机溶剂多为易燃、易挥发、有毒等物质，在脱脂操作时应加强劳动保护及防火、防爆措施。

（2）在采用碱液清洗油脂时，应注意各种金属对碱液的耐腐蚀程度。

（3）用高温高压水清洗时，由于清洗液具有高温高压的特点，操作时注意握紧喷枪，不能脱手伤及操作人员。

第 3 节　基体除锈

学习单元 1　手工除锈

学习目标

➢ 了解手工除锈方法和除锈工具。

➢ 能进行手工除锈。

知识要求

一、手工除锈方法

手工除锈是指用钢丝刷、锤、铲等工具利用敲、磨、刮、凿或其组合等方法，除去钢铁及其他表面的疏松氧化皮、旧漆膜及锈蚀物。手工除锈方法劳动强度大、效率低，除锈效果适用于覆盖层对金属表面要求不太高时或其他方法不方便应用时的场合。

二、手工除锈工具及使用方法

手工除锈工具有铲刀、锤子、钢丝刷、铁砂布等，如图2—2所示。

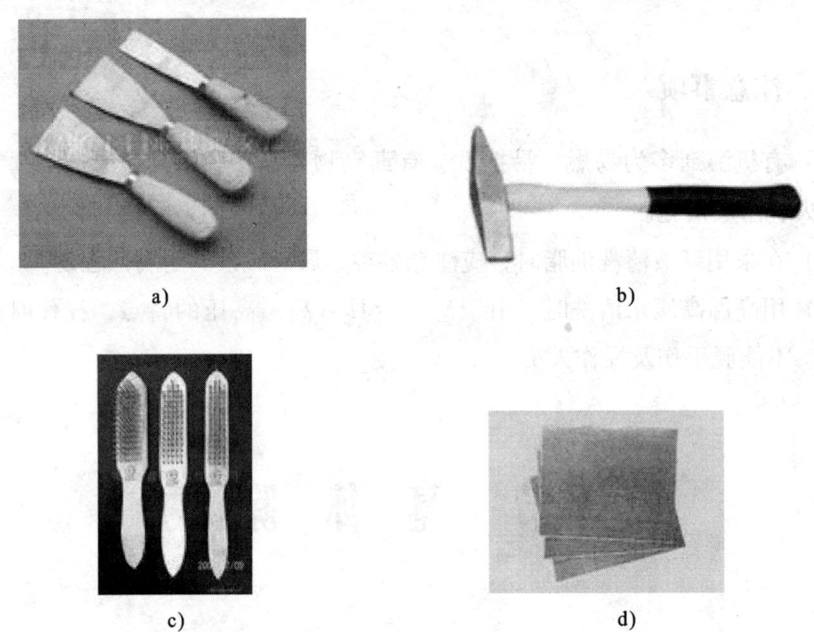

a) b) c) d)

图2—2 手工除锈工具

a）铲刀 b）除锈锤子 c）钢丝刷 d）铁砂布

1. 铲刀

防腐施工用铲刀主要用来铲除附着较松的污染物，根据基体表面情况可选用20～100 mm不同规格的铲刀，一般应尽可能选择宽的，施工效率高一些。使用铲刀时要戴手套，向前铲刮不可用力过大，以免使自身受伤和损伤工具。

铲刀的使用方法是：用手心握紧器具，倾斜一定的角度，用力除锈。铲刀使用一段时间后刀口会变钝，从而降低除锈效果，要经常用磨刀石磨刀口，使之保持一定的锋利度。

2. 除锈锤子

除锈锤子在施工中一般用来清理焊接飞溅物或旧的厚锈。使用锤子时要戴手套，要检查锤和柄的连接是否牢固，使用中抡锤的方向不要对着人。

3. 钢丝刷

钢丝刷一般适用于小面积的金属基体表面除锈和混凝土基体表面除渣、除灰等作业。使用钢丝刷时要戴手套和口罩，不可用力过大，操作时宜往复运动，以减轻钢丝刷的变形。

4. 铁砂布

铁砂布一般用于对除锈要求比较高且面积不大的时候，可比较彻底地除去锈层。

技能要求

一、操作准备

按照需要处理的表面锈蚀程度及除锈要求，准备相应的手工除锈工具。

二、操作步骤

（1）锤子敲击除去基体表面上的焊接飞溅物或旧的厚锈。

（2）用钢丝刷、铲刀、刮刀清理基体表面上松动的氧化皮、疏松的锈蚀和旧涂层。

（3）如果对表面处理要求较高，再用铁砂布摩擦基体表面的锈层，直到基本除去锈层或旧漆皮。

三、注意事项

（1）除锈过程会产生粉尘，必须佩戴防尘口罩加以防护。

（2）除锈结束后，要判断除锈等级是否达到施工方案的要求，如不符合要求，必须重新组织除锈。

学习单元 2　动力工具除锈

学习目标

➢ 了解动力工具除锈方法。

➢ 能使用动力工具除锈。

知识要求

一、动力工具除锈方法

动力工具除锈是采用以电、风为动力的机具磨、铲、敲、刷的除垢和除锈工作，常见的工具有手提式砂轮机、风动砂轮机、角向磨光机、风动除锈机等。用动力工具除锈适合于除锈工作量大、除锈要求比手工除锈高的情况，但必须注意采用冲击式工具除锈时不应造成基体表面损伤、变形，采用旋转式工具除锈时不宜将表面磨得过光。另外，所选用的砂轮片要适宜，磨削量不宜过大。

常用于除锈的动力工具是手提式砂轮机，可用砂轮或钢丝轮做摩擦材料，如图2—3所示。

图2—3　手提式砂轮机

二、手提式砂轮机的操作规程

（1）作业前检查的要求。外壳、手柄不出现裂缝、破损；电缆软线及插头等完好无损，开关动作正常，保护接零装置连接正确、牢固可靠；各部位防护罩齐全牢固，电气保护装置可靠。

（2）作业前要戴好口罩和防护镜，机具启动后，应空载运转，应检查并确认机具联动灵活无阻。作业时，加力应平稳，不得用力过猛。

（3）使用砂轮的机具，应检查砂轮与接盘间的软垫是否完好并将其安装稳固，螺母不得拧得过紧，凡受潮、变形、裂纹、破碎、磕边、缺口或接触过油、碱类的砂轮均不得使用。不得将受潮的砂轮片自行烘干使用。

（4）砂轮应选用增强纤维树脂型，其安全线速度不得小于80 m/s。配用的电缆与插头应具有加强绝缘性能，并不得任意更换。

（5）磨削作业时，应使砂轮与工作面保持15°～30°的倾斜；切削作业时，砂轮不得倾斜，并不得横向摆动。

（6）严禁超载使用。作业中应注意声响及温升，发现异常应立即停机检查。在作业时间过长、机具温升超过60℃时，应停机，自然冷却后再行作业。

（7）作业中，不得用手触摸刃具、模具和砂轮，发现有磨钝、破损情况时，应立即停机修整或更换，然后再继续进行作业。

（8）机具转动时，不得脱手。

技能要求

一、操作准备

准备好动力工具及消耗材料（如砂轮片、钢丝轮等）。

二、操作步骤

（1）试空运转砂轮机。

（2）安装砂轮片或钢丝轮。

（3）除锈。

三、注意事项

基体表面的锈层用动力工具不能到达的地方，必须用手工除锈方法进行补充清理。

第 4 节　质　量　检　查

学习目标

➢ 了解质量记录的方法。

➢ 能够填写基体表面处理情况表。

知识要求

为确保施工质量，做好施工各阶段的质量记录是非常必要的。通常以表格的形式进行质量记录。记录表格内容应包括施工日期、天气情况、施工单位及人员、施工方法、监理单位及人员、基体材质、基体表面处理方法、基体表面处理结果、记录人员等。

技能要求

一、操作准备

（1）设计表格并做好记录。

（2）准备记录笔。

（3）了解基体材质及其表面处理方法。

（4）了解基体表面处理应达到的质量要求。

二、操作步骤

1. 目测

对已经做了表面处理的钢基体表面，仔细观察其是否存在油脂、污垢，氧化皮、铁锈和油漆涂层附着的牢固程度或清除程度如何，残留的痕迹是否为点状或条纹状的轻微色斑或表面显示的金属光泽是否均匀，是否符合标准规定的质量等级要求。

对于混凝土结构基体表面，仔细观察其是否存在油脂、污垢，检查是否有起砂、起壳、空鼓、水泥浮浆、泛碱物及其他松散物质等不牢固现象，并检查表面的空隙和气穴是否已经填平。

2. 记录

将所观察到的基体表面处理情况准确无误地记录在已经准备好的表格内。

三、注意事项

（1）设计的记录表格内容应全面。

（2）记录基体表面处理情况时，语言要精练、准确。

思 考 题

1. 基体表面状态一般由哪几个指标来描述？
2. 常用的打磨工具是什么？
3. 常用的脱脂方法有哪些？
4. 常用的手工除锈工具有哪些？

第3章 涂层防腐蚀作业

第1节 涂料调配

学习单元1 涂料量取

学习目标

- 掌握涂料量取的方法。
- 掌握涂料量取工具的使用要领。
- 能够正确量取物品。

知识要求

涂料按组分有单组分和多组分之分。对于由两种以上组分组成的涂料，需要各组分之间以合适的配比混合，方可称为完整的涂料。对于多组分涂料而言，组分之间的混合比对涂膜性能和干燥情况影响很大，因此，在涂料调配时，需要严格控制涂料各组分之间的混合比，通常有质量比和体积比两种配比方式。

一、质量比

按照每一种涂料（单组分除外）的产品使用说明书的要求，分别用质量量具称取各组分的一定质量，且使各组分的质量之比满足该涂料的产品使用说明书的要求。

二、体积比

按照每一种涂料（单组分除外）的产品使用说明书的要求，分别用体积量具量取各组分的一定体积，且使各组分的体积之比满足该涂料的产品使用说明书的要求。

技能要求

一、操作准备

（1）穿好工作服，戴上劳动防护用品。

（2）检查及清理工作场地。

（3）已经阅读并明确产品说明书对涂料的质量配比或体积配比的要求。

（4）了解并掌握质量量具或容积量具的使用方法。

（5）检查选择的质量量具或容积量具的量程及精度是否满足使用要求、是否已校正、是否可以水平放置、是否可以正常称量或量取。通常选择最小计量单位为10 g的电子磅秤或10 mL的量筒、量杯。

（6）准备好能一次盛放各组分混合的混料容器及取样器。

二、操作步骤

1. 搅拌

称量或量取之前，预先将各组分分别在原来的包装桶中搅拌均匀，底部不得有未搅拌开的结块，上部不得有未完全混合的液料。

2. 计算

根据现场施工计划的用料量，计算每一次所需调配的涂料的质量或体积，按照涂料产品说明书的配比要求，分别计算各组分所需的质量或体积。

以下举例说明涂料各组分的计算过程：

如果一涂料产品说明书要求甲: 乙 = 2: 1（质量比），此时，如果配料桶一次性可配制 24 kg 涂料，则按甲∶乙 =2∶1 的比例，需要分别称量甲组分 16 kg 和乙组分 8 kg。

如果一涂料产品说明书要求甲∶乙 =2∶1（体积比），此时，如果配料桶一次性可配制 24 L 涂料，则按甲∶乙 =2∶1 的比例，需要分别量取甲组分 16 L 和乙组分 8 L。

3. 称量或量取

按照产品说明书规定的混合次序，用不同的干净取样器舀取已充分搅拌的各组分（其量值参照前一步骤计算的各组分的质量或体积）放入混料容器中并准确计量，同时应复验其准确性。

三、注意事项

（1）按照涂料产品说明书的配比要求，选择合适的计量方法。

（2）选用的计量器具的量程和精度应能满足计量要求。

（3）在涂料取出之前，必须将每一组分分别进行充分搅拌，使桶内物料分布均匀，方可进行取料。

（4）各组分取样器不能混用。

（5）无论是质量量取还是体积量取，均要求准确计量并做记录。

学习单元 2　涂料混合搅拌

学习目标

- 了解涂料混合用设备及材料。
- 掌握涂料混合的要求及目标。
- 能够正确搅拌、混合、过滤。

知识要求

一、涂料混合用设备

涂料在使用前，先要完全搅拌均匀。涂料由多种不同物相的混合物组成，会存在不同程度的沉淀。为了使各种物料混合均匀，需要借助搅棒及搅拌器材如搅拌机、搅拌桶等设备。

1. 搅拌机和搅拌桶

通常情况下，仅需要在原包装桶内将各种物料分别搅拌均匀即可。可使用搅拌用器材如钢棒、钢铲，也可使用电动机带动搅拌桨的动力设备进行搅拌。

2. 大型搅拌设备

当施工使用的是一次成膜厚度和用量较大的如砂浆型、胶泥型等涂料时，可以选用大型搅拌设备如混凝土搅拌机，将涂料从包装桶完全转入搅拌机进行搅拌。

二、涂料过滤

由于涂料在混合过程中可能混入较大粒径的杂质，影响涂膜外观和性能，因此通常需要在涂料混合后进行过滤。过滤时对选择的筛网孔径要求根据涂料产品说明书而定，或选用80目以上孔径的筛网。筛网孔径应均匀。

技能要求

一、操作准备

（1）准备好搅拌设备如搅棒、搅拌机、搅拌桶。

（2）准备好合适孔径的过滤网。

二、操作步骤

1. 搅拌与混合

将一次需要的涂料各组分从原料桶中全部倒入搅拌桶中，用搅拌机充分搅拌，直至桶中各组分涂料完全混合均匀。

2. 过滤

对于需要过滤的涂料，应将混合均匀的涂料按照涂料说明书的要求进行过滤。

三、注意事项

（1）从原料桶中转移涂料时，一定要将各涂料组分倒净。

（2）搅拌桶中各组分要完全混合均匀。

（3）控制好过滤速度，以免速度过快而溢流。

学习单元3 涂料黏度测量

学习目标

➢ 了解涂料黏度测试工具（涂—4杯）。

➢ 能够掌握黏度杯的使用方法。

知识要求

涂装工程施工中，常用涂—4黏度计（涂—4杯）来检验涂料的黏度。涂—4黏度计用于测定黏度在150 s以下（以涂—4黏度计为基准）的涂料产品，涂—4黏度计的样式如图3—1所示。其上部为圆柱形，下部为圆锥形，在锥形底部有漏嘴。漏嘴孔径为$4^{+0.02}_{0}$ mm，孔高为4±0.02 mm，黄铜制品。黏度计容积为100±1 mL。

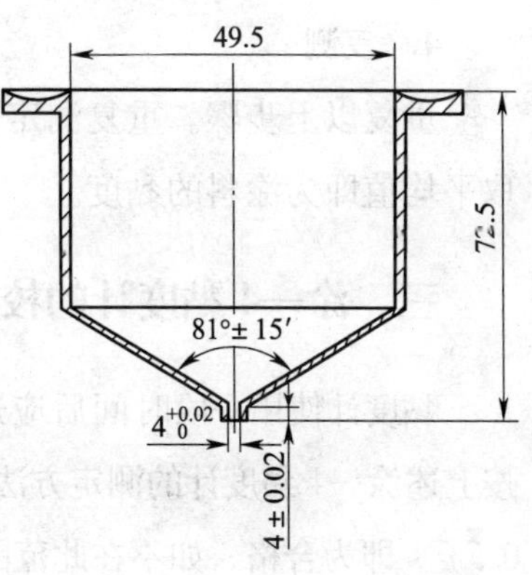

图3—1 黏度计（涂—4杯）

技能要求

一、操作准备

（1）干净且水平度较好的测试平台。

（2）无风且室温均衡。

（3）涂—4黏度计使用前须用纱布蘸溶剂将黏度计内部擦拭干净，在空气中干燥或者用冷风吹干，对光观察，黏度计漏嘴应清洁。

（4）使用时，将黏度计置于铁架上，然后调整水平螺钉，使黏度计处于水平位置。

（5）准备一块已校正的秒表。

二、操作步骤

1. 放置接料杯

在黏度计漏嘴下面放置一个150 mL左右的空烧杯或搪瓷杯。

2. 加料

用手堵住漏嘴孔。将已调成的涂料试样倒入黏度计内，用玻璃棒把气泡和多余的试样刮入凹槽，使被测涂料的高度与黏度计周沿在同一水平。

3. 放料与计时

松开手指，使试样流出，同时立即开动秒表，并观察试样流出的过程。当流柱中断第一滴时，立即停止秒表。试样从黏度计中流出到流柱中断第一滴的时间，即为黏度。

4. 复测

重复以上步骤。重复测定两次以上，两次测定值之差不应大于平均值的3%，取平均值即为涂料的黏度。

三、涂—4黏度计的校正

黏度计使用一段时间后应进行校正。校正的方法是：在（25±1）℃的条件下，按上述涂—4黏度计的测定方法，测定蒸馏水的黏度。测定的蒸馏水黏度为（11.5±0.5）s即为合格，如不在此范围内，则应更换黏度计。

四、注意事项

（1）使用涂—4黏度计测试黏度之前，要调整支撑黏度计的铁架，使黏度计处于水平位置。

（2）用玻璃棒把气泡和多余的试样刮入凹槽，使被测涂料的高度与黏度计周沿在同一水平。

（3）准确判断流柱中断的第一滴。

（4）黏度测定与温度的关系很大，所以，应尽可能在相同温度下进行测定，并记录温度。

（5）定期校正涂—4黏度计。

第 2 节　涂 装 操 作

学习单元 1　刮腻子修补

学习目标

➢ 了解腻子修补的常用工具。

➢ 能够操作各种腻子修补的工具。

知识要求

一、涂装施工基础知识

防腐蚀涂料通过涂装施工在被涂物体表面形成连续的涂层，从而起到防护、美观以及某些特殊作用。防腐蚀涂层保护性能的好坏不仅仅依赖于涂料本身的理化性能，而且与涂层结构、形成涂层的涂装施工技术、涂装作业环境有较大的关系。

1. 涂层结构和涂装

为了达到较好的防腐蚀效果，除了选择有足够耐腐蚀性能的涂料外，防腐蚀涂层还必须与被涂物（基体）有良好的结合力，并有一定的厚度。大多数的单层涂层都不能满足这样的使用要求，因此，涂层通常由底涂层、腻子层、中间涂层和面涂层等多道涂层构成。

涂装施工的基本步骤是表面处理、涂装底涂料、刮涂腻子（需要由被涂的表面状态决定是否采用该道工序）、再涂中间涂料和面料，如图 3—2 所示。

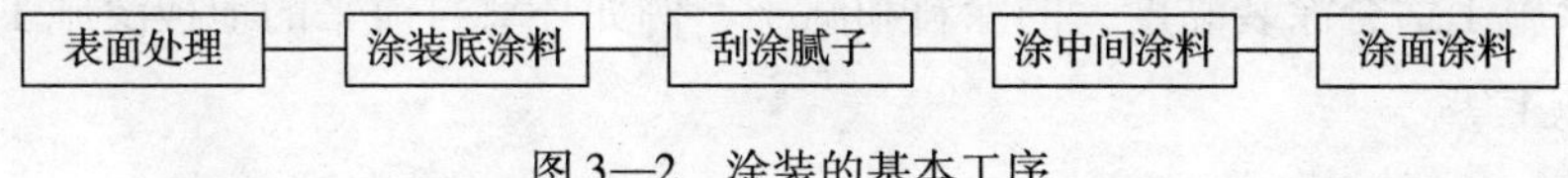

图 3—2　涂装的基本工序

涂装施工的表面处理方法有化学清洗、手工及动力机具除锈和喷射、抛射除锈等方法。表面处理的质量可按《涂覆涂料前钢材表面处理　表面清洁度的目视评

定 第1部分：未涂覆过的钢材表面和全部清除原有涂层后的钢材表面的锈蚀等级和处理等级》（GB/T 8923.1—2011）标准进行评定。该标准没有要求除锈后表面的粗糙度，一般涂装也没有要求表面处理后的粗糙度，但是为了保证涂层与基体的黏结强度，表面处理后应达到涂料使用说明书所要求的粗糙度。

涂装施工方法有刮涂、刷涂、辊涂、浸涂、空气喷涂、高压无气喷涂等。在防腐蚀涂装施工作业中要根据施工的实际要求，选用合理的施工方法、适当的施工环境，才能够形成高质量的涂层，达到好的防护和装饰效果。

2. 防腐蚀涂装的施工环境

涂装施工最好在可以调节湿度、温度且照明和通风良好的室内进行，这样有利于涂层的干燥固化和养护。但是现场施工往往在室外进行，在室外施工时需要注意选择适当的环境。

施工环境空气的湿度和温度对于涂层性能的影响最大。适宜进行涂装施工的环境温度为5～35℃，相对湿度不宜大于85%，被涂表面的温度至少比露点温度高3℃。各类涂料适宜的温度和湿度见表3—1。遇到刮风、下雨、下雪的天气，必须停止涂装施工。在通风不良的车间、储罐、容器内施工时要安装通风设施，保证通风良好。

表3—1　　各类涂料适宜的温度和湿度

涂料名称	气温（℃）	相对湿度	备注
油性涂料	15～35	≤85%	低温不好
醇酸树脂涂料	10～30	≤85%	气温高好
硝基涂料	15～20	≤70%	低温、湿度高不好
改性胺固化环氧涂料	10～30	≤85%	气温高好
聚酰胺固化环氧涂料	15～30	≤85%	气温高好
聚氨基甲酸酯涂料	5～30	≤70%	湿度高不好
水性乳胶涂料	15～35	≤75%	低温、湿度高不好

二、小型手动工具——铲刀、刮刀和嵌刀

刮涂施工适合涂装黏度大的涂料和腻子，例如环氧自流平的地板漆施工、刮涂腻子的施工等。

刮腻子又称打腻子。要涂装的物体表面上，通常有附着的旧涂料、松散附着物、灰尘或有凹陷、气孔、裂缝、砂眼以及其他凹凸不平的缺陷等问题，一些常用工具如铲刀、刮刀、嵌刀既可以清理这些附着物，又可以用来刮腻子，将这些缺陷

填平或嵌满，从而提高涂层的光滑度和光洁度，达到消除质量隐患、增强物体美观的效果。但是腻子层与基体的结合力较差，而且腻子层太厚时容易产生开裂、脱落等问题，从而影响涂层与基体的结合力。防腐蚀涂层的主要目的是起防护作用，因此在防腐蚀涂装施工中应慎用、少用腻子。

1. 铲刀、刮刀和嵌刀的规格和选用

（1）铲刀（油灰刀）。由装有木柄的薄钢片制成。刀板薄而有弹性，不易弯曲变形，是清除松散沉积物、旧涂料、调配腻子、刮批腻子和清理腻子疤痕、沙灰等常用的工具。常用的规格有 38 mm（1.5 英寸）、50 mm（2 英寸）、75 mm（3 英寸）等多种规格，刀口在 70 mm 以上的适用于满批大面积涂层表面，40 ~ 60 mm 的适用于一般面积的满批，40 mm 以下的适用于刮填洞眼和裂缝。

（2）刮刀。刮腻子最好的工具当属牛角刮刀。牛角刮刀又称牛角翘，用水牛角制成。牛角刮刀质地坚韧，富有弹性，不易受涂料和溶剂的影响而变形，来回刮涂时不会留下刮板痕。常用的规格有 25 mm（1 英寸）、38 mm（1.5 英寸）、50 mm（2 英寸）、75 mm（3 英寸）。刮刀的选用原则和铲刀相同。

（3）嵌刀。嵌刀用于将被涂物表面的局部缺陷，如较大的洞眼、裂缝、坑凹等填平。

常用的铲刀、刮刀和嵌刀如图 3—3 所示。

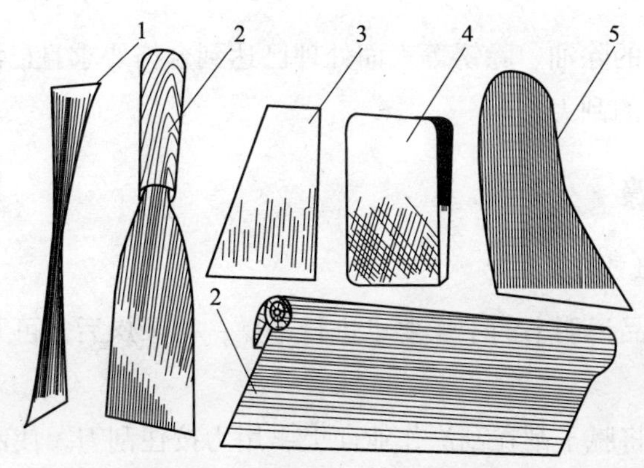

图 3—3　小型手动工具——刮刀和嵌刀

1—嵌刀　2—钢制刮刀　3—塑料刮刀　4—橡胶刮刀　5—牛角刮刀

2. 铲刀、刮刀和嵌刀的使用方法

（1）铲刀的使用。使用铲刀时，食指压紧刀片，其他四指握紧刀柄，使刀面与工作面成 30° ~ 45°进行刮涂操作。

（2）刮刀的使用。使用刮刀时，用拇指和中指、食指分别压着刮刀的两个面进行刮涂操作。

（3）嵌刀的使用。使用嵌刀时，用食指压紧刀片，其他四指握于嵌刀中间偏后，操作时注意嵌刀的另一个刃口，切勿用力过猛。

常用刮涂工具的握法如图 3—4 所示。

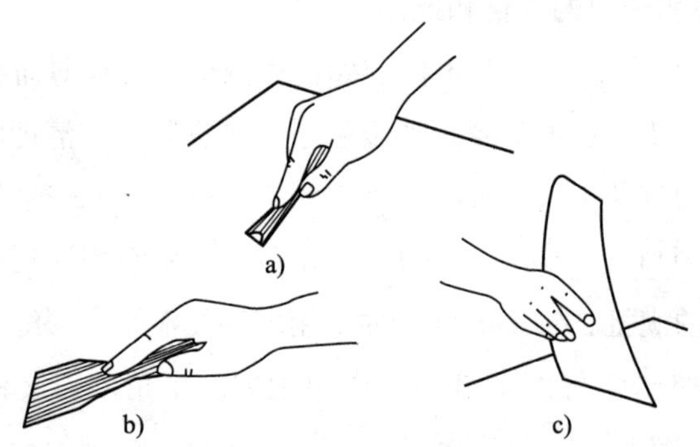

图 3—4　常用刮涂工具的握法

a）嵌刀握法　b）钢制刮刀握法　c）牛角刮刀握法

技能要求

一、操作准备

（1）基体表面的除油、除锈等表面处理已达到合格要求且已涂一道底涂料。

（2）准备合适的刮刀。

二、操作步骤

1. 干燥底涂料

底涂料按照产品说明书的干燥要求进行干燥，待干燥后方可开始刮涂腻子。

2. 刮涂

手持刮刀，先将腻子刮在刮涂作业面上，用力按住刮刀，使刮刀与刮涂表面成 50°～60°，向外推向前方，将腻子刮涂于低凹处，直到符合要求。

圆形物体刮涂腻子可使用橡皮刮刀进行施工。腻子一次刮涂厚度要控制在 0.5 mm 以内，刮涂多道腻子时，在每一道腻子干燥后，用粗砂布打磨，再刮涂底涂料。底涂料干燥后再刮涂下一道腻子。

三、注意事项

（1）要根据基层、面漆及各层涂料的特点，选择合适的腻子和批刮工具，并注意腻子的配套性，以保持整个涂层物理和化学性能的一致性。

（2）刮涂腻子时，不可多次来回刮涂，一般只能来回刮 1 ~ 2 次，尽可能一道刮成。

（3）刮涂方向可按从上到下、从左到右、从前到后的方向，依个人操作习惯进行。

（4）第一道腻子不能调得太稀。如果施工中腻子太厚，可以用相应的溶剂调节。

（5）刮刀使用完毕后，将刀板两面擦干净。油灰刀可以抹上一层黄油以防止生锈。牛角刮刀使用后出现磨损、变厚、不平时，可以用玻璃片修刮，再用磨刀石或水砂布将刀口磨光、磨齐。铲刀使用后两角变秃、刀口倾斜时，可以先用砂布打磨修整，然后用砂布或油石将刀面磨平、磨直。

学习单元 2　刷涂

学习目标

➢ 了解毛刷的种类和使用方法。

➢ 能够进行刷涂操作。

知识要求

一、毛刷的种类

毛刷是刷涂法的主要工具。毛刷常见的原毛有猪鬃、羊毛、马尾、狼毫、獾毛、人发和棕丝等。毛刷按所采用的原毛分为硬毛刷和软毛刷。硬毛刷主要是用猪鬃制作；软毛刷通常采用狼毫、羊毛制作。毛刷按其形状大致可分为扁平形、圆形和弯柄形三种。毛刷的种类如图 3—5 所示。

按刷毛的宽度，毛刷分为 12 mm、19 mm、25 mm、38 mm、50 mm、65 mm、75 mm、100 mm 等规格。

二、毛刷的使用方法

毛刷在使用时，一般采用直握方法，即拇指与其余四指配合，握紧刷柄，不允

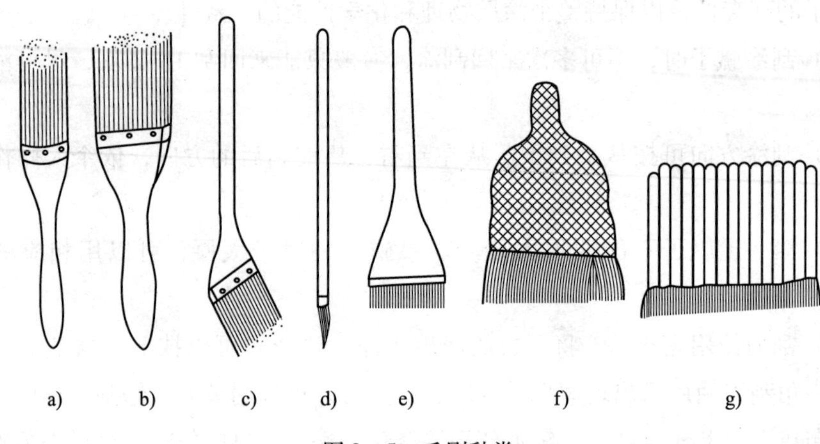

图3—5　毛刷种类

a）圆形刷　b）长毛刷　c）弯柄刷　d）毛笔　e）底纹刷　f）棕刷　g）排笔

许毛刷在手中有松动。操作时靠手腕来转动毛刷，必要时要用手臂和身体的移动来配合。

技能要求

一、操作准备

（1）选择合适的毛刷。

（2）目测毛刷是否干燥。如果刷头湿润，可用鼻子闻有无气味。若无气味一般为水分，在刷油性涂料之前，要将水分晒干或烘干，而在刷水性涂料之前，无需晒干或烘干，只要握住手柄，刷头向下，用力甩至无水滴即可。若有气味一般为溶剂，此时，毛刷不宜用于刷涂水性涂料，只可用于刷涂油性涂料。在刷油性涂料之前，握住手柄，刷头向下，用力甩至无溶剂滴即可。

（3）去除脱落的刷毛。用手指彻底地梳理一遍，直至全部清除。

（4）去除毛刷中的颗粒等杂质。用一只手握住毛刷手柄，毛刷头垂直向下，另一只手反复拨弄刷毛，直至全部清除。

二、操作步骤

1. 浸润

用与使用的涂料相同性质的液体润湿一下刷头。如要用水性涂料，则用水湿一下刷头，然后用力甩至无水滴即可；用油性涂料前，把刷头在溶剂中浸一浸，然后用力甩至无溶剂滴即可。

2. 蘸料

将刷毛浸入涂料中，浸入部分应为毛长的1/2～2/3。蘸有涂料的毛刷，要在容器内壁来回各拍一下，把蘸起的涂料都集中到刷毛的头部，然后在容器的内表面轻轻地抹一下，除去多余的涂料。

3. 刷涂

将蘸好涂料的毛刷按自上而下、从左至右、先里后外、先斜后直、先难后易的顺序纵横涂刷。然后用毛刷轻轻修饰边缘棱角，使涂料在物体表面形成一层薄而均匀、光亮平滑的涂膜。

涂覆垂直表面时，最后一道刷涂应由上向下进行；涂覆水平表面时，最后一道的刷涂应按光线照射方向进行。涂覆木材表面时，刷涂应顺着木纹的纹理进行。

对挥发型快干涂料，应使用软毛刷分块刷涂，即将涂覆面分成若干块，每块刷涂时要求动作轻快、准确、尽量避免反复回刷。每涂刷一块都应与上一块重叠1/3的毛刷宽度，直至将全部涂覆面刷涂完为止。

三、注意事项

（1）要形成饱满的涂层，需将毛刷与涂覆表面的角度保持在45°～60°，全面均匀地涂覆上涂料，难涂的部位应用小毛刷预先涂覆。

（2）要形成膜厚均匀的连续涂层，需用挤去多余涂料的毛刷先顺一个方向刷涂，然后再沿这个方向的垂直方向刷涂。

（3）要使涂膜平整并赶走气泡，需用挤去多余涂料的毛刷顺一个方向轻轻地刷动，直到涂膜中无气泡为止。

学习单元3　辊涂

学习目标

➢ 了解辊筒的种类。

➢ 能够用辊筒进行辊涂。

知识要求

辊涂也是一种普遍使用的涂装施工方法。辊涂施工是借助辊筒在被涂物体上来回滚动进行涂刷的，辊涂施工方法适用于大面积涂装，可以代替刷涂施工，效率也较高，广泛应用于大型储罐、大型设备、船舶及桥梁的涂装施工。

辊筒的种类、规格很多，主要由辊筒的宽度、筒套绒毛长度及筒套材料三方面区别。选用时要与涂饰面的状况和涂料的类型相适宜。

一、辊筒的宽度、形状及结构

辊筒的宽度多为1.5～18英寸，常用的是3英寸、4英寸、7英寸和9英寸，辊筒的宽度与用途的关系见表3—2，结构如图3—6所示。

表3—2　　辊筒的宽度与用途的关系

辊筒宽度	用途
18英寸	工业厂房的墙壁等大面积的涂装
7～9英寸	一般辊涂用，应用最广泛
2～3英寸	应用于小面积或卡边

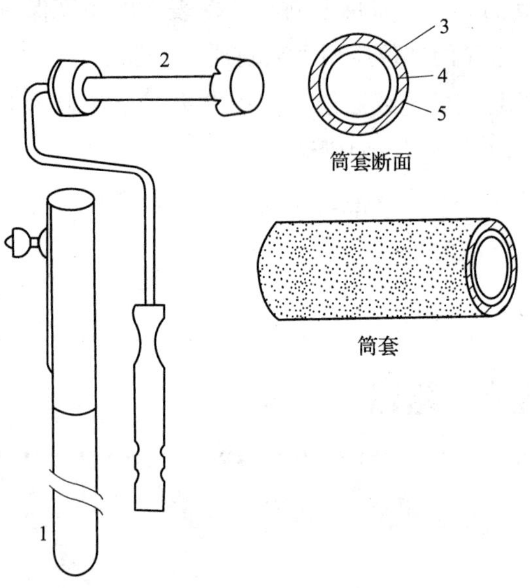

图3—6　辊筒结构图

1—长柄　2—滚子　3—芯材　4—黏层　5—毛头

除了普通形状的辊筒外，还有形状各异的异形辊筒，专门用于特殊形状物面的涂装，如用于墙角辊涂的铁饼形辊筒，管形面辊涂的曲形辊筒等。

二、筒套绒毛的长度

筒套绒毛的长度一般为 4.5 ~ 40 mm，分短、中、长三种规格。辊筒的性能与筒套绒毛的长度有一定关系。短绒毛吸附的涂料少，产生的纹理也细、浅，可用于辊涂光滑物面。中、长绒毛吸附的涂料多，可用于普通物面和粗糙物面。此外，选用的涂料类型也会影响对筒套绒毛长度的选择。

筒套绒毛的长度与辊筒性能及用途的关系见表 3—3。

表 3—3　　绒毛长度与辊筒性能及用途的关系

绒毛长度	辊筒特点	用途
6 mm 左右	吸附的涂料不多，涂膜较薄且平滑，需频繁蘸取涂料。泡沫橡胶、毡层的辊筒也属此类	用于在光滑面上辊涂有光或半光涂料
12 ~ 19 mm	一次吸附的涂料较多，涂膜带有轻微的纹理，可使涂料渗进表面的毛孔或细缝中去	用于无光墙面和顶棚，19 mm 的适宜辊涂砖石面和其他粗糙面
25 ~ 30 mm	一次吸附的涂料很多，涂层较厚。滚涂铁网时，能将整根铁丝裹住	适宜辊涂粗糙面或铁网等特殊部位

三、常用的筒套材料

常用的筒套材料有合成纤维、马海毛和羔羊毛等，筒套材料的选用与涂饰面的状况和涂料的类型有关。各种筒套材料的使用特性见表 3—4。

表 3—4　　筒套材料与使用特性

材料种类	使用特性
羔羊毛	各种长度规格，适合粗糙面、溶剂型涂料。辊涂水性涂料绒毛易缠结，不宜使用
丙烯酸系纤维	适合光滑面或粗糙面、溶剂型或水性涂料，但不宜辊涂含酮等强溶剂的涂料
聚酯纤维（涤纶）	绒毛很软，在光滑面上辊涂乳胶漆不易起泡，也适宜辊涂油性涂料，多用于室外物面
各种混杂纤维	制成毡层状，多用来辊涂黏稠的辅助材料或涂料，如玛蹄脂、斑纹涂料等

不同类型的涂料及各类基面对筒套材料的选择见表 3—5。

表3—5　　涂料、基面对筒套材料的选用

涂料类型		光滑面	半糙面	糙面或有纹理的面
乳胶漆	无光或低光	中长度的羊毛或化纤绒毛	化纤长绒毛	化纤特长绒毛
	半光	化纤绒毛或马海毛的短绒毛	化纤中长绒毛	化纤特长绒毛
	有光	化纤短绒毛	化纤短绒毛	
溶剂型涂料	底漆	中长度的羊毛或化纤绒毛	化纤长绒毛	
	中间涂层	短马海毛绒毛或中长羊毛绒毛	化纤长绒毛	
	无光面漆	中长羊毛绒毛或化纤绒毛	化纤长绒毛	化纤特长绒毛
	半光或全光面漆	短马海毛绒毛，化纤绒毛或泡沫塑料	中长羊毛绒毛	化纤长绒毛
特殊涂料	防水剂或水泥封闭底漆	化纤的短绒毛或中长羊毛绒毛	化纤长绒毛	化纤特长绒毛
	油性着色料	化纤中长绒毛或羊毛绒毛	化纤特长绒毛	
	氯化橡胶涂料、环氧涂料、聚氨酯涂料、地板及家具清漆	短马海毛绒毛，化纤绒毛或泡沫塑料	中长羊毛绒毛	

注：短绒毛的长度为7 mm左右，中长绒毛的长度为10 mm左右，长绒毛的长度为20 mm左右，特长绒毛的长度为40 mm左右。

技能要求

一、操作准备

（1）选择合适的辊筒。

（2）目测辊筒是否干燥。如果辊筒湿润，可用鼻子闻有无气味。若无气味一般为水分，在辊涂油性涂料之前，要将水分晒干或烘干，而在辊涂水性涂料之前，无需晒干或烘干，只要握住手柄，用力甩至无水滴即可。若有气味一般为溶剂，此时，辊筒不宜用于辊涂水性涂料，只可用于辊涂油性涂料。在辊涂油性涂料之前，握住手柄，用力甩至无溶剂滴即可。

（3）去除辊筒的浮毛、灰尘及杂物。辊涂前应用稀料清洗辊筒，或将辊筒浸湿后在废纸上滚去多余的稀料。

二、操作步骤

1. 蘸料

蘸取涂料时，只需浸入筒径的1/3即可。然后在容器内壁上来回滚动几下，使筒套被涂料均匀浸透，如果涂料吸附不够可再蘸一下。

2. 辊涂

（1）辊涂前应先将边缘、角落处卡边，宽度为 8～10 cm。辊涂时应按照顺序进行，辊涂方向应保持一致。有光和半光涂料，在涂最后一遍涂层时，要用辊筒理一遍，即朝强光照射的方向辊涂。

（2）辊涂时，为使涂膜厚薄一致，防止涂料滴落，需要用辊筒将涂料大致分布在被涂物的表面，当辊筒上的涂料逐渐减少时，可以适当提高滚动速度，然后就可以换一个方向滚动而将薄厚不均匀的涂料均匀地涂布开来。辊筒经过初步的滚动后，筒套上的绒毛会向一个方向倒伏，顺着倒伏方向辊涂，形成的涂膜最为完整。因此，辊涂几下后，可查看一下辊筒的端部，确定一下绒毛倒伏的方向，也最好顺着这个方向滚动。

三、注意事项

（1）辊筒每次蘸涂料的量应适当，以防引起流挂或辊筒移动时流淌涂料。

（2）开始辊涂时，对辊筒施加轻微的压力，随着辊筒上的涂料逐渐减少，应逐渐增加压力，尽量使涂膜厚度均匀。

学习单元 4　浸涂

学习目标

- 了解浸涂工具。
- 能够进行浸涂操作。

知识要求

浸涂是一种传统的涂装方法。它是将被涂物体全部浸没在涂料中，使被涂物体表面黏附涂料，提起工件后滴去多余的涂料，形成一层涂膜。它的特点主要是生产效率高、操作简便。浸涂主要适用于形状比较复杂的被涂物，如热交换器、弹簧、钢质管架、五金零件等。浸涂主要应用于烘烤型涂料的涂装，也可用于自干型涂料的涂装，适用于外观质量不高的工件涂装，不适用于挥发型、快干型涂料的涂装。

一、浸涂方法

常用的浸涂的方法有手工浸涂法、传动浸涂法、离心浸涂法和真空浸涂法。

二、浸涂工具

（1）手工浸涂法常用的工具有小型浸漆槽、钩子和过滤网等。

（2）通常大型浸涂设备所用的浸漆槽内都装有搅拌器，目的是防止涂料中的颜料产生沉淀；另外，还有一些加热或冷却设施和过滤器、循环泵等附属设备。传动浸涂设备示意图如图3—7所示。

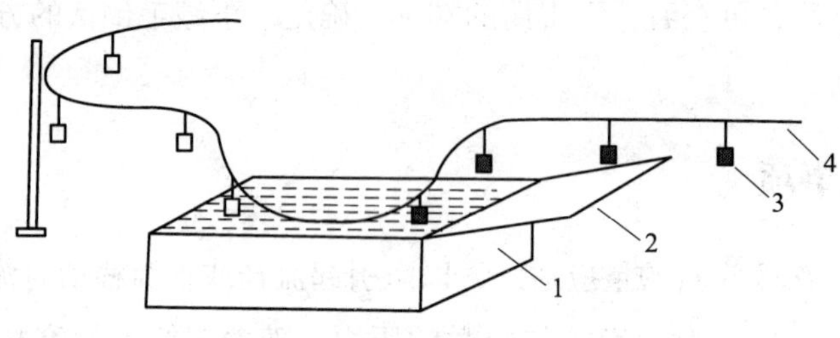

图3—7　浸涂设备示意图

1—浸漆槽　2—滴漆槽　3—工件　4—传递装置

技能要求

一、操作准备

（1）工件已经做好预处理。

（2）将预先调配好的涂料盛放于浸漆槽中。

二、操作步骤

1. 浸工件

用手工或吊装设备将已经预处理好的工件缓缓放入浸漆槽中并浸没一定时间。

2. 取出

工件在涂料中浸没一定时间后，从浸漆槽中匀速地提出工件。

3. 整理

提出的工件应在浸漆槽上方停置一段时间，或放置在架上，最好使工件旋转，待工件从浸漆槽中带出的涂料滴净，以使涂膜均匀。

4. 干燥

如果涂料属于烘干型，待涂膜表干后就可以将工件送入烘炉，按工艺规定的烘烤温度、时间进行干燥。

5. 复涂

涂膜干燥后，视要求的涂膜厚度重复进行上述步骤，直到涂层达到施工要求的厚度。

三、注意事项

（1）施工环境要保持良好通风。作业停止 10 min 后，方可关闭通风设备。

（2）要及时维护浸漆槽、传递装置、加热及搅拌设备等，发现故障及时排除。

（3）如果工艺性能允许，也可以分多次浸涂，一次烘烤。多次浸涂时，应尽可能翻转工件，防止每次总是某一个面朝下，造成涂膜厚度不均。

（4）施工过程中要按照工艺要求，定期检测浸漆槽内涂料的黏度，并按施工要求调整。一般施工黏度为 20 ~ 30 s（涂—4 杯，20℃）。此外，按工艺要求，适当调节浸漆槽内涂料的温度，一般要求涂料温度在 20 ~ 30℃。

学习单元 5 空气喷涂

学习目标

➢ 了解空气喷涂设备及其原理。

➢ 能够使用空气喷涂设备进行喷涂。

知识要求

空气喷涂的原理是利用压缩空气在喷枪的涂料喷嘴前端形成负压，使涂料从涂料喷嘴喷出并雾化，同时压缩空气又将涂料喷向被涂物表面，并使其附着在被涂物表面，雾化的涂料迅速聚集形成涂层。空气喷涂设备简单，操作容易，维修方便，生产效率高，比刷涂快数倍，适应性强，对结构复杂、不规则及大型的被涂物均方便有效，涂层表面质量均匀，平整光滑，有较好的装饰性。但涂料浪费大，部分涂料随空气飞散而浪费，对通风要求较高。

空气喷涂常用的设备包括喷枪、空气压缩机、油水分离器等。

一、喷枪

喷枪是雾化涂料的设备。喷枪雾化涂料的方式分为外混式和内混式两大类，其原理都是借助压缩空气的急骤膨胀与扩散作用，使涂料雾化。使用最为广泛的是外混式喷枪，外混式喷枪按照涂料供给方式分为吸上式、重力式和压送式，如图3—8所示。

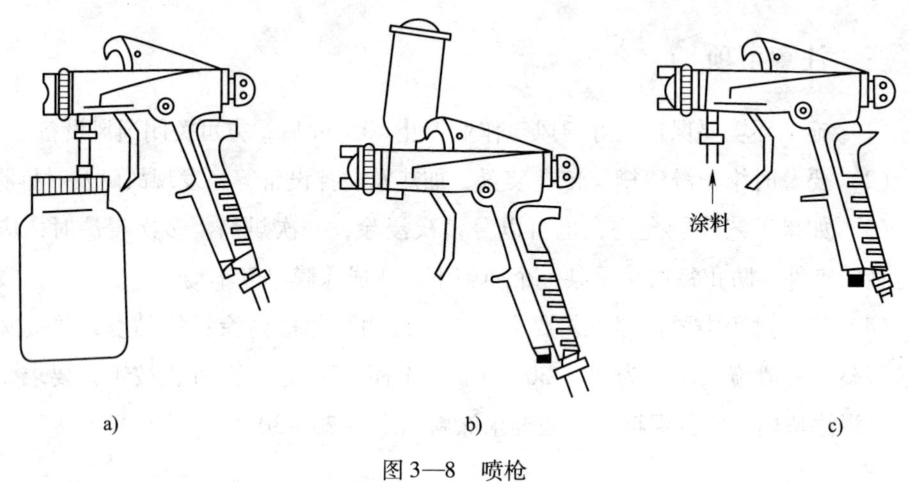

图3—8　喷枪

a）吸上式　b）重力式　c）压送式

1. 喷枪的分类

（1）吸上式喷枪。吸上式喷枪的涂料储料罐在喷枪的下部，涂料靠压缩空气在涂料喷嘴前形成的负压从涂料储料罐内吸出并雾化。此种喷枪适用于非连续性喷涂作业。喷枪在使用中更换涂料简便、操作稳定，但仰面施工困难。涂料喷出量受涂料黏度、密度、喷嘴口径的影响较大。

（2）重力式喷枪。重力式喷枪的涂料储料罐在喷枪的上部，涂料靠自身的重力及压缩空气在涂料喷嘴前端形成的负压从涂料喷嘴喷出并雾化。此种喷枪适用于涂料用量少及换色频繁的喷涂作业。涂料黏度变化对涂料的喷出量影响不大，不适合仰面喷涂作业。

（3）压送式喷枪。压送式喷枪的涂料是靠另设的涂料增压罐（或涂料增压泵）供给的，不需要在涂料喷嘴前端形成负压。此种喷枪适用于涂料量多且连续喷涂的喷涂作业。

2. 喷枪的构造

空气喷枪的主要零件包括气帽、喷嘴、针阀、扳机、气流控制钮、气阀、扇形调节钮和手柄。典型空气喷枪的构造如图3—9所示。

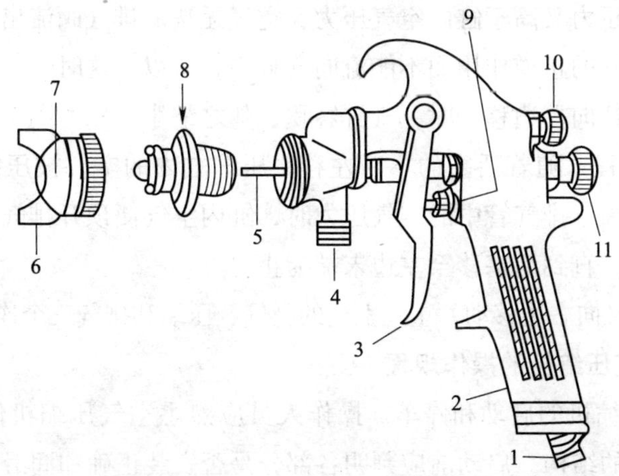

图 3—9 典型空气喷枪的构造

1—进气口 2—枪身 3—扳机 4—流体入口 5—针阀 6—喇叭筒 7—气帽 8—流体针阀 9—气阀 10—模式控制钮 11—流体控制钮

3. 喷枪的使用

拿握喷枪不要大把满握，要用无名指和小指轻轻拢住枪柄，食指和中指钩仕扳机，枪柄夹在虎口中，上身放松，肩要下沉。喷涂时眼随喷枪走，既要盯住喷枪要去的位置，又要注意喷过涂膜形成的状况和喷束的落点。喷枪的移动要靠身体的力量来带动臂膀的移动，不可移动手腕，但手腕要灵活。

二、空气压缩机

空气喷涂用的气源一般由空气压缩机产生，喷涂施工一般选用小型往复式压缩机。压缩机要能够提供稳定的压缩空气源，具有稳定的压力和充足的流量。喷涂施工时的压力应维持在 0. 29 ~ 0. 59 MPa。

1. 空气压缩机的工作原理

空气压缩机压缩空气的过程，主要是通过活塞在气缸内不断地往复运动来完成的。活塞在气缸内一次往复的全过程分为吸气、压缩和排气，称为一个工作过程。空气压缩机的工作过程如下：

（1）吸气过程。当活塞向右边移动时，气缸左边的容积增大、压力下降。当压力降到稍低于进气管中的空气压力（即大气压力）时，管内空气便顶开进气阀、进入气缸，并随着活塞的向右移动继续进入气缸，直到活塞移至右边的末端为止。

（2）压缩过程。当活塞向左边移动时，气缸左边容积开始缩小，空气被压缩，压力随之上升。由于进气阀的止逆作用，气缸内的空气不能倒流回进气管。同时，因排气管内空气压力又高于缸内空气压力，空气无法从排气阀流出缸外，排气管中的空气也因排气阀的止逆作用而不能流向气缸内，所以，这时气缸内形成一个封闭容积。当活塞继续向左边移动时，气缸容积也随之缩小，压力则不断升高。

（3）排气过程。随着活塞的不断左移，压缩缸内的空气被压缩，使压力继续升高。当压力稍高于排气管中的空气压力时，缸内空气便顶开排气阀而进入排气管中，并继续排出，直到活塞移至左边末端为止。

此后，活塞又向右边移动，重复上述的吸气、压缩和排气三个连续的工作过程。

2. 小型空气压缩机的操作规程

（1）空气压缩机的启动和停车。操作人员应熟悉空气压缩机使用说明书的内容和了解各部分的结构。启动前应判明各部分是否安装正确和润滑油面是否在规定的高度上，并用手转动飞轮（通常称为盘车）2～3圈，检查并确认没有妨碍运转的现象。顺时针拧动减荷阀手轮，关闭吸气口，使空气压缩机作空负荷启动。水冷式空气压缩机需向冷却水系统内通入冷却水，并确认冷却水流通正常。若在排水管的视水孔处看到连续流水，则说明水系统是正常的。

电动空气压缩机需接好电气线路，电动机的接线应使得空气压缩机的旋转方向为：当人在空气压缩机的后方（即电动机的一端）面向飞轮看去，其旋转方向应是顺时针方向。柴油发动空气压缩机的旋转方向与电动空气压缩机的旋转方向相同。

启动前，电动空气压缩机需通过电动机的启动设备，将电源断续接通2～3次。柴油发动空气压缩机则在柴油机发动后，将离合器断续接通2～3次，使连杆端部的油勺管先溅起一些润滑油至运动机构及气缸表面，然后正式接通电源或离合器，空气压缩机便进入空负荷运转。当确认空气压缩机运转正常后，将减荷阀手轮逆时针旋转到底，空气压缩机便进入负荷运转。

在负荷运转时，检查自动调压系统工作的灵敏性和正确性，并判明空气压缩机有无异常响声及漏气等不良现象，一切正常时即可正式运转使用。

停车时，先顺时针旋转减荷阀手轮，使吸气口关闭，然后断开电源或离合器，空气压缩机便停止运转。水冷式空气压缩机停车后，应切断冷却水源，在冬季还应放掉气缸及中间冷却器内的冷却水或采取保暖措施，以防止缸体及水管爆裂。

柴油发动空气压缩机的启动和停车，按柴油空气压缩机使用说明书的规定进行，但应注意，柴油机在启动前，离合器应与空气压缩机断开，当柴油机运转正常时，再按空气压缩机的启动顺序进行。

（2）出现下列情况时应紧急停车：

1）曲轴箱、气缸和阀室内有异常的撞击响声。

2）自动调压系统和安全阀工作失灵，储气罐内压力超过额定压力。

3）排气温度或润滑油温度超过允许的最大值。

4）电动机的温升或额定电流超过允许的最大值以及电气线路发生火花现象。

5）柴油机发生故障。

紧急停车后，应仔细查明原因，彻底消除故障后方可再次启动。

3. 空气压缩机的保养检查

空气压缩机运行时，应经常注意各部分有无异常响声，各级压力和排气温度是否正常。水冷式空气压缩机应注意冷却水是否畅通以及进出水温度是否正常。

连续运行时，每班需定时排放 2 ~ 3 次中间冷却器和储气罐内的油水沉淀物。

注意润滑油温度是否正常、油量是否在规定范围内，油量不足时应添加。

空气压缩机各连接处不得有漏气、漏油、漏水以及螺栓松动现象。

每月由钳工对吸排气阀进行小保养 1 次，阀片、弹簧及阀结合螺栓等有损坏或不良现象时，应立即更换或维修。

每 2 个月换 1 次润滑油。

每 3 个月清洗 1 ~ 2 次空气过滤器内的过滤网，并在上面重涂以清洁的润滑油。

每 3 个月检查 1 次连杆、连杆瓦、连杆小轴套情况，检查有无裂纹，螺栓有无松动、间隙。调整小头衬套与活塞销之间的径向间隙，间隙过大时应更换。

每半年送检校验 1 次各压力表及安全阀。

每年清洗检查 1 ~ 2 次中间冷却器。

每年进行 1 次空气压缩机的全面解体检查，并按检查测量结果确定修理范围。

三、油水分离器

含有油、水的压缩空气如果与涂料一起喷涂到被涂物表面上，会产生各种涂装缺陷。因此，空气压缩机中的压缩空气必须经过除水、脱脂，才能将空气压缩机与喷枪连接。除水和脱脂的设备称为油水分离器。

技能要求

一、操作准备

（1）认真阅读涂料产品说明书，并了解所用涂料的性能和使用方法。

（2）穿戴好工作服和口罩。

（3）连接好设备，检查设备是否可以正常工作。

（4）被涂物已进行合格预处理。

（5）喷涂前，应先根据所施工涂料的使用说明书的要求，调整好涂料的黏度。

（6）确定喷枪喷嘴的口径和规格、施工压力。

（7）将已调好黏度的涂料装入储漆罐后，关闭所有的开关。

二、操作步骤

1．调压

打开空气压缩机，调节压力达到施工要求的压力（一般在0.15～0.5 MPa）后打开通向油水分离器的空气通道开关，当油水分离器的压力达到施工压力时，即可打开喷枪的扳机，开始喷涂施工。

2．喷涂

喷涂时手握喷枪手柄，靠腕力和小臂、大臂的力量匀速地移动喷枪，喷嘴应与被涂面垂直，且保持一定距离（150～500 mm）平行移动。两道漆道应适当重叠，重叠控制在漆道宽度的1/3～1/2。

挂线喷涂件应在专用的喷涂房里进行喷涂，不在传送线上的涂装件应整齐摆放在工作台或干净的喷涂场地上。

三、注意事项

（1）了解所施工的涂料的使用说明书的要求，调整好涂料的黏度。

（2）确定喷枪喷嘴的口径和规格、施工压力，并按操作要求将设备连接好。

（3）控制喷涂姿势、速度，且保持一定距离，漆道重叠控制在漆道宽度的1/3～1/2。

第3节　涂装后处理

学习单元1　工具的清洗

学习目标

➢ 掌握涂料工具的清洗方法。

➢ 能够正确进行工具清洗。

知识要求

一、工具清洗

涂装完成后，应根据具体情况对所用的配料工具和涂装工具如配料桶、漆刷、喷枪等进行处理。如果在短时间内不再使用，一定要立即彻底清洗工具，否则，工具将失去使用功能。

二、工具清洗方法

1. 配料工具

配料工具的结构通常比较简单，因此，只需要把内部及边沿的涂料全部清洗干净无残留即可。

2. 漆刷

用清洗剂彻底清洗漆刷，直至清洗剂无混浊感，然后晾干，并用塑料薄膜包好，保存在干燥的地方。

3. 喷枪

（1）喷涂完成后，一定要立即将喷枪彻底清洗干净，喷枪内不允许有涂料残留。

（2）清洗喷枪（有气喷涂）时，将部分清洗剂加入储漆罐，然后用手指堵住喷嘴，再扣动扳机，借助清洗剂的冲力进行反冲洗，把喷枪内残留的涂料彻底清洗干净。

（3）喷枪应定期进行全面地拆洗，即把喷枪各零部件拆开，浸泡在清洗剂中，然后逐个清洗。

（4）清洗喷枪时最好使用毛刷。清洗过的零件要用柔软干净的棉布揩擦。用溶剂仔细擦洗出气孔和出漆孔，不得用金属丝捅，如果将小孔捅坏，喷枪将不能正常使用。

技能要求

一、操作准备

（1）准备足够的清洗剂。

（2）准备棉纱、棉布、毛刷。

（3）戴好耐溶剂手套。

（4）准备专用废液容器。

二、操作步骤

1. 初次清洗

将少量清洗剂倒入搅拌机或配料桶，用棉纱蘸清洗剂擦洗搅棒、过滤筛网内壁、边沿、刮刀、铲刀等；毛刷和辊筒在配料桶中清洗（如果工具上已有溶剂挥发并有涂料粘接，应先将工具浸泡于清洗剂中，之后再清洗，不耐溶剂的工具除外）。

清洗喷枪时，先将空气帽拆下，浸泡在清洗剂中，直至涂料软化，之后用毛刷除去残余物。清洗喷枪的其余部分时，切忌碰伤或损坏喷嘴。清洗后将清洗废液倒入专用容器中。

2. 彻底清洗

用清洗剂分多次清洗已经过初次清洗的配料工具及涂装工具，直至工具内无涂料残留。

3. 工具干燥

工具洗净后置于阴凉处风干。

三、注意事项

（1）清洗时一定要选用合适的清洗剂。

（2）应分多次清洗。

（3）不允许把喷枪浸入溶剂中，以免损坏密封圈。

（4）工具清洗应完全、彻底。

（5）由于树脂类原材料和有机溶剂都是易燃、易爆物品，因此，清洗时应做好安全防护工作，注意防火、防爆、防中毒。

学习单元2 涂膜的养护

- 了解涂膜养护的相关知识。
- 能够进行涂膜养护操作。

知识要求

经过施工形成的涂膜，需要在一定条件下进行养护。因为刚形成的涂膜仅是物理意义上的一层薄膜，涂膜的性能需要在后期的养护过程中得以实现。涂膜养护通常要求环境温度、相对湿度等保持相对稳定；在养护期内避免雨、雪及长时间的高温、阳光暴晒。同时，不同生产厂家和不同类型的涂料都有各自规定的养护时间，在该段时间之内，被涂物不能投入使用。

技能要求

一、操作准备

为防止突然来袭的雨、雪、高温及强烈紫外线，准备好防范设施。

二、操作步骤

1. 每日监测

在养护期内，每日监测气温、湿度及天气情况。

2. 养护

正常情况下，控制养护时间。如在养护期内恰逢异常天气，应采取合适措施，防止涂膜遭遇雨、雪、高温、紫外线照射等恶劣情况的侵袭。

三、注意事项

养护期内一定要严防异常情况对涂膜的损害。

第 4 节　质 量 检 查

学习单元 1　涂膜表观质量

学习目标

➢ 了解涂膜表观质量及质量缺陷的种类和特点。

➢ 能够目测涂膜的表观质量。

知识要求

涂料经过涂装及干燥后形成涂膜，需对每道涂膜都进行表观质量检查。对涂膜外观的质量检查有目测法和光学测定法两大类。目测法就是直接观察涂膜的表面有无缺陷。

一、涂膜外观等级

按照《涂料涂覆标记》（GB/T 4054—2008）中的规定，涂膜外观等级分四类，见表 3—6。

表 3—6　　涂膜外观等级

等级	代号	特　征
一级	Ⅰ	涂膜表面丰满、光亮（无光、半光涂料除外）、平整、色泽一致、美观、计划形状修饰精细。基本无机械杂质，无修整痕迹及其他缺陷，美术涂覆还应纹理清晰、分布均匀、特征突出，具有强烈的美术效果 用于高级精饰要求的制品涂覆
二级	Ⅱ	涂膜基本完整、光滑。色泽基本一致，几何形状修饰较好，机械杂质少，无显著的修整痕迹及其他缺陷，无防护性能的疵病，美术涂覆还应纹理清晰、分布比较均匀、具有美术特点 用于装饰性要求较高的制品涂覆
三级	Ⅲ	涂膜完整、色泽无显著的差异。表面允许有少量细小的机械杂质、修整痕迹及其他缺陷。无影响防护性能的疵病，美术涂覆还应具有美术特点 用于装饰性要求一般的制品涂覆
四级	Ⅳ	涂膜完整。允许有不影响防护性能的缺陷 用于无装饰性要求的制品涂覆

二、涂膜外观缺陷

1．流挂

在垂直（或竖立）物体的表面上施工，涂料在未干时有下流现象，以致涂膜干燥后厚薄不均匀，呈流涕状下垂，这种现象称为流挂。

2. 刷痕

使用漆刷刷涂后留下的漆刷的痕迹，不会流平，涂膜干燥后仍然存在，这种现象称为刷痕。

3. 起泡

在成膜过程中或在干燥后，涂膜局部呈直径不等的球状小泡向上膨胀隆起，内部包藏液体或气体，或有发生破裂的状态，这种现象称为起泡。

4. 龟裂

涂膜破裂或深透到底露出物面，或表面开裂、不透底层，外观与龟背花纹相似，这种现象称为龟裂。

5. 橘皮

涂膜表面不平，呈现出许多半圆状突起和细微的皱纹，类似橘子皮，这种现象称为橘皮。

6. 颗粒

涂膜干燥后整个表面或局部有颗粒的现象称为颗粒。

7. 露底

涂膜干燥后整个表面或局部有底层露出的现象称为露底。

8. 缩孔

涂膜表面有施工时涂料保持滴状倾向，被涂面裸露，孔径一般在 0.1 ~ 2 mm，这种现象称为缩孔。

9. 针孔

涂膜表面有类似皮革表面样的小孔或被针尖刺出样的小孔，这种现象称为针孔。

10. 发白

挥发性涂料在干燥过程中产生无光、发浑或呈半透明、乳白色的现象称为发白。

11. 渗色

面漆将底漆溶解，使底漆的颜色渗透到面漆上来而沾污了面漆，这种现象称为渗色。

12. 浮色

涂膜表面颜色与涂膜内部颜色不一致的现象称为浮色。

13. 发花

涂膜表面颜色不均匀的现象称为发花。

14. 失光

涂膜干燥后其外层发暗、无光或没有达到应有的光泽，或涂装后不久即出现光泽度下降，这种现象称为失光。

15. 剥落

涂膜局部或全部呈剥离状，可以脱落，这种现象称为剥落。

技能要求

一、操作准备

被测涂膜已干燥。

二、操作步骤

1. 净化涂膜

检查涂膜表观质量时，如果涂膜表面有灰尘，应先将涂膜表面轻轻擦拭干净，以利于目测，以免误判。

2. 目测

目视被测涂膜的外观是否平整、光滑、光亮；如果有缺陷，对照涂膜缺陷定义，确定涂膜缺陷的类型、程度。

3. 记录

将目测结果详细、准确无误地记录下来。

三、注意事项

（1）检查时，被测涂膜应该是干净的。

（2）目测被测涂膜的外观缺陷前，应深刻理解各种缺陷的特征。

学习单元2　涂膜湿膜厚度

学习目标

➤ 了解湿膜测厚仪。

➤ 能够正确使用湿膜测厚仪。

知识要求

涂料涂装中通常要控制湿膜厚度。测试湿膜厚度常用的湿膜测厚仪主要有两种，即湿膜梳和湿膜轮。湿膜梳有直形和六角形两类。

一、湿膜梳的使用方法

在刚涂装过的涂料湿膜上，将湿膜梳垂直放置于被测表面上，使湿膜梳与涂装基体完全接触，然后提起湿膜梳，读出未粘涂料的梳齿的读数和已粘涂料的梳齿的最大读数，那么，最大读数即为所检出的湿涂膜的最大厚度。

二、湿膜轮的使用方法

（1）用拇指与食指捏住仪器的导向滚轴，将仪器放在被测表面上，使接触点与零线相反。轻压滚动，使仪器向零线滚动，再提起。

（2）（验证）仪器放置位置同上，但以相反的方向旋转，直到它达到零线。湿膜厚度由湿膜记号出现处读出，并与相对的一侧比较，求出平均值。

技能要求

一、操作准备

（1）干净、干燥的湿膜测厚仪（湿膜梳）。

（2）揩布。

（3）稀释剂。

二、操作步骤

1. 测量

在刚涂装过的涂料湿膜上，立即将湿膜测厚仪垂直放置于被测的涂料湿膜表面上，使湿膜梳与涂装基体完全接触。

2. 检查

提起湿膜测厚仪，检查湿膜梳的测量齿上是否粘有涂料，如果未粘涂料，则将湿膜梳换个读数区域，继续按前述方法检查；如果粘有涂料则进行下一步骤。

3. 读数

读出未粘涂料梳齿的读数和已粘涂料的梳齿的最大读数，那么，最大读数值即为所检出的湿涂膜的厚度。

三、注意事项

（1）湿膜测厚仪在使用时，一定要与被测表面垂直且完全接触。

（2）当测试非平面的湿膜厚度时，应选用湿膜轮。

学习单元3　涂膜表干

学习目标

➢ 了解涂膜表干时间的概念。

➢ 掌握涂膜表干时间测试方法。

知识要求

基体或涂层经过涂覆之后，形成涂膜的过程也是涂膜干燥的过程，按照《漆膜、腻子膜干燥时间测定法》（GB/T 1728—1979）的要求，涂膜表面干燥时间的测定有如下两种方法：

一、吹棉球法

在漆膜表面轻轻放上一个脱脂棉球，用嘴在距棉球10～15 cm处，沿水平方向轻吹棉球，如棉球能被吹走，膜面不留棉丝，即认为漆膜表面干燥，从涂装完成到此时的时间间隔即为表面干燥时间。

二、指触法

以手指轻触漆膜表面，如感到有些发黏，但无漆粘在手指上，即认为漆膜表面干燥，从涂装完成到此时的时间间隔即为表面干燥时间。

技能要求

一、操作准备

校准过的计时器。

二、操作步骤

1. 计时

涂料施涂于所需涂装的场所后，开始计时。

2. 测定

用干净、干燥的手指轻触涂膜表面，当手指有黏感、但并未有涂料粘于手指上时，按下计时器。

3. 记录

将所测时间记录下来，此时间间隔即为涂膜表干时间。

三、注意事项

（1）计时要准确。

（2）正确理解指触法测定涂膜表干时间的概念。

思　考　题

1. 涂料调配通常有几种配比方式？
2. 与涂料调配相应的涂料配比，分别需要什么类型的计量器具？
3. 涂料混合过程中需要注意的事项有哪些？
4. 如何使用涂—4 杯测试涂料黏度？
5. 为什么多组分涂料在混合前要用计量器具准确计量后方可混合？
6. 涂料在使用前为什么需要充分混合？
7. 批刮腻子的常用工具有哪些？
8. 刮涂腻子的施工注意事项有哪些？
9. 如何保养刮刀？
10. 毛刷的种类有哪些？
11. 刷涂的操作程序是什么？
12. 刷涂时应注意些什么？
13. 浸涂主要适用于什么类型的涂料和被涂物？
14. 浸涂操作的注意事项有哪些？
15. 如何使用喷枪和空气压缩机？
16. 空气压缩机启动与停车时的注意事项有哪些？

17．如何保养空气压缩机？

18．空气压缩机出现什么情况时应紧急停车？

19．为什么要在喷涂前了解所施工涂料的使用说明书的要求，调整好涂料的黏度？

20．如何清洗配料工具和涂装工具？

21．清洗喷枪时应注意什么？

22．涂膜养护很重要吗？为什么？

23．基体检查时应进行哪些项目的检查？

24．如何进行湿膜厚度测量？

25．如何测试涂膜表干时间？

第4章 砖板衬里防腐蚀作业

第1节 胶泥配置

学习单元1 胶泥基本知识

- 掌握胶泥材料的组成、配比、性能。
- 能够准确称取胶泥各组分。

一、常用胶泥的成分及配比

砖板衬里的黏结剂俗称胶泥，是砖板衬里的主要材料之一。砖板衬里的适用范围及应用效果主要取决于所选用的胶泥。胶泥由黏结剂、固化剂、耐腐蚀填料及添加剂等组成。目前国内外常用的耐腐蚀胶泥主要有两大类：一是无机硅质类，如水玻璃类耐酸材料；二是树脂类，如酚醛树脂胶泥、不饱和聚酯胶泥等有机高分子化合物材料。前者施工简单，价格便宜，又能用于高温场合，故备受青睐。

1. 水玻璃胶泥

水玻璃胶泥主要有钠水玻璃胶泥和钾水玻璃胶泥两种。水玻璃的配方见表4—1。

表4—1　　水玻璃胶泥施工配比

材料名称	胶泥配方比（质量比）		
	配方一	配方二	配方三
钠水玻璃	100	—	100
钾水玻璃	—	100	—
氟硅酸钠	15～18	—	—
铸石粉	255～270	—	—
瓷　粉	（200～250）	—	—
石英粉比铸石粉为7:3	（200～250）	—	—
石墨粉	（100～150）	—	—
KP—1粉料	—	240～250	—
1G—1耐酸粉	—	—	240～250

注：①表中氟硅酸钠用量是根据水玻璃中氧化钠含量的变动而调整的，氟硅酸钠纯度按100%计。

②括号内为替换填料配比，可任选一种使用。

（1）钠水玻璃胶泥。钠水玻璃胶泥由钠水玻璃、固化剂与耐酸粉料按一定比例配制而成，具有较好的耐酸性能、物理力学性能和热稳定性能。

1）耐酸性能。对大多数无机酸、有机酸、强氧化酸等具有较强的耐腐蚀性能，但在碱性介质、含氟介质、中性盐类溶液及高级脂肪酸中不耐腐蚀。

2）物理力学性能。与一些无机材料如耐酸砖板、铸石板、花岗岩等有较好的黏结强度。

3）热稳定性。可用于300℃的高温环境中，线膨胀系数与钢板接近，因此作为钢壳的内部衬里时产生的热应力小。

钠水玻璃胶泥在实际应用中能在短期内胶凝、初硬，可常温施工、常温固化，施工方便，原料丰富，价格低廉，已成为砖板衬里中最常用的耐腐蚀胶泥之一。

钠水玻璃胶泥的缺点是孔隙率大、抗渗透性差，与硫酸、醋酸、磷酸等易生成钠盐，可导致体积变化，产生裂纹、掉砖等。除采用1G—1填料制成的胶泥外，其他钠水玻璃胶泥不适用于稀酸和水作用的场合。在氟及含氟化合物、碱、热浓磷酸中，钠水玻璃胶泥也不能使用。

（2）钾水玻璃（KP—1）胶泥。钾水玻璃胶泥是以钾水玻璃为胶材料，缩合磷酸铝为固化剂，硅铝氧化物为耐酸耐热粉料和骨料，以及少量辅助材料集配而成的新型耐酸耐高温防腐材料。

钾水玻璃胶泥具有较高的机械强度和优越的粘接性能。

钾水玻璃胶泥在各种浓度的有机酸、无机酸、氧化性介质及酸性水溶液介质中性能稳定，并具有很强的抗渗性。

钾水玻璃胶泥具有较高的热稳定性，在实际应用中工作环境温度可达 900℃以上。

钾水玻璃胶泥的各个组分，经医药卫生部门检验鉴定，均为无毒物质，对施工人员及操作人员均无危害。钾水玻璃胶泥可在室温下固化，具有可常温施工、储存期长、易于运输等特点。

2. 树脂胶泥

砖板衬里常用的树脂胶泥包括环氧胶泥、酚醛胶泥、呋喃胶泥、改性胶泥、环氧煤焦油胶泥、环氧酚醛胶泥。

（1）环氧胶泥。环氧胶泥是以环氧树脂、固化剂及填料等为基料而制成的。根据环氧胶泥常用施工配比（见表 4—2），可以配置不同的环氧胶泥。

表 4—2　　环氧胶泥常用的施工配比

材料名称		胶泥配比（质量比）	
		配方一	配方二
环氧树脂 E—44		100	
环氧树脂 E—42			100
固化剂	乙二胺	6 ~ 8	6 ~ 7
	乙二胺比丙酮为 1∶1	（12 ~ 16）	（12 ~ 14）
	间苯二胺	（15）	（15）
	二乙烯三胺	（10 ~ 12）	（10 ~ 12）
	590 号	（15 ~ 20）	（15 ~ 20）
	苯二甲胺	（19 ~ 20）	（19 ~ 20）
	T31	（15 ~ 40）	（15 ~ 40）
	C20	（20 ~ 25）	（20 ~ 25）
	NJ −2 型	（15 ~ 20）	（15 ~ 20）
增塑剂	邻苯二甲酸二丁酯	10	10

续表

材料名称		胶泥配比（质量比）	
		配方一	配方二
填料	石英粉或瓷粉	150~200	150~200
	铸石粉	（180~250）	（180~250）
	硫酸钡	（180~250）	（180~250）
	石墨粉	（100~160）	（100~160）

注：①乙二胺用量以乙二胺为100%计，若纯度不足，应换算增加。

②括号内为替换的固化剂和填料配比，可任选一种使用。

环氧胶泥具有如下特性：

1）具有良好的触变性能。触变性能优良，静置状态下材料呈不易流动的凝胶态，即使涂抹在顶部或侧面等凹槽、孔洞内，也不会产生变形、流挂等现象，易于保证施工质量；当受到搅拌、挤压等剪力作用时，呈良好流动性状态，易于施工操作。

2）具有良好的自流平性。施工中产生的缩孔、刮痕等缺陷在其固化过程中能够自愈，易于保证施工质量。

3）力学性能优良，与混凝土粘接牢固，不易在黏结面开裂。

4）具有与混凝土良好的匹配性。具有较低的弹性模量和良好的柔韧性，能够提高固化体系的抗冲击性能、抵御外力引起的变形，不易脆性破坏。

5）无毒、无污染。材料无毒、无污染，符合环保要求。

6）具有较好的耐腐蚀性，可用于中等浓度的硫酸、盐酸、磷酸中。耐碱性能不如呋喃胶泥，可耐稀碱与弱碱，耐热性较低，收缩率小。

（2）酚醛胶泥。酚醛胶泥由酚醛树脂、固化剂、填料等助剂配制而成，它是砖板衬里工程中应用最为广泛的树脂胶泥之一。表4—3为酚醛胶泥施工配比，可以根据配方和性能需求设计配置量。目前通过对酚醛树脂进行改性，酚醛胶泥已由过去只能适用于酸性介质的单一品种发展成为耐酸、耐碱、导热等多品种。

表4—3　酚醛胶泥施工配比

材料名称		胶泥配比（质量比）	
		配方一	配方二
酚醛树脂		100	100
固化剂	苯磺酰氯	6~10	6~10
	对甲苯磺酰氯	（8~12）	
	硫酸乙酯（硫酸比乙醇为1:2~1:3）	（6~8）	
	NL固化剂	（6~10）	

续表

材料名称		胶泥配比（质量比）	
		配方一	配方二
酚醛树脂		100	100
固化剂	复合固化剂		
	1. 对甲苯磺酰氯比硫酸乙酯为 7∶3	8	
	2. 苯磺酰氯比硫酸乙酯为 1∶1		
稀释剂：丙酮或乙醇			0～5
填料	石英粉	150～200	150～200
	瓷粉	(150～200)	(150～200)
	铸石粉	(180～230)	(180～230)
	石英粉比铸石粉为 8∶2	(150～200)	
	硫酸钡	(180～220)	
	石墨粉	(180～230)	(90～120)

注：①配方一中的固化剂可任选一种。

②填料可任选一种。

酚醛胶泥耐酸性能优良，可用于浓度在 70% 以下的硫酸、各种浓度的盐酸和磷酸以及某些有机酸中，但不能用于硝酸、铬酸、浓硫酸、次氯酸、氯气等氧化性介质中。一般也不用于氢氧化钠、碳酸钠、氨水等碱性介质中。与耐酸砖板、浸渍石墨板的粘接强度较高，具有较好的热稳定性，马丁氏耐热度约为 120℃，在某些场合下使用温度可达 150℃。

（3）呋喃胶泥。呋喃胶泥是以呋喃树脂、固化剂和粉料等按一定比例配制而成的耐腐蚀胶泥，由于它的化学稳定性良好，既耐酸又耐碱，而且耐热性高，目前已成为耐腐蚀胶泥中的重要品种。表 4—4 所列为呋喃胶泥施工配比。

表 4—4　　　　呋喃胶泥施工配比

名　称		胶泥配比（质量比）			
		糠醇树脂	糠酮树脂	糠酮甲醛树脂	YJ 呋喃树脂
呋喃树脂		100	100	100	100
稀释剂：甲苯或丙酮		0～10	0～10	0～10	
固化剂	苯磺酰氯	10			
	苯磺酰氯比磷酸为 4∶(3.5～5)	(8　12)			
	硫酸乙酯［硫酸比乙醇为（2～3）∶1］		10～14	10～14	

续表

名称		胶泥配比（质量比）			
		糠醇树脂	糠酮树脂	糠酮甲醛树脂	YJ 呋喃树脂
增塑剂	亚磷酸三苯酯（液体）	10	10		
填料	石英粉或瓷粉	130～200	130～200	130～200	
	石英粉比铸石粉为9∶1或8∶2	（130～180）	（130～180）	（130～180）	
	硫酸钡	（180～220）	（180～220）		
	石墨粉	（80～150）	（130～180）		
	YJ 呋喃粉			（80～150）	350～400

注：①表中固化剂按呋喃树脂品种选用；括号内为替换配比，固化剂和填料可任选一种。

②耐氢氟酸工程，其填料应选用硫酸钡粉或石墨粉。

呋喃胶泥具有良好的耐腐蚀性能。在浓度为70%以下的硫酸、各种浓度的盐酸、磷酸、醋酸中性能稳定。呋喃胶泥耐碱性优良，可用于浓度为40%的氢氧化钠溶液中；在某些有机溶剂如苯、乙醇、甲苯中性能稳定，但不能用于胺类、卤素和酚类介质中。

技能要求

一、操作准备

根据称量物的物理化学性质准备称量器具与盛装胶泥各成分的容器。

二、操作步骤

1. 计算各组分用量

按照设计的胶泥配方，选择并计算各个组分的量。例如，根据环氧胶泥配方一，计算出需要环氧树脂E—44（1 000 g），固化剂选择乙二胺（80 g），增塑剂（100 g），填料选择铸石粉（2 000 g）。

2. 选择量具

根据各组分的量，选择电子台秤作为称量的工具。

3. 称量

按照台秤的使用方法，称取各组分，备用。

学习单元 2　胶泥混合

学习目标

- 掌握胶泥的混合顺序及方法。
- 能够进行胶泥混合。

知识要求

一、胶泥搅拌机日常维护

胶泥搅拌机的样式如图 4—1 所示。

图 4—1　胶泥搅拌机

1. 周围环境

胶泥搅拌机周围清洁干净、地面不得有油污或余料。

2. 表面擦拭

机器表面经常保持干净，其上不得摆放其他物件。

3. 加油润滑

手柄活动部位及传动链条保持润滑良好。

4．机器紧固件

机器各紧固件（螺钉、螺母等）应支固良好。

5．传动带检查

传动带出现老化时应予更换。

6．安全装置

手柄限位行程开关及控制面板应控制良好。

二、胶泥搅拌机使用注意事项

（1）胶泥搅拌机作业中，如出现故障、不能继续运转时，应立即切断电源，将搅拌筒内的胶泥清除干净，然后进行检修。

（2）清理检修时，应用销子固定住搅拌机上料斗的摇把，以免人进入筒内清理时，身体碰触摇把，使料斗提升，发生挤压事故。

（3）胶泥搅拌机启动后，应在搅拌筒达到正常转速后进行上料，上料后要及时加水；添加新料必须先将搅拌机内原有的胶泥全部卸出后才能进行。不得中途停机或满载荷时启动搅拌机，反转出料者除外。

技能要求

一、操作准备

根据胶泥的量和组分材料准备相应的盛装器具、搅拌机等。

二、操作步骤

1．水玻璃胶泥操作步骤

（1）称量。称量水玻璃、氟硅酸钠与填料（或 KP—1 粉料）。

（2）预先混合。采用机械或人工方法预先将氟硅酸钠与填料混合均匀。

（3）加入称量好的水玻璃，边加边搅拌，直至搅拌均匀。

注意事项：水玻璃胶泥配制可在搅拌机中进行，也可人工配制。胶泥配制时要掌握好配制量。配制好的胶泥必须在初凝前用完（一般自加水玻璃起 30 min 内），并严禁再加入其他物料。

2．酚醛树脂胶泥操作步骤

（1）称量。称量树脂和定量硬化剂。

（2）加入硬化剂。定量硬化剂慢慢加入搅匀。

（3）加入填料并快速搅匀。

注意事项：酚醛树脂胶泥的配制可在灰机中进行或在普通搪瓷盆中手工配制。配制胶泥应在 30 min 内用完。施工完毕后，应将搅拌浆上的胶泥刮净，灰盆中残余的树脂也必须刮净，不得带入下次配制的胶泥中。

3. 环氧树脂胶泥操作步骤

（1）称量。称量胶泥的各组分材料。

（2）依次加入增塑剂、固化剂和填料，逐次搅匀。

注意事项：各种材料应准确称量，当环氧树脂黏度较大时，可适当加热，但温度不超过 40℃，并应在 30 min 内用完。

第 2 节　加 工 砖 板

学习目标

- 熟悉砖板的排列规定。
- 掌握砖板切割的注意事项。
- 能够正确加工砖板。

知识要求

一、砖板排列的有关规定

在正式衬砌前，应先在衬砌位置进行砖板预排。根据槽底尺寸先弹上中心十字线，然后进行定位放线，根据放线进行预排、画线、切割和编号。对于砖板衬里设备，无论是单层还是多层，也无论是平面、圆弧面还是圆锥面，砖板必须错位排列，不得有重缝。砖板排列一般为横向连续缝、纵向错缝，排砖要求横竖带线、拼角不能有爆瓷、阴阳角必须达到 90°，墙面砖的空鼓率不能超过 3%，整面平整度误差要求不超过 2 mm，垂直度误差不能超过 3 mm。

二、砖板切割机的使用常识及注意事项

砖板加工一般可用手工（錾子和锤子）切割或用砖板切割机切割。常用工具

为砖板切割机，如图4—2所示。

图4—2　砖板切割机

（1）机械运转正常后，方准断料。断料时紧靠切割机的一头必须用夹具夹紧，然后手握切割机加力手把缓慢地向下加力，不能初割时突然加力，以免损坏切割砂轮片或使砂轮片飞出伤人。

（2）刀轮画线切勿用力压，只需轻轻在砖板表面画一条均匀、连续的线即可，画线要连贯。

（3）请勿多次重复用刀轮画线，以免影响切割精度及刀轮寿命。

（4）导轨应避免进水进沙，如果有进水进沙应及时清理。

（5）刀轮画线后请勿移动砖板，以确保刀轮画线与底板横梁对齐。

技能要求

一、操作准备

在操作前准备砖板、切割机等相关的工具。

二、操作步骤

1. 砖板排列

（1）先弹上中心十字线。

（2）定位放线。

（3）砖板预排。

（4）画线。

（5）切割。

（6）编号。

2. 手动切割砖板

（1）画线。根据预排的要求，在砖板上画线。

（2）去除砖板多余部分。用錾子和锤子去除砖板上多余的部分。

（3）凿削断面凸出部分。用錾子凿削断面的凸出部分。

（4）磨削加工面。用双刃锤细凿削加工面，使加工面平整。

（5）研磨加工面。用角向磨光机或砂轮片研磨加工面。

3．机械切割砖板

（1）安装。安装切割机。

（2）画线。根据基体定位预排的要求在砖板上画线。

（3）切割。将画好线的砖板放到切割机上，对准切割线，打开开关切割。

（4）打磨。对切割好的砖板打磨切割面。

（5）归位。

第3节　衬　砌　操　作

学习目标

➢ 掌握衬砌的平面、壳体与平行底连接部位操作方法。

➢ 能够正确衬砌砖板。

知识要求

一、砖缝形式

砖板衬里胶泥缝的结构形式分为挤缝和勾缝两种。

1．挤缝

先将干燥的砖板的贴衬面上涂一层薄胶泥，同时在被衬的设备或管道表面上也涂上一层胶泥，然后将砖板用力揉贴在设备或管道表面上。要求胶泥饱满，结合部位无空气存在，砖板间所有灰缝中有胶泥挤出。刮去灰缝，挤出多余胶泥。挤出的胶泥应及时用刮刀刮去，并应保证结合层的厚度与胶泥缝的宽度。

2．勾缝

勾缝一般是在设备衬里最后一层采用。一般是以硅质胶泥来粘贴砖板，砖板的四周交接缝中填塞合成树脂胶泥。衬砌时先在砖板贴衬面及设备表面涂抹规定厚度的胶泥，贴砌时在面缝上放置规定尺寸的木条，砌筑固化后，把木条取出，用勾缝胶泥进行勾缝。

二、砖板排列原则

在进行砖板衬里时，砖板必须错缝排列，这对单层衬里来说，可提高衬里层的强度，而对多层衬里来说，通过层与层之间的错缝，不仅可以提高结构强度，还可以增加防渗透能力。一般来说，对于立衬设备，环向砖缝为连续缝，轴向砖缝应错开，对于卧衬设备，环向砖缝应错开，轴向砖缝为连续缝。

注意事项：对钢铁基体要求清洁无油污，并满足一定的粗糙度要求；对于混凝土基体还要求无松动现象，表面要平整，不得有起鼓、尖角、凹坑、剥落现象，基体应充分干燥，其表面下 20 mm 处，含水率不得大于 6%。

技能要求

衬砌砖板的施工工艺为：基体检查→喷砂、除锈→涂刷底涂料→衬隔离层→加工砖板→胶泥配置→砖板衬砌→衬砌质量检查→缺陷处理→养护固化→酸化处理→组装封口→交付使用。

一、平面衬砌操作

在平面上砌砖板时，砖板排列一般为横向连续缝，纵向错缝。砖板砌筑时，每铺砌一块，应在待铺的另一行用砖板顶住以防止滑动，待胶泥稍干后，进行下一行的铺砌。在底部衬砌完成、胶泥初凝后，可开始衬砌立面。

二、立面衬砌操作

在衬砌立面时，应由下向上进行。衬砌上层砖板时会对下层砖板产生压力，使下层砌好但胶泥未固化的砖板层错位或移动。因此，立面衬砌时不能连续衬砌多层，一般在连续衬砌 2 ~ 3 层后稍停片刻，待下层胶泥初凝后再继续衬砌。

三、壳体与平行底部连接部位操作

壳体与平行底部连接部位衬砌时，可用标形砖板衬砌，底部砖板平铺，立面砖板应压住平面砖板，也可用异形砖板衬砌。

第 4 节　后　处　理

学习单元 1　胶泥的常温养护

学习目标

- 掌握常用胶泥的常温固化条件。
- 能够进行常温养护。

知识要求

一、水玻璃胶泥的常温固化条件

采用水玻璃胶泥衬砌砖板的衬里设备，常温固化期不少于 10 天。对于用水玻璃胶泥衬砌的多层衬里，每完成一层后应进行 25 ~ 36 h 的中间固化处理，才能进行下一层衬砌施工。环境温度低时适当延长中间固化时间。钠水玻璃胶泥施工完毕后，需在干燥环境中养护，严禁与水或水蒸气接触，并应防止早期过快脱水，其养护时间如下：环境温度为 10 ~ 20℃时不少于 12 天，环境温度为 21 ~ 30℃时不少于 6 天，环境温度为 31 ~ 35℃时不少于 3 天。

二、树脂胶泥的常温固化条件

采用树脂胶泥衬砌砖板的衬里设备，其常温固化期与所用胶泥的品种有关。常用树脂胶泥的常温固化时间见表 4—5。

表 4—5　　常用树脂胶泥的常温固化期

胶 泥 名 称	固化时间（天）
环氧胶泥	7 ~ 10
酚醛胶泥	20 ~ 25

续表

胶泥名称	固化时间（天）
呋喃胶泥	15～20
环氧酚醛胶泥	7～15
环氧呋喃胶泥	20～25

注：①固化温度低于20℃时，固化时间应适当延长。

②表中呋喃胶泥的固化期系数指糠醇、糠醛型呋喃胶泥，其他类型呋喃胶泥的固化期应根据试验确定。

技能要求

一、操作步骤

1. 自然固化

把衬里设备置于干燥、通风良好、无尘的地方，让其在固化期内自然固化。

2. 修补

在自然固化的初凝阶段进行修补。

二、注意事项

（1）不能使衬里设备与水或水蒸气接触。

（2）仔细检查衬里设备表面是否出现缺陷。

学习单元2　水玻璃胶泥的酸化处理

学习目标

➢ 掌握水玻璃胶泥的酸化条件。

➢ 能够进行酸化处理。

知识要求

采用水玻璃胶泥砌砖板的衬里设备，常温固化后还应该进行酸化处理。

对钠水玻璃胶泥可用 40% 左右的硫酸或 20% ~25% 的盐酸涂刷在胶泥缝上进行酸化处理，每间隔 8 h 以上涂刷一次，涂刷次数应不少于 4 次。

对钾水玻璃胶泥可用 KP—1 处理液涂刷在胶泥缝上进行表面处理，每间隔 4 h 以上涂刷一次，涂刷次数应不少于 3 次。

技能要求

一、操作准备

酸化剂及酸化工具。

二、操作步骤

1. 钠水玻璃酸化处理

（1）酸洗表面。钠水玻璃胶泥衬砌的砖、板衬里层固化后，用浓度为 20% ~25% 的盐酸或 30% ~40% 的硫酸刷洗表面。

（2）常温养护。酸洗表面后，进行为期 6 ~8 h 的常温养护。

（3）清洗表面。刷洗表面的白色析出物。

（4）重复上述步骤。重复步骤（1）至步骤（3），直到无析出物为止。

2. 钾水玻璃酸化处理

（1）涂 KP—1 液。钾水玻璃胶泥衬砌的砖、板衬里层固化后，应用 KP—1 液进行表面处理。

（2）常温养护。常温养护的间隔时间不得少于 4 h。

（3）重复上述步骤。重复步骤（1）和步骤（2），处理次数不得少于 3 次。

三、注意事项

（1）酸化处理可用干净的拖把蘸酸揩擦，也可以将酸浇在衬砌面上拖擦，浇酸时应注意安全。

（2）每次酸化处理前，应清除胶泥表面析出的白色结晶物。

（3）酸化处理期间应注意不能使衬里设备与水或水蒸气接触。

第5节　质量检查

学习目标

➢ 熟悉除锈等级标准、衬里结合厚度、胶泥缝宽度规定。

➢ 能够进行质量检查。

知识要求

表4—6为砖板结合层厚度、灰缝宽度和勾缝应符合的基本要求。在质量检查时应根据砖板结合层厚度、灰缝宽度和勾缝要求来检验。

表4—6　　砖板结合层厚度、灰缝宽度和勾缝尺寸　　mm

块材种类	水玻璃胶泥衬砌				勾缝		树脂胶泥衬砌	
	结合层厚度		灰缝宽度		缝宽	缝深	结合层厚度	灰缝宽度
	钠水玻璃胶泥	钾水玻璃胶泥	钠水玻璃胶泥	钾水玻璃胶泥				
标形耐酸瓷砖、缸砖	7~8	6~8	2~3	4~6	6~8	15~20	7~8（糠醇糠醛胶泥4~6）	2~3（糠醇糠醛胶泥2~4）
标形耐酸瓷砖、耐酸陶板	4~5	5~7	1~2	3~4	6~8	10~12	3~4（糠醇糠醛胶泥4~6）	1~1.5（糠醇糠醛胶泥2~4）
浸渍石墨板	4~5		1~2				3~4	1~1.5（糠醇糠醛胶泥2~4）
铸石板	4~5	5~7	1~2	4~6			3~4	1~1.5

技能要求

一、操作准备

准备质量检查所用的工具及用品（如记录本、笔、量具等）。

二、操作步骤

1. 检查结合层厚度

检查并记录结合层厚度，根据砖板材质确定是否达到要求。

2. 检查灰缝宽度

检查并记录灰缝宽度，根据砖板材质确定是否达到要求。

3. 检查勾缝

检查并记录勾缝的缝宽和缝深，根据砖板材质确定是否达到要求。

4. 记录

记录并撰写报告。

思　考　题

1. 水玻璃胶泥有哪几类？
2. 常见的树脂胶泥有哪些？其中综合性能比较好的是哪种胶泥？
3. 常见胶泥的配置过程及注意事项有哪些？
4. 加工砖板的常用方法有哪些？
5. 砖板衬里胶泥缝的结构形式有哪几种？
6. 砖板排列的一般原则是什么？
7. 简述砖板衬里的施工工序。
8. 简述水玻璃胶泥的常温固化条件。
9. 简述树脂胶泥的常温固化条件。
10. 简述酸化处理的注意事项。

第5章 橡胶衬里防腐蚀作业

第1节 准 备 工 作

学习目标

➢ 掌握衬胶施工工具的种类及用途。

➢ 能够准备衬胶施工工具。

知识要求

一、表面处理工具

一般情况下，衬胶设备钢体的内部表面处理由设备制造单位按图样要求完成。但实际施工中往往不能100%达到图样设计要求和衬胶标准规定。故有局部的焊缝需要打磨。

打磨一般采用以下两种磨光机：

（1）角向磨光机（见图2—1）。用于打磨直焊缝和较大弧度的圆焊缝。

（2）轴向磨光机（见图5—1）。用于打磨接管内的焊缝和小弧度的圆焊缝。

二、涂刷工具

辊筒和毛刷在衬胶施工中均是涂刷胶浆的工具。使用时从胶桶中蘸取胶浆，在胶板衬贴面或基体上来回辊刷或涂刷，使胶浆形成均匀胶膜，以达到胶板粘合的目

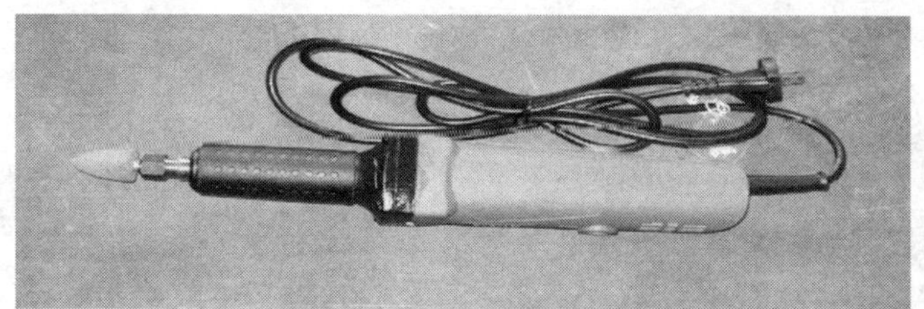

图 5—1　轴向磨光机

的。随着现代施工对工作效率要求的提高，传统毛刷已基本被辊筒所替代，如图 5—2 至图 5—5 所示。

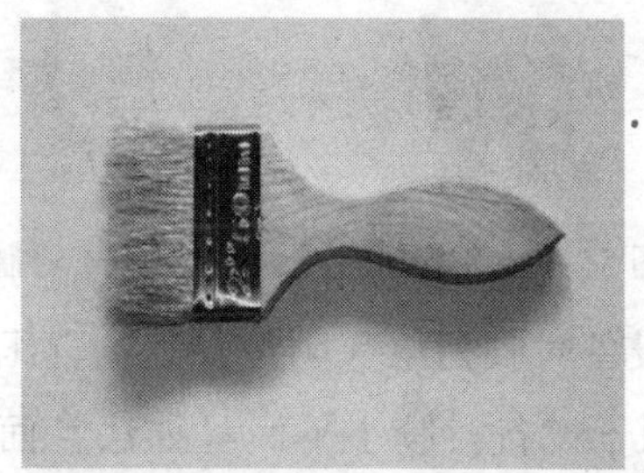

图 5—2　小毛刷

图 5—3　大毛刷

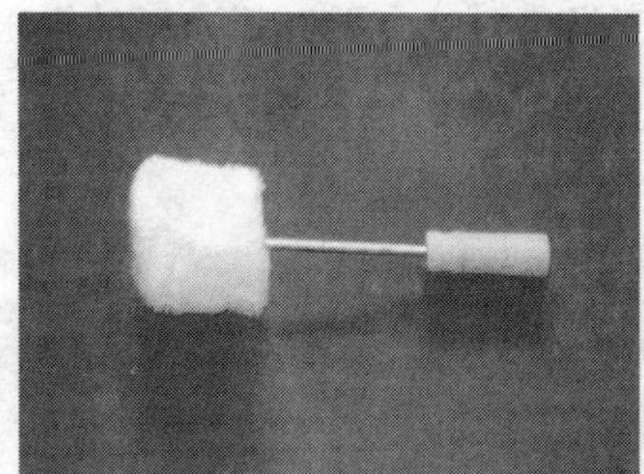

图 5—4　竖辊筒

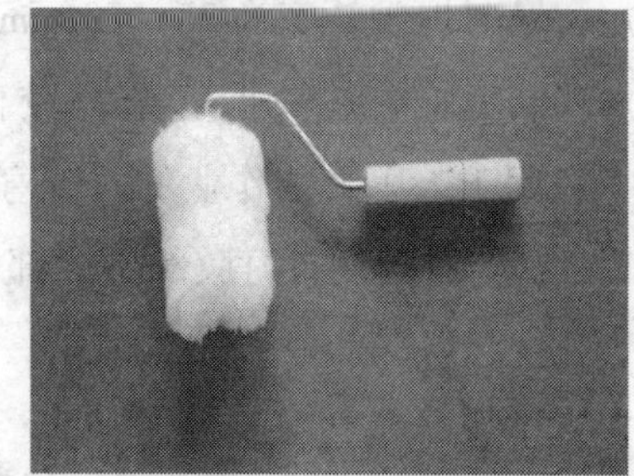

图 5—5　曲辊筒

施工时，一般竖辊筒和小毛刷用于设备接管、复杂内件和小衬胶件的涂刷；曲辊筒和大毛刷则用于大面积的涂刷。

三、衬胶工具

1. 下料刀

弧形下料刀在切胶断料时斜推，即能打出胶板搭接所需的坡度，将裁剪、削边合二为一，如图 5—6 所示。

图 5—6　弧型下料刀

2. 压辊

压辊按使用时的接触面积可分为小、中、人号压辊及特制压辊，如图 5—7 至 5—10 所示。

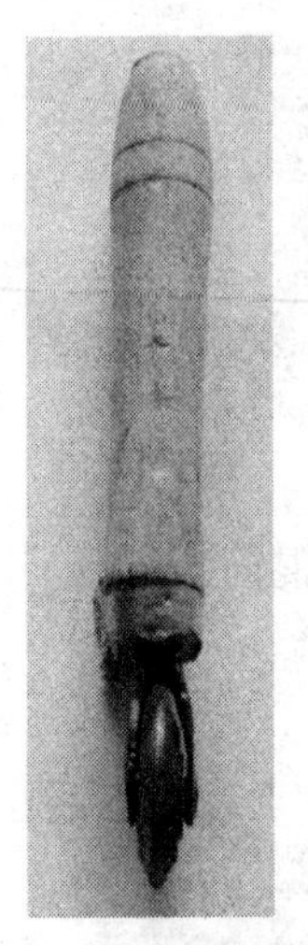
图5—7 小号压辊

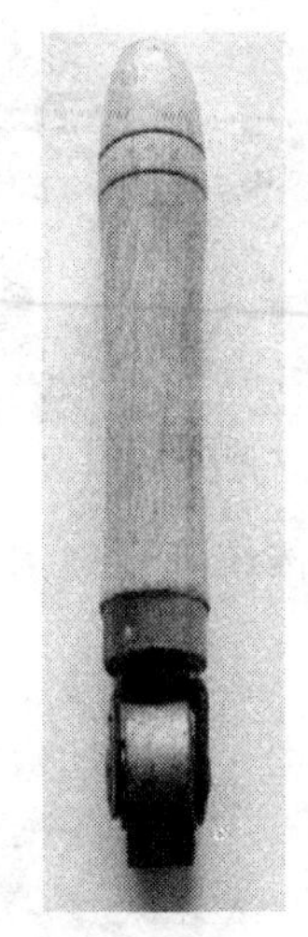
图5—8 中号压辊

图5—9 大号压辊

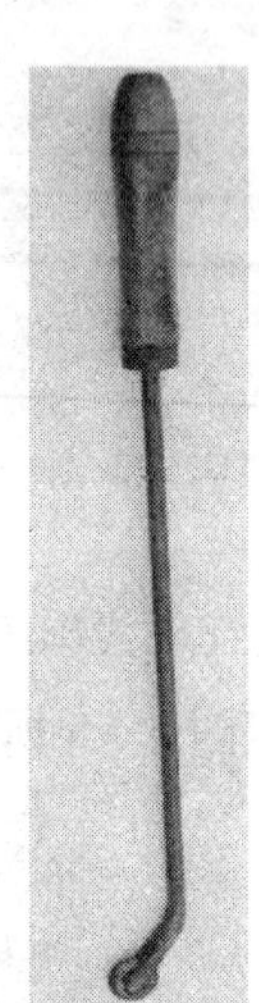
图5—10 特制压辊

（1）小号压辊。轮宽约为5 mm，用于设备衬胶拐角（阴角）处的辊压。

（2）中号压辊。轮宽在15 mm左右，用于设备衬胶小平面（如法兰面）和衬胶接缝的辊压。

（3）大号压辊。轮宽为25～50 mm，用于设备衬胶大平（弧）面的辊压。

（4）特制压辊。是根据复杂衬胶件而设计制作的，其轮小柄长，轮宽约为5 mm，一般用于人手无法作业的衬胶弯头、三通、风机叶轮。

施工中，应根据设备衬胶的不同部位选择合适的压辊。

技能要求

一、工具准备

1. 磨光机的准备

应根据衬胶设备的形状和焊缝特点准备不同的打磨机。

（1）角向磨光机。用于打磨直焊缝和较大弧度的圆焊缝。

（2）轴向磨光机。用于打磨接管内的焊缝和小弧度的圆焊缝。

2. 辊筒、毛刷的准备

应根据衬胶设备的形状和大小准备不同尺寸和大小的辊筒和毛刷。平面和大曲面的设备表面可用辊筒涂刷，面积小或曲面小的表面应选用毛刷。胶板面涂刷时因其平铺在工作台面上，故既可用辊筒，也可用毛刷涂刷黏结剂，主要视面积的大小而定。

3. 下料刀的准备

下料刀是裁剪胶板的主要工具。弧形下料刀在切胶断料时斜推，即能打出胶板搭接所需的坡度，将裁剪、削边合二为一。但也有先下料再削边的。

4．压辊的准备

压辊是衬胶时用的工具。应根据衬胶表面的形状正确选用不同形状和结构的压辊。如大号压辊用于平面衬胶，中号压辊用于设备衬胶小平面（如法兰面）和衬胶接缝的辊压，小号压辊用于设备衬胶拐角（阴角）处的辊压胶板，特制压辊用于人手无法作业的衬胶弯头、三通、风机叶轮。

5．灭火器的检查准备

衬胶作业前应按防火安全规定放置好灭火器，放置时应检查灭火器的规格、有效时间、放置数量和位置。

6．风机设备的检查准备

衬胶作业时应按规定设置风机进行送风或抽风，以加强衬胶设备内部的空气流通和置换。设置的风机应型号正确，位置合理有效。

7．劳保用品的穿戴

衬胶作业时应穿防静电的工作服和软底鞋，戴好口罩或防毒面具和手套。衬胶高空作业时还应系好安全带，防止高空坠落。

二、注意事项

（1）通风设备的安装方向应正确。

（2）防毒面具应有良好的气密性。

第 2 节　基体表面处理

学习目标

- 了解衬胶设备基体表面处理的基本方法。
- 能够按标准对衬胶设备基体表面进行处理。

知识要求

一、基体表面处理的概念

橡胶衬里设备基体表面处理是指对设备壳体需衬胶的表面进行机械处理，达到衬胶的技术规范要求。

二、表面处理的方法

（1）焊缝修补和机械打磨。

（2）钢板表面补焊和打磨。

（3）基体表面喷砂除锈。

（4）基体表面除油。

三、设备表面处理应达到的要求

（1）焊缝基本平整，圆滑过渡。

（2）钢板表面平整，无凹凸不平现象。

（3）基体喷砂除锈达到 Sa2.5 级的要求。

（4）经处理后的表面无油迹和浮尘。

第 3 节 胶 板 放 样

学习单元 1 常用胶板的外观质量检查

学习目标

➤ 熟悉常用胶板的外观质量标准。

知识要求

一、外观质量标准

胶板在生产时因其技术、工艺、设备以及原材料等多种原因，无法达到理想的质量要求，因而其外观总是存在着或多或少的质量缺陷。生产实践中，有些缺陷是不影响实际使用效果的，而有些缺陷则会给使用带来巨大损失，或存在质量隐患。因此，应当结合实际生产和使用经验对胶板的外观质量缺陷进行规范，以满足生产需要，并确保实际使用的安全可靠。

二、胶板外观质量检查的目的

通过对胶板外观的质量检查，判定其是否合格。对表面质量不合格的胶板，在放样前应予以剔除。

三、胶板外观检查的项目

1. 气泡

每平方米内深度不超过胶板厚度的允许偏差，气泡长端直径小于 3 mm 的气泡不应超过 5 处。

2. 表面杂质

每平方米内深度和长度不超过胶板厚度的允许偏差的杂质不超过 5 处。

3. 水纹

允许存在不超过胶板厚度偏差的轻微痕迹，将胶板弯曲 90°检查应无裂纹。

4. 斑痕和凹凸

不平处的深度和高度应不超过胶板厚度的偏差。

5. 胶板厚度允许偏差

胶板厚度允许偏差为标称厚度的 -10% ~15%。例如：标称厚度为 3 mm 的胶板，其厚度的允许范围是 2.7 ~3.45 mm。图样或者技术规格书有特殊要求的按要求执行。

学习单元 2 工件放样

学习目标

- ➤ 掌握圆柱形衬胶设备和矩形衬胶设备放样的基本技能。
- ➤ 能够进行放样操作。

知识要求

一、圆柱形工件放样

工件放样时，应考虑尽可能地减少橡胶衬里的搭接缝；接缝方向应与设备内介质流向相一致。

圆柱形衬胶工件是施工中最常见的工件之一。圆柱形设备相当于大直径管道，既可环形贴衬（环衬）也可直铺贴衬（直衬）。图 5—11 中的设备根据介质流向，宜先衬底部再衬壁部，先衬排料管再衬壁部。

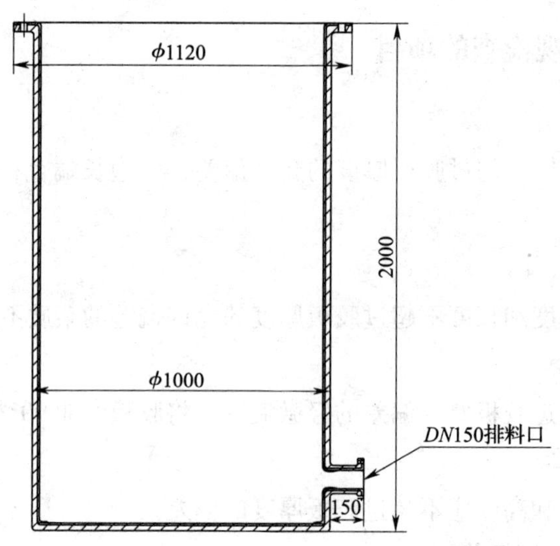

图 5—11　圆柱形设备衬胶

1. 底部胶板放样

将宽度为 1 m 的胶板切成直径为 1 m 的圆。

2. 壁部胶板放样

以宽×高为 1 000 mm×4 mm 的胶板为例，搭接宽度按 30 mm 计。

（1）环衬法。每一圈胶板长度为（1 000 − 4 ÷ 2）×3. 14 + 30 = 3 164 mm，衬贴两圈后计算第三圈胶板宽度为 2 000 + 60（法兰宽度）－（1 000 − 30）×2 + 30（裕量）= 150 mm；也可以衬完两圈后，量一下剩余的钢板高度加上法兰宽度、搭接宽度、裕量 30 mm 即为最后一圈的胶板宽度。注意：衬贴时相邻胶板的搭接缝应错开 100 mm 以上。

（2）直衬法。每一张胶板长度为 30 + 2 000 + 60 + 30（裕量）= 2 120 mm，衬贴三张胶板后剩余的胶板宽度为（1 000 − 4 ÷ 2）×3. 14 －（1 000 − 30）×3 + 30 = 254 mm；也可以衬完三张后，用卷尺量一下剩余的钢板弧长加两边搭接确定最后的胶板宽度。

二、矩形工件放样

矩形衬胶工件也是施工中较常见的工件之一。现以长×宽×高为 2 000 mm×1 000 mm×1 000 mm 的敞口矩形工件为例（设定上部四周法兰宽度 50 mm）放样。

1. 底部胶板放样

将宽度为 1 m 的胶板截取 2 000 mm 即可。

2. 壁部胶板放样

以宽×高为 1 000 mm×4 mm 的胶板为例，搭接宽度按 30 mm 计。

每张胶板长度为 1 000 + 50（法兰宽度） + 30（底部搭接） + 20（裕量） = 1 100 mm，总共需要量为 6 000 + 210（7 条缝） = 6 整张 + 210（1 小条） = 6 210 mm。

技能要求

一、测量

用钢直尺、卷尺等量具对工件需衬胶的表面进行准确测量，并做好相应记录。

二、计算胶板表面积

根据测量的工件衬胶表面的尺寸和形状考虑胶板的排布方式，然后确定胶板的搭接缝数量；考虑接缝宽度和适当的裕量，计算好该工件所需的胶板面积。

三、划线

根据工件的具体形状和尺寸，用直尺和划规进行胶板划线。

四、裁剪

用弧形切刀蘸水在划线处进行斜推，倾斜角度掌握在 30°～45°，裁下的胶板即带有搭边所需的斜坡。下料时对出现蜂窝状、严重压痕、扯裂等缺陷的胶板，应剔除不用。

学习单元3　胶板表面预处理

学习目标

➢ 掌握胶板表面预处理的各种方法。

➢ 能够对胶板做预处理。

知识要求

通过胶板表面预处理，可对胶板的某些缺陷进行有效改进，在不影响衬胶质量的前提下，尽量提高胶板的利用率。胶板表面预处理的内容包括以下几方面：

（1）胶板局部的气泡处理。

（2）胶板表面的杂物清理。

（3）胶板有孔洞或机械刺伤的处理。

（4）生橡胶板表面的硫黄粉或滑石粉等隔离剂清理。

（5）预硫化胶板的黏结面打磨处理。

技能要求

一、对下料胶板的预处理方法

（1）气泡用针刺破，排出空气，再用热烙铁烙平，封闭针孔。

（2）胶板表面的线头和杂物要清理干净，表面附着物要清洗干净。

（3）表面孔洞、深坑，用相同牌号的橡胶板热烙补平。

（4）表面机械刺伤、划痕，用热烙铁修平。不影响衬贴质量的轻微刺伤、划痕可不进行修补。

（5）剪裁好的胶板，不准弯曲和起褶，应铺平盖好，防止被污染。

（6）橡胶板下料后坡口处的水珠应用干净抹布擦净。

（7）生橡胶板表面出现的少量硫黄、滑石粉等应刷洗干净。

（8）预硫化胶板的黏结面进行打磨处理。

二、注意事项

因为非标设备制作时存在误差，故放样时不能仅按图样下料，应根据设备实际尺寸进行放样。

第4节　胶板衬贴

学习目标

➢ 掌握压辊（烙铁、刮板）等手工施工工具的使用方法。

➢ 掌握胶板衬贴的基本工序。

知识要求

根据胶板品种选择工具。

（1）热硫化橡胶衬里，以使用烙铁和压辊为主。

热硫化橡胶衬里，其胶板为生胶，施工时一般平面以压辊辊压为主，在接缝和拐角处宜用热烙铁烙压，以利于胶板的粘合。

（2）预硫化橡胶衬里，以使用压辊和刮板为主。

预硫化橡胶衬里，其胶板硫化程度已达70%～80%，弹性较大，宜选用压辊和刮板操作。

（3）自硫化橡胶衬里，以使用压辊和烙铁为主。

技能要求

一、衬贴胶板

1. 涂刷黏结剂和晾胶

（1）工作人员的手套、工作服及衬里用具应保持清洁；进入衬胶设备前应先在设备内垫上干净的垫布，并穿干净的软底鞋或棉袜。

（2）分别在设备及胶板上涂刷黏结剂。涂刷前先把胶浆搅拌均匀，涂刷时整个涂层要保持厚薄均匀，不能漏涂或形成花面，防止胶浆堆积、流淌、起泡，避免杂物落在胶膜上。一般设备内干燥速度慢，故应先刷设备后刷胶板，使之干燥同步。

（3）黏结剂涂刷遍数应根据橡胶衬里生产企业的施工工艺而定，晾胶干燥时间根据现场环境条件而定，不粘手即可开始衬贴。

2. 对缝

（1）衬里采用搭接式，双层衬里搭接宽度为 20～25 mm，单层衬里为 30～35 mm，转角处搭接宽度为 30～50 mm；搭接对缝要求画线操作，做到直而齐。

（2）不得采用十字形接缝，应采用 T 字形接缝。贴衬 T 字形接缝时，应先将下层搭接处的面削成斜面，然后贴衬上层橡胶板。

（3）接缝方向应根据设备结构而定，设备接管或内壁的接缝方向应与介质流动方向相一致，搅拌设备的接缝方向应与介质的转动方向相一致。

3. 压胶排气

（1）胶板铺放位置必须正确，不得起褶或受拉变薄。

（2）衬贴采用热烙法或辊压法。采用热烙法时，烙铁操作温度为 100～180℃，不得在胶板上停留。采用辊压法时，应在胶板表面划上醒目小格，用压辊逐格辊压，不得遗漏。

（3）胶板粘贴时，必须顺次将黏结面的空气排净，使胶板和设备表面紧密贴合，胶板的接缝必须烙实、压严。

二、注意事项

如用户对接缝宽度有特殊要求，由双方协商确定。

第 5 节　硫化操作

- 掌握橡胶衬里硫化罐硫化的基本方法和安全要求。
- 能够进行橡胶衬里硫化罐硫化。

知识要求

一、硫化

硫化是橡胶衬里最重要的工艺技术之一。衬胶设备的胶板衬贴完工后，必须经过硫化，方可使用。衬胶设备的硫化方法有多种，硫化罐硫化是最基本的一种，包括恒压硫化法和蒸汽直接硫化法。

1. 恒压硫化法

恒压硫化法工艺如下（恒温恒压时间由胶板生产企业提供）：

常压 $\xrightarrow[\text{30 min}]{\text{通入压缩空气}}$ 0.3 MPa $\xrightarrow[\text{60～90 min}]{\text{关闭压缩空气，通入蒸汽}}$ 0.3 MPa

$\xrightarrow[\text{180 min 左右（38℃→140℃）}]{\text{蒸汽不断置换，恒压、恒温}}$ 0.3 MPa $\xrightarrow[\text{120 min}]{\text{关闭蒸汽，通入压缩空气，恒压降温（140℃→80℃）}}$

0.3 MPa $\xrightarrow[\text{缓慢减压 30 min}]{}$ 常压打开设备，晾干检验。

2. 蒸汽直接硫化法

蒸汽直接硫化法工艺如下（恒温恒压时间由胶板生产企业提供）：

常压 $\xrightarrow[\text{60 min}]{\text{通入蒸汽}}$ 0.1 MPa $\xrightarrow[\text{60～90 min}]{\text{缓慢通入蒸汽，保持压力不变}}$ 0.1 MPa

$\xrightarrow[\text{120 min（138～140℃）}]{\text{继续通入蒸汽，升温升压}}$ 0.3 MPa $\xrightarrow[\text{180 min}]{\text{恒温、恒压（140℃→80℃）}}$

常压打开设备，晾干检验。

二、硫化罐安全操作规程

（1）硫化前必须对设备及压力表、安全阀等相关安全附件进行认真检查，符合安全要求后才能按硫化操作程序进行操作。

（2）操作者必须坚守岗位，按规定做好硫化时间、温度、压力的原始记录。

（3）硫化时不许任何人在硫化罐前滞留或者进行其他工作。

（4）操作者一旦发现压力表、安全阀、温度计或者其他装置失灵时必须及时报告，处理维修或更换。

（5）压力表、安全阀、温度计等计量、安全附件，须按国家规定的检定周期进行定期检定，合格后才能使用。

（6）工件出入硫化罐时，罐内禁止站人，硫化的工件须摆放平稳，防止工件伤人。

一、橡胶衬里硫化罐硫化

1. 恒压硫化法

（1）将摆好工件的硫化车平稳推入硫化罐内，关紧罐门、插上安全定位销。

（2）打开空气管路阀门，向硫化罐内通入压缩空气，待罐内压力升到0.3 MPa后关闭压缩空气；此过程约30 min。

（3）打开蒸汽管路阀门向硫化罐内通入蒸汽，缓慢置换压缩空气，保持0.3 MPa压力不变（有的衬里硫化时需要温度要高一些，应视具体胶板而定）；此过程为60～90 min。

（4）压缩空气置换完毕，压力恒定在0.3 MPa，温度恒定在138～140℃，根据橡胶衬里的品种确定恒温时间（由胶板生产厂家提供参数，此过程约180 min）。

（5）关闭蒸汽，通入压缩空气，恒压降温至80℃以下，缓慢排气减压至常压，打开排空阀，开罐拉出工件；此过程约150 min。

2. 蒸汽直接硫化法

（1）将摆好工件的硫化车平稳推入硫化罐内，关紧罐门，插上安全定位销。

（2）打开蒸汽管路阀门，向硫化罐内缓慢通入蒸汽，观察压力表从0 MPa上升到0.1 MPa；此过程约60 min。保持压力恒定在0.1 MPa，时间为60～90 min。

（3）继续通入蒸汽，使罐内压力从0.1 MPa上升到0.3 MPa、温度上升至138℃；此过程约120 min。

（4）恒压0.3 MPa、恒温138～140℃（由胶板生产厂家提供参数）；此过程约120 min。

（5）关闭蒸汽自然降温至80℃、压力为0 MPa后，打开排空阀，开罐拉出工件；此过程约180 min。

二、记录橡胶衬里硫化参数

橡胶衬里硫化罐硫化的三大要素是温度、压力、时间。

操作时根据不同橡胶衬里品种，按表5—1格式，每15～30 min记录一次。

表 5—1　　　　橡胶防腐衬里硫化工艺参数记录表　　　　No.

衬胶设备名称					衬里牌号			
时间（min）								
压力（MPa）								
温度（℃）								
备注								

硫化工：　　　　　　　　　　　　审核：　　　　　　　　　　年　月　日

三、注意事项

真空设备的橡胶衬里宜采用恒压硫化法。

第 6 节　质 量 检 查

学习目标

➢ 掌握橡胶衬里表观质量的要求。

知识要求

一、橡胶衬里表观质量的要求

（1）橡胶衬里设备、管道和管件应 100% 进行质量检查。

（2）用目测法检查胶层外观质量。胶层表面允许有凹陷和深度不超过胶板厚度允许偏差的外伤、印痕或嵌杂物，但每平方米不得超过 5 处，不得出现裂纹或海绵状气孔。

（3）用锤击法、指压法检查胶层与金属的粘接情况。橡胶衬里设备衬胶层不允许有脱层现象。

（4）搭接缝应严密，不得翘起、脱开。

（5）常压管道、管件允许有不破的气泡，每处气泡面积不大于 10 mm^2，凸起高度不大于 2 mm；气泡总面积不大于管道、管件总面积的 1%。

二、检查橡胶衬里表观质量

（1）检查橡胶衬里设备的表面是否平整。

（2）检查胶层表面凹陷和深度是否超过质量规定的指标。

（3）检查胶层是否出现裂纹或海绵状气孔。

（4）用锤击法、指压法检查胶层与金属的粘接情况。橡胶衬里设备衬胶层不允许有脱层现象。

（5）检查胶层搭接缝是否严密，不得翘起、脱开。

（6）检查衬胶设备的法兰面是否平整，不得有翘边现象。

三、注意事项

对衬胶设备进行外观检验时应注意衬胶设备的欠硫和过硫。欠硫时，衬胶设备的胶层硬度低于规定硬度。过硫时，衬胶设备的胶层硬度高于规定硬度。欠硫和过硫都将给设备的安全运行和使用寿命带来不利影响。

思考题

1. 衬胶作业时需要哪些衬胶工具？

2. 衬胶作业时需要哪些安全保护措施（器具）？

3. 衬胶作业时需要哪些劳动保护用品？

4. 胶板厚度允许偏差的范围是多少？

5. 胶板外观检查的项目有哪几项？

6. 现场有1 m^2的厚度为3 mm的胶板，检查发现有深为0.2 mm、直径2 mm的气泡4处，直径0.2 mm的杂质3处，请问该胶板是否合格？

7. 下料前，对胶板应进行哪些检查？

8. 预硫化胶板衬贴前应做哪些预处理？

9. 衬胶时为什么要考虑胶板接缝的搭接方向？

10. 为什么不能用十字形搭接，而可以用T字形接缝？

11. 衬贴胶板时排不净空气会产生怎样的质量问题？

12. 硫化罐硫化方法有哪几种？

13. 硫化时都要记录哪些参数？

14. 橡胶衬里设备、管道和管件应进行百分之多少的质量检查?

15. 某设备衬里为硬质橡胶，衬胶厚度 4 mm，检查时木锤敲击无异声，但发现其中 1 m^2 衬里表面有 0.3 mm 深的印痕 3 处。请问该设备衬胶表面质量是否合格?

第6章 塑料防腐蚀作业

第1节 准 备 工 作

学习单元1 施工前的技术准备

学习目标

➢ 掌握塑料防腐蚀作业的施工工艺，会根据不同的塑料品种选用相应的施工方法。

➢ 熟悉塑料原料、辅料的一般常识。

➢ 掌握三视图的识读方法。

知识要求

一、塑料防腐蚀作业的施工工艺

塑料防腐蚀作业根据所选用的塑料品种不同，可分为全塑设备的制作和衬里施工两种类型。硬聚氯乙烯、聚丙烯因其强度好、刚性好，常用做工程塑料，独立制作全塑设备使用，也可以作为衬里材料使用；氟塑料可以做全塑设备中的零部件，

如换热器等，通常是作为衬里材料使用。而软聚氯乙烯、聚乙烯塑料由于刚性小、强度低，除了吹塑工艺生产 30 m^3以下整体设备外，也常常作为衬里使用。但即使作为衬里使用，因其性能不同，各种塑料的施工工艺也有所不同。

全塑设备的制作，要经过下料、烘板、模压成型、组对和塑料焊接几个工序。塑料衬里方法主要有空铺法、螺钉法或预埋木条用钉固定法、压条螺栓固定法、粘贴法等四种，氟塑料衬里方法主要有缠绕法、松衬法、液压法，线性聚乙烯衬里方法主要为滚衬法。

1. 空铺法

空铺法也称松套法，其特点是衬里层和基体间不加以固定，衬里层靠法兰翻边及接管支撑。这种方法施工比较简单，整体性好，塑料的热膨胀量不受基体限制，一般适用于容积不太大的设备和基础的空铺。

2. 螺钉法或预埋木条用钉固定法、压条螺栓固定法

这两种方法的施工工艺基本相同，都是用螺钉（螺栓）将塑料板机械地固定在被衬里的设备的表面，螺钉之间的距离取 500 mm 左右，把预先开好小孔的塑料衬里层挂在螺钉上，把钢制压条也套在螺钉上，拧紧螺母使压条把衬里塑料层紧紧地压在钢壳上。

3. 粘贴法

粘贴法即通过胶粘剂把塑料板与金属壳体粘贴起来的方法有热贴法和冷贴法两种。粘贴之前，需对金属壳体和塑料板表面进行预处理，使其达到一定的粗糙度和清洁度以后，才能实施粘贴。热贴法与冷贴法的区别在于，热贴法是将胶粘剂（热沥青）加热后涂在粘贴面，将塑料板与基体粘在一起。冷贴法是将胶粘剂直接分别涂于基体面与塑料面。热贴法适用于平面施工，冷贴法适用于平、立面。

4. 缠绕法

缠绕法的施工工艺是，将聚四氟乙烯薄带缠绕在金属模具上，来回交叉缠绕到所需厚度，再用玻璃丝带捆扎在聚四氟乙烯薄带的外面，然后将工件放在电炉中烧结成型。在塑化温度下，夹在中间的缠绕带各层聚四氟乙烯薄膜受热迅速膨胀，而玻璃丝带几乎没有膨胀，因而使聚四氟乙烯受压，自行熔化成一体。

5. 松衬法

准确测量聚四氟乙烯内衬管的长度（外套长加两个翻边宽），用刀裁去两端的多余部分，然后将两端翻边。衬装时，将聚四氟乙烯管一端翻边扳直，先套上一只 2 mm 厚的石棉橡胶垫圈，然后将内衬管套进外壳。到头后再套上一只石棉橡胶垫圈，再将扳直的翻边重新翻回来，同时用法兰盖压住翻边，上紧螺栓，并适当加热定型，使其平整地贴合在法兰上。

6. 液压法

液压法是用弹性膜（橡皮袋）和液体（水）作为加压介质，其原理是利用高压液体各点传压相等，迫使橡皮袋胀大（内压法）或缩小（外压法），使弹性膜与模具壁之间的聚四氟乙烯均匀地受压，然后脱模、烧结成型。

7. 滚衬法

滚衬法主要用于线性聚乙烯的成型，施工时将工件旋转加热到一定的温度，然后喷洒聚乙烯粉末，边旋转边抹均匀，使塑料粉受热至流动温度流动成一整体，冷却、定型，检测、修补。

二、塑料原料、辅料的一般常识

塑料的组成成分以合成树脂为主，并含有一定比例的添加剂。

合成树脂的主要作用是把构成塑料的各组分物质粘接成一个整体，并赋予塑料基本的力学性能和化学性能。

添加剂主要包括增强剂与填料、交联剂、增塑剂、防老化剂、着色剂与润滑剂。增强剂的主要作用是提高塑料的强度与刚性，多为各种纤维及其织物。填料虽有改善塑料某些力学性能的作用，但使用填料的目的往往是为了降低塑料的原材料成本，常用的有无机填料和有机填料。通常增强剂和填料占塑料总质量的20%～50%。交联剂是使聚合物分子发生交联聚合反应的助剂。增塑剂可提高塑料的塑性变形能力，使熔融温度降低和流动性增大，提高塑料制品的柔韧性和耐寒性。为防止或延缓塑料外观失去光泽、变色与龟裂和强度下降等老化现象，而加进的添加剂称为防老化剂。常用的防老化剂有热稳定剂、抗氧剂和紫外线吸收剂。着色剂能使塑料获得各种色彩，并兼有使塑料制品耐大气老化和便于识别的作用。润滑剂主要是为了减少塑料对成型设备与模腔表面的黏附和防止塑料制品表面的相互粘连。

此外，塑料中常用的添加剂还有阻燃剂、抗静电剂、发泡剂、增韧剂和防霉剂等，可根据用途而决定是否需要添加。

1. 硬聚氯乙烯塑料原料、辅料的一般常识

硬聚氯乙烯塑料是以聚氯乙烯树脂为主要原料，加入增塑剂、稳定剂、填料、润滑剂和颜料等添加剂经高温捏合、混炼及加工成型等过程而制得的。硬聚氯乙烯塑料管、板、焊条制品的原料配比可参考表6—1。

表 6—1　　硬聚氯乙烯塑料管、板、焊条制品的原料配比

原料名称	配合比（质量）			备注
	管	板	焊条	
4 型 PVC 树脂	100	100	100	
三盐基硫酸铅	5	3	9	稳定剂
硬脂酸铅	1.5	1	—	稳定剂
硬脂酸钡	0.5	1	2	稳定剂
石蜡	1	—	0.5	润滑剂
碳酸钙	3	3	—	填料
颜料	0.3	适量	适量	填料
邻苯二甲酸二辛酯	无	无	<10	增塑剂

2. 软聚氯乙烯塑料原料、辅料的一般常识

软聚氯乙烯塑料是在硬聚氯乙烯塑料的基础上添加数量更多的增塑剂而制成的，因而其在强度、抗老化性、耐腐蚀性能上与硬聚氯乙烯塑料有很大的差异。白色软聚氯乙烯塑料的组成见表 6—2。

表 6—2　　白色聚氯乙烯塑料组成

材料名称	质量比	备注
聚氯乙烯树脂	100	
苯二甲酸二丁酯	21	增塑剂
苯二甲酸二辛酯	5	增塑剂
癸二甲酸二辛酯	5	增塑剂
三甲酚磷酸酯	10	增塑剂
硬脂酸钡	2	稳定剂
三盐基硫酸铅	5	防热剂
陶土	7	填料

3. 聚丙烯塑料原料、辅料的一般常识

聚丙烯树脂是一种由丙烯在催化剂作用下聚合而成的热塑性树脂。根据其分子结构的不同，可分为等规聚合物、间规聚合物和无规聚合物三种。防腐上通常采用的是等规聚丙烯。等规聚丙烯的分子呈螺旋状，它在不同外界条件下会生成不同的结晶，称为结晶变态。对加工极为重要的结晶变态有三种。

（1）α 变态。这是最常见的一种聚丙烯晶体结构，在 138℃左右形成，在所有晶体变态中它的结构最稳定、强度最高，熔点为 180℃，理论密度为 0.936 g/cm^3。

（2）β变态。属于六方晶系，其螺旋分子链在晶体中相互平行排列，稳定性比α态差，在130℃附近时结晶，熔点为145～150℃，理论密度为0.939 g/cm^3。当超过其熔点热处理时，可转变为α态结晶。

（3）拟六方变态。将等规聚丙烯熔融后急剧冷却至70℃，即生成这种结构。在70℃以上再加热处理又转变成α态结晶，所以说它是最不稳定的结构。

由于α态结构稳定、强度高、熔点高，所以当用聚丙烯制造设备时应尽量使其缓慢冷却，且在138℃左右要有保温措施，以充分"退火"，以便使聚合物得到充分的结晶，获得更多的α态结构晶体，这样的制品强度高、尺寸稳定性好。如果采用急冷的办法，聚合物将向β变态及拟六方变态转变，导致制品变形及焊缝崩裂。同样，在热成型加工时，表面不得冷却得过快，以免聚合物材料内部（靠模芯或板材中间部分）为单斜晶体、外部（受冷却的部分）呈拟六方晶体，这样会影响制品的强度和刚度。

目前防腐蚀塑料作业中使用的聚丙烯有改性聚丙烯和纯聚丙烯。改性聚丙烯是在纯聚丙烯树脂的基础上加入增塑剂、稳定剂、填料、润滑剂和颜料等添加剂加工而成的，类似于聚氯乙烯塑料，但因为聚丙烯的树脂比聚氯乙烯树脂密度小，所以改性聚丙烯塑料的比重比聚氯乙烯塑料低10%左右。近年来，随着人们对纯聚丙烯塑料的研究越来越深入，纯聚丙烯耐温性好、质轻、韧性好、加工方便等特点逐渐被发现，越来越被人们所接受，其制品的产量大有赶超聚氯乙烯塑料的趋势。

4. 氟塑料原料的一般常识

目前我国用于化工防腐蚀方面的氟塑料主要有以下几个品种：

（1）聚四氟乙烯。分子式为$-[CF_2-CF_2]_n-$，代号为PTFE或F_4。

（2）可溶性聚四氟乙烯。四氟乙烯与全氟烷基乙烯基醚的共聚物，代号为PFA。

（3）聚全氟乙丙烯。分子式为$-[-(CF_2-CF_2)_x-(CFCF_3-CF_2)_y-]_n-$，是四氟乙烯与六氟丙烯的共聚物，代号为FEP或$F_{46}$。

（4）聚三氟氯乙烯。分子式为$-[CF_2-CFCl]_n-$，代号为PCTFE或F_3。

（5）三氟氯乙烯与偏氟乙烯的共聚物。分子式为$-[-(CH_2-CF_2)_x-(CF_2-CFCl)_y]_n-$，代号为$F_{23}$或3M。

（6）聚偏氟乙烯。分子式为$-[CH_2-CF_2]_n-$，代号为PVDF或F_2。

氟塑料的原料主要为粒料、凝结的细粉（0.2 μm）和水分散液。粒状树脂用于压塑和柱塞挤塑；细粉可以糊状挤塑成薄壁材料；分散液可用作涂料和浸渍多孔材料。半成品有膜、板、棒和管材。

三、基本识图知识

1. 图线

图线是构成视图的基本要素。要看懂图样，就必须首先明确各种图线的含义和用途。各种图线的名称、型式、代号、宽度及一般应用见表 6—3。

表 6—3　　图线的表示方法和用途

图线名称	图线型式	代号	图线宽度	一般应用
粗实线	————	A	b	A1　可见轮廓线 A2　可见过渡线
细实线	————	B	约 $b/3$	B1　尺寸线及尺寸界线 B2　剖面线 B3　重合剖面的轮廓线 B4　螺纹的牙底线及齿轮的齿根线 B5　引出线 B6　分界线及范围线 B7　弯折线 B8　辅助线 B9　不连续的同一表面的连线 B10　成规律分布的相同要素的连线
波浪线	～～～～	C	约 $b/3$	C1　断裂处的边界线 C2　视图和剖视的分界线
折断线	—\/—\/—	D	约 $b/3$	D1　断裂处的边界线
虚线	- - - - -	F	约 $b/3$	F1　不可见轮廓线 F2　不可见过渡线
细点画线	—·—·—·	G	约 $b/3$	G1　轴线 G2　对称中心线 G3　轨迹线、节圆及节线
粗点画线	—·—·—·	J	b	J1　有特殊要求的线或表面的表示线
双点画线	—··—··—	K	约 $b/3$	K1　相邻辅助零件的轮廓线 K2　极限位置的轮廓线 K3　坯料的轮廓线或毛坯图中制成品的轮廓线 K4　假想投影轮廓线 K5　试验或工艺用结构（成品上不存在）的轮廓线 K6　中断线

2．尺寸

物体的形状尺寸是在视图的长、宽、高三个方向标注尺寸数字来表示的，如图 6—1 所示。

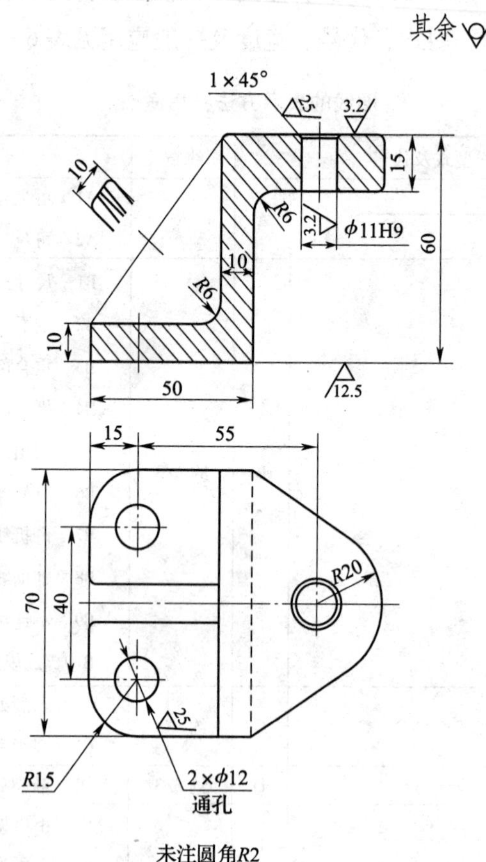

图 6—1　托架视图及尺寸

图中阿拉伯数字的单位是 mm（工程制图通用），国家制图标准中规定是默认单位，不必写出，但读者应知道它是零件实际长度的计量单位。视图中尺寸线与尺寸界线是表示度量起始和终止范围的。尺寸线用细实线，终端有箭头和斜线两种形式，通常采用的是箭头，特殊情况下允许用斜线。尺寸界线也是细实线，它也可借用其他线，如中心线、轮廓线等，但尺寸线则不能借用。

读图时常见图中标有 *R*、ϕ、*SR* 等符号，它们分别表示圆（或圆弧）半径、直径、球半径。读竖直方向的尺寸时应注意字头是朝左倒的，不要把 6 读成 9。

3．三视图的识读

在机械制图中，将物体投影面作正投影所得到的图形称为视图。在三投影面体系中，可以得到物体的三个视图，其中物体的正面投影为主视图，水平投影为俯视图，侧面投影为左视图。主视图确定了物体的上、下、左、右四个不同部位，反映了物体的高度和长度；俯视图确定了物体前、后、左、右四个不同部位，反映了物体的宽度和长度；左视图确定了物体前、后、上、下四个不同部位，反映了物体的高度和宽度。各视图间的投影规律为：主、俯视图长对正；主、左视图高平齐；俯、左视图宽相等。可简单概括为：长对正，高平齐，宽相等。这是识图时运用的最基本规律。下面以圆柱为例，简单介绍一下三视图的识读方法。

圆柱的侧面是圆柱面，两端是与侧面垂直的圆形平面所围成的封闭曲面立体，也称圆柱体，如图 6—2 所示。下面对其投影进行简单分析。

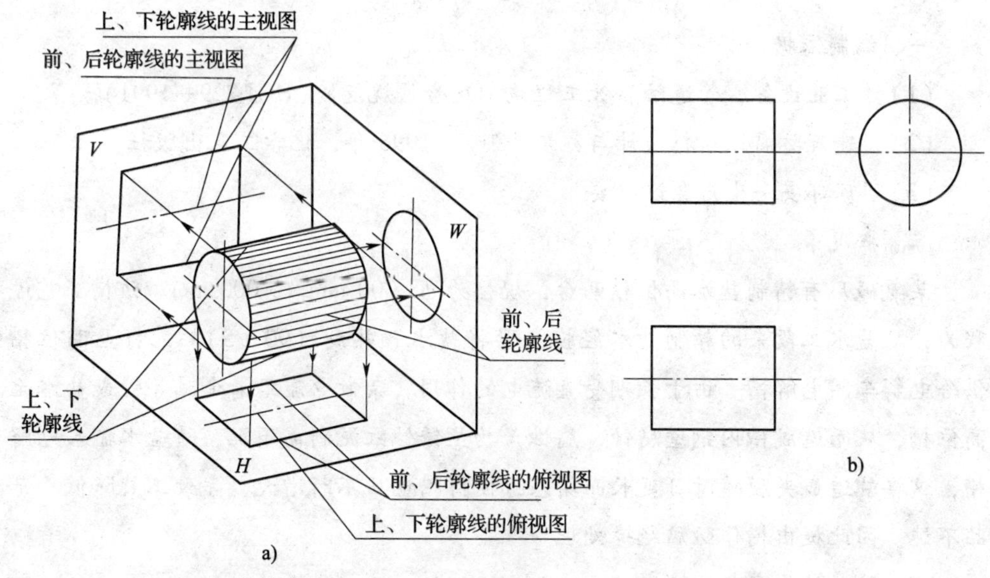

图 6—2　圆柱

a）投影图　b）三视图

（1）在主视图上，圆柱表面的投影为一矩形；两端面积聚为矩形的左、右两边。柱面的上、下两条轮廓线投影为矩形的上、下两条边；这两条边把圆柱分为前半部（可见）和后半部（不可见）两部分，两者投影重合。

（2）在俯视图上，圆柱表面的投影和主视图相同，投影为矩形。不同之处只是矩形的上、下两条边是由圆柱前、后两条轮廓线投影而来，并且这两条线区分圆柱曲面为上半面和下半面而已。

（3）在左视图上，因圆柱表面垂直于 *W* 面，所以其投影积聚为一个圆，此圆又可以看成左、右两端面圆的真实投影，因为两端面圆平行于 *W* 面。

一、阅读施工方案及施工技术操作规程的要领

下面以某厂精制盐水高位槽衬软聚氯乙烯塑料施工方案为例，介绍施工方案及施工技术操作规程的阅读要领。

案例：

精制盐水高位槽衬软PVC塑料施工方案

一、编制依据

（1）《工业设备、管道防腐蚀工程施工及验收规范》（HGJ 229—1991）。

（2）《建筑防腐蚀材料设计与施工手册》（1996年，化学工业出版社）。

（3）“厂部安全生产会议纪要”。

二、概况

某氯碱厂有精制盐水高位槽两台，规格为 ϕ3 000 mm×5 000 mm。该槽工艺过程为，从盐水工段来的精制盐水经换热器将盐水预热到（90±5）℃，打至高位槽供给电解车间电解槽。由于长期受直流电的作用，杂散电流沿着金属导管或盐水至高位槽，从而造成槽内钢壁腐蚀，腐蚀产物呈锈蚀红泥剥离下沉，随盐水输入电解槽，这样就造成夹膜随时日延长而堵塞，使得槽电压不断增大，导致工效降低、产品不纯。因此提出槽体防腐绝缘处理。

三、防腐蚀方案与施工工艺

1．防腐蚀方案

槽体经喷砂后，衬 δ5 mm 软聚氯乙烯板一层，并在其外捣固 δ100 mm 厚素混凝土作为防护体。

2．施工工艺

（1）将顶盖与槽体做切割，施工时呈敞口槽，完工时顶盖改用全玻璃钢材质。

（2）敞槽内搭脚手架，并且内壁喷砂除锈等级达Sa2级。

（3）在 ϕ3 000 mm×5 000 mm 槽内搭一同心圆的脚手架 ϕ2 400 mm×4 500 mm，每1 800 mm高设一操作平台，共设两个。

（4）粘贴施工前，槽内划出铺设位置线，第一块按软聚氯乙烯板幅面宽，长度5 000 mm加翻沿100 mm，后面划线少30 mm，做搭边用。

（5）调黏结剂，控制好施工用量，在规定时间内用完。

（6）槽体自上而下刷浆，板面经清理打磨后放在槽外平板上，同时刷浆一次。

（7）浆刷完后，上板一端由专用夹具夹紧，另一端夹具外加重锤。

（8）由卷扬机起吊，此时一面起吊一面下放，有人控制方向，直至底端离槽口 100 mm 处。此时，受人控制板面与黏结面相对，然后板面在 300 mm 间隙内下落。各层均有导向员控制方向，直至板面触底，顶端先卸去夹具。在顶槽外至少有 3 ~4 人将板理正沿壁将板面翻边后贴平，站在第二平台上的两人将板面拎直，不使板面与壁相贴，直到翻沿确认贴妥无误。此两人也可将板面自上而下淌贴，直到下层平台上的两人接手。同样作业传给平底上的操作者。第二块板作业重复上述步骤，直至整个槽体贴完整为止。

（9）全面检查，将接缝处清理干净，并对接缝处进行焊接。

（10）槽体顶端溢流口处开孔及衬管，槽体底端放液口处开孔及衬管。

（11）用电火花仪测试有无针孔，直至合格，拆去架子。

（12）清理底面及垂直衬下的软 PVC 片与底切平。

（13）底面划线。用四块片组成圆，留 30 mm 裕量，供上翻搭边用，粘衬方法同上。

（14）将所搭接焊缝施焊。用电火花仪检测底板有无漏电至合格。

（15）将溢流口与放液口分别套入 PP 套管，长度含混凝土层厚度。

（16）槽体立面标好底平面混凝土厚度尺寸，将混凝土轻轻倒入，用木耙将其分散摊平，待干。

（17）在干固的混凝土圆底上组装模板，一次捣浇高度不超过 1 500 mm，约四次至顶，养护数天，拆模。

（18）顶盖整体改为 FRP 材料，吊入就位。

四、施工技术与要点

（1）一旦施工人员进入现场，所有准备工作必须就绪：6 m^{3}空气压缩机、干净石英砂、喷砂罐就位；吊机就位；架子工及架子材料就位；施工现场用彩条线警示，非施工人员一律禁止入内。

（2）切割顶盖，并吊离现场。

（3）进槽体检查，设备无缺陷立即搭架。

（4）组织喷砂，检查合格后清砂，并撤走喷砂机具。

（5）槽壁底转角，用水泥填补 R30 mm 圆角，用样板修平。

（6）视天气条件施工，无雨、气温在 15 ~25℃之间，槽壁争取一天内衬贴结束。

软聚氯乙烯板衬贴前后均需用电火花检测仪检测。

(7) 衬贴应有序进行，每次刷胶浆都在槽壁与软聚氯乙烯板面同时进行，自调胶完成至粘贴好，操作时间不超过60 min。

(8) 每次将软聚氯乙烯板挂下时，各层导向员须精力集中，要使软板在300 mm间隙内平衡通过，一旦到底，由施工负责人统一指挥操作前后步骤。

(9) 要做到每片挂下时都能贴在预定位置上，误差不超过5 mm。做到粘好板面，每平方米内ϕ10 mm气泡少于3个。大于ϕ10 mm的气泡用色笔画出，并用针刺破，赶气烙平，用电火花检测仪检测至不漏电。

(10) 溢流管及出料管的开孔与衬贴是重点，要相当谨慎，很多设备衬里的失败主要在接口处没有处理好。

(11) 胶料配比按说明书调配，A、B组分实际的用量。应在施工现场小试2～3次，注意稠稀度与固化时间都符合施工要求时，才能大批量调配。

(12) 壁面全部用电火花检测仪检查确认合格后，拆去架子。注意拆架时不能碰撞壁面，有壁必查。

(13) 将两根硬聚氯乙烯管分别套入溢流管与出液管，其长度约为250 mm，一端与出口法兰等高。

(14) 槽底浇捣规定厚度的混凝土，抹平、干燥。

(15) 组装立面模板，间距100 mm，圆弧自如，高度为1 500 mm。检查合格后捣混凝土，出液管口应在模板内给予固定。

(16) 组装上一层立面模板，操作与要求一致，直到顶层。

(17) 待整体捣浇完毕，混凝土全部干固后，可拆去模板。

(18) 清理场地，并对混凝土层面逐步修复。

(19) 养护两天后用水清洗，盛满水24 h后放净，盖上玻璃钢盖。

五、质量目标

实施全面质量控制，使施工缺陷在中间过程中检查处理，争创优质工程。

六、质量体系（略）

七、质量主要控制点

序号	施工工艺	见证点	自检点	送检点	甲乙双方共检点	备注
1	材料合格证及验收	√			√	
2	喷砂除锈		√		√	需甲方认可

续表

序号	施工工艺	见证点	自检点	送检点	甲乙双方共检点	备注
3	刷浆前表面处理	√	√			
4	衬贴层	√	√	√	√	
5	混凝土层	√	√	√	√	
6	施工记录	√				

八、质量保证措施

(1) 各种原材料，都必须三证齐全。

(2) 及时做好工程各工种的技术交底工作，组织学习施工工艺与规范。

(3) 建立“自检、互检、交接检查”的三检查制度，发现问题及时在本工序内解决，不将问题遗留到下道工序。

(4) 听从甲方监理意见，发现施工质量及隐患，应及时修正。

(5) 按质保体系中的岗位明确分工、责任到人，施工过程中的各个环节、各控制点均有专人负责。

九、安全保证措施

(1) 进入施工现场的工作人员必须通过安全学习，考试合格，并将经批准后的安全技术措施向全体施工人员交底。

(2) 设立一名专职安全员，负责本项目的安全生产。

(3) 施工人员应严格遵守甲方生产岗位安全规章制度，并接受甲方对安全施工的监督、指导、教育与处罚。

(4) 坚持每日班前讲安全、班后评质量活动。

(5) 安全员应经常检查脚手架、护栏的牢固度以及周围现场环境对安全的影响程度。

(6) 施工人员均应按劳动保护要求穿戴劳动保护用品。

(7) 施工人员严禁动用设备上的开关、按钮、手轮以及其他零件，严禁踩踏仪表管等。

(8) 本工程保证不发生重伤与死亡事故。

十、环境保护及文明施工

(1) 防腐蚀施工原材料运到现场指定地点堆放整齐，留出通行通道。

(2) 喷砂作业尽量排在现场人员最少的时段进行。喷砂工序完成后立即清理现场，并将机具一起撤走。

（3）施工材料的边角废料不乱丢，全部用袋包装，统一处理。

（4）做到每日工完料尽场地清，班前对每个施工部位都清理干净。

（5）做到每个工种工作结束时，把自己的剩料及废料清理干净。施工时产生的余料及时清理，不积累。

十一、验收

（1）按《工业设备、管道防腐蚀工程施工及验收规范》（HGJ 229—1991）验收。

（2）按《建筑防腐蚀工程施工及验收规范》（GB 50212—2002）验收。

案例要领归纳如下：

（1）了解工程的范围、特点、需要说明的重要事项，以作为安排工作进度计划的依据，合理安排劳动力和物资采购计划。

（2）如果施工方案中的质量验收仅提供标准号，则要找出相关的标准详细条文，以备用。如案例中提到的 HGJ 229—1991 及 GB 50212—2002 标准。

（3）要判断施工方案的可行性，是否需要修改，能否与实际相适应。

（4）要能够通过施工方案和施工技术操作规程的阅读，了解需准备的工机具、量具。

（5）要了解施工方案和施工技术操作规程所反映的质量控制点，哪些需自检，哪些需互检，哪些需监理介入检验，哪些工序未经检验合格，不能转入下道工序。

（6）能够掌握本工程安全要求和环保要求，并作为施工准备的依据。

二、原料、辅料的核对与保管

当施工项目确定、施工方案编制审批转入实施准备阶段时，必须对所挑选的原料、辅料进行核对并妥善保管。原料、辅料的核对包括名称、规格、数量以及准备的材料是否为合格品的判断等几项内容，重点在于合格材料的判断，如果发现所准备的材料为不合格品，应及时予以剔除，重新准备。在挑选原料、辅料时必须按相应塑料板材、管件及粉粒的标准进行。如板材挑选必须符合下列条件：表面光滑、平整，刻痕较轻，没有夹渣及凹凸不平的现象；没有起泡和分层现象；颜色没有明显变化；板材厚度均匀，厚度的允许误差在板材公称厚度的 ±10% 以内，用于制造重要受力构件的板材，板厚应选用正偏差值；板材上应有出厂日期、批号等标记。

如果材料的存储期已超过使用期，还必须进行材料性能的测定，只有合乎要求的材料才允许使用。

准备好的原料、辅料应分类存放保管，如塑料板、管材及焊条均可一起存放，但不得淋雨，胶粘剂、溶剂等化学品应单独存储在通风、阴凉的室内。在使用过程中还应建立登记领用制度，保证材料的使用具有可追溯性。

三、模具准备

在读懂施工图或现场了解后，员工要能按施工图的要求准备所需的模具，包括筒体分片成型模具、封头成型模具，并能根据封头的大小选择阳模、阴模或混合模，及准备好模具固定用的千斤顶、固定绳等工具，核实所选取的模具尺寸是否与图样中所需的相符，模具表面是否光滑、洁净、牢固，否则应先进行清洁和整修。

学习单元 2　常用施工用具的准备

学习目标

- 了解常用施工机具种类及用途。
- 能够正确使用计量工具。

知识要求

一、常用施工机具种类及用途

1. 机械加工机具

一般塑料的机械加工性能介于木材与金属之间，既可用木工工具，如手锯（见图 6—3）、手刨、手摇钻、木锉等手工工具，以及圆盘锯（见图 6—4）、带锯（见图 6—5）、刨床、车床等木工机械工具进行加工，也可用金属切削工具如车床、钻床（见图 6—6）、刨床、砂轮等进行加工。

2. 热成型机具

热成型机具主要有两类：一类为模压设备，另一类为加热设备。模压设备包括模具和压紧装置。模具的形状为被成型的零部件的相应表面形状，尺寸应考虑塑料的热胀冷缩效应来确定，采用的材料有木材、金属。压紧装置是为塑料在模具中变形提供动力的装置，如压制封头可用螺旋压力机（手动或电动）、水压机、油压机。

图6—3 手锯

图6—4 圆盘锯

图6—5 带锯

图6—6 钻床

加热设备是为使热塑性塑料受热软化，便于模压成型提供热量的设备，一般采用烘箱。烘箱的加热方式有电加热和蒸汽加热两种。烘箱中的传热介质为空气，要求加热温度在各个部位上基本一致。常用的烘箱箱内有效空间为2 000 mm×1 000 mm×1 200 mm（长×宽×高），可用钢制外加保温层，也可用砖砌外加保温层。电热烘箱温度自动控制，温度控制范围为0～200℃；控制元件为电子继电器，可控功率1 kW，最大电流10 A；交流接触器额定持续电流40 A，功率（220 V电压时）为12 kW。电热烘箱的电热丝容量取12 kW。蒸汽烘箱采用饱和蒸汽间接加热，通过控制蒸汽压力来调节温度，加热温度较电加热均匀，因此是较理想的加热设备。

3. 连接工艺采用的机具

（1）粘接工具。粘接主要用于塑料衬里的施工，所用机具很简单，主要有配制黏结剂的容器、刷胶的毛刷、保持粘接良好用的压砂。

（2）机械夹紧工具。机械夹紧工具为扳手、辅助压板等。

（3）焊接机具。塑料焊接是塑料连接最经济有效的方法，对聚乙烯、聚氯乙烯、聚丙烯等聚合物的连接更合适。

1）热风焊设备。热风焊是塑料焊普遍应用的一种焊接方法。其设备比较简单，通常由供气系统和焊枪及附属装置两部分组成，传热介质为空气或惰性气体。供气系统由气体压缩机、过滤器等组成。附属装置主要是调压变压器和漏电自动断开器等。根据加热气体的方式不同，焊枪分为燃气焊枪和电焊枪。电焊枪结构简单、操作安全、气体温度容易调节，在生产中广泛应用。

热风焊是利用焊枪喷出的高温气体来加热待焊塑料件接口的焊接技术。其特点是直接向接口处传入热量，适用于各种尺寸和形状的塑料件连接，焊接时要用焊条。

2）超声波焊塑料焊机。超声波焊塑料焊机主要分两部分，一部分是超声波发生装置，另一部分是振动头。超声波焊接时，只需将超声波焊机的振动头紧压在待焊件的几何中心处，超声振动即可传向待焊件接合面，调节振动时间和所施压力以保证结合面间的充分熔合。超声波焊接效率高、干净，一般所焊接的零件很少存在焊瘤且比较容易实现自动化，特别适合大批量生产。

3）摩擦焊机具。摩擦焊分为旋转摩擦焊与振动摩擦焊。振动摩擦焊又可分为直线型振动摩擦焊与角旋转型摩擦焊两种。所用机具：旋转型摩擦焊可用普通车床或钻床；直线型振动摩擦焊设备主要由弹簧钢板、两个电磁芯、振动元件、固定元件等组成，整个焊接设备可以实现自动化。

4）电炉焊接机。电炉焊接机由电加热盘及其导轨、塑料零件的定位装置和压紧装置组成。焊接时当加热盘达到适当温度后，向两热塑性塑料的焊接表面推进，压靠在两焊接表面上，使两被焊表面熔化，然后瞬间将加热盘撤离，将熔化区压在一起，直到聚合物冷却为止。焊接时加热盘的形状为板状的焊接称热板焊接。为焊接较复杂形状和尺寸的非平面状结合面，焊接时加热盘被做成相应的模具，这种焊接称热模具焊接。

二、常用计量工具种类及使用方法

计量工具简称量具，是用来测量、检验零件及产品尺寸和形状的工具。量具的种类很多，常用的有钢直尺、卷尺、90°角尺等。

1. 钢直尺

钢直尺（见图 6—7）是最简单的长度量具，有 150 mm、300 mm、500 mm 和 1 000 mm 四种规格。

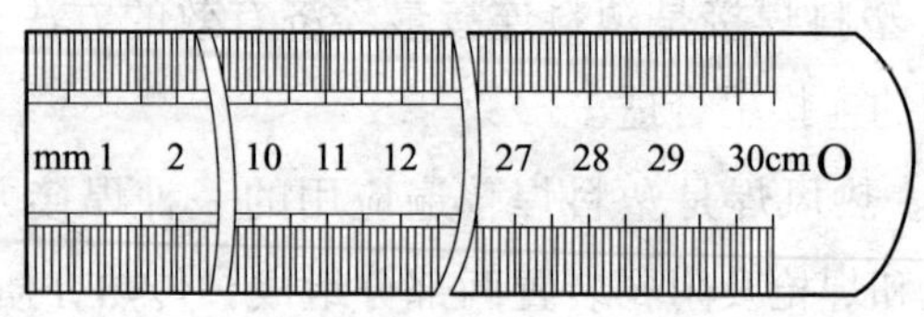

图6—7 钢直尺

钢直尺用于测量零件的长度尺寸时，其测量结果不太精确。这是由于钢直尺的刻线间距为1 mm，而刻线本身的宽度就有0.1～0.2 mm，所以测量时读数误差比较大，只能读出毫米数，即它的最小读数值为1 mm，比1 mm小的数值，只能估计而得。

2．卷尺

常用的卷尺有皮卷尺和钢卷尺，皮卷尺因为制作的材料为塑料，弹性大，误差大，在制作过程中并不太使用。钢卷尺的制造材料与钢直尺相同，只是长度比钢直尺长，携带方便，因而广泛应用于工程测量中，常用的规格有2 m、5 m、10 m、20 m、30 m等。

钢卷尺及钢直尺的基本使用方法如下：

（1）直接读数法 。测量时钢卷（直）尺零刻度对准测量起始点，施以适当拉力（拉尺力以钢卷尺鉴定拉力或尺上标定拉力为准，用弹簧秤衡量），直接读取测量终止点所对应的尺上刻度。

（2）间接读数法 。在一些无法直接使用钢卷（直）尺的部位，可选用钢卷（直）尺某一刻度为起点对准测量点，尺身与测量方向一致；余长用读数法量出，两者之差即为真实长度。

3．90°角尺

90°角尺是检验零部件平面间垂直度所用的量具。90°角尺按制造精度有00、0、1和2四个精度级别，2级用于检验一般工件。在检验工件时，先将角尺的短边放在辅助基准表面（或平板）上，再将角尺的长边轻轻地靠拢被测工件表面，不要碰撞。这时，根据角尺长边工作面和被测工件表面之间透光间隙的大小，即可判断被测角度相对于直角的偏离量，或被测工件表面相对于辅助基准的垂直度误差值。

技能要求

一、施工机具的准备

（1）施工需用的各种机具，用前都要认真检查，必须确保控制装置、安全装置全部完好、灵敏、安全可靠。各种施工机具外露转动部位应设安全防护装置。

（2）施工用脚手架及其架设都应符合安全规定。

（3）施工用的电气设备和电动工具，绝缘必须良好，外壳接地必须可靠。

二、计量器具的准备

（1）根据工作需要，选择配备适宜的器具用于施工中的计量。

（2）了解计量器具的使用方法和应用范围。

三、注意事项

（1）需要建立严格的确保计量器具质量的制度，做到经常维护、定期保养，以保证这些计量器具在贯彻标准时所产生的计量测试误差控制在允许范围内，并具有稳定的一致性。

（2）需要佩戴防护用品的人员在使用防护用品前，应认真阅读产品安全说明书，确认其使用范围、有效期限等，熟悉其使用、维护和保养方法，一旦发现防护用品有受损或超过有效期限等情况，绝不能冒险使用。

学习单元3　消防、安全、劳保用品的准备

学习目标

- 熟悉塑料防腐蚀作业的消防安全规定、安全技术操作规程。
- 能够正确穿戴劳动保护用品。

知识要求

一、塑料防腐蚀作业消防安全规定

虽然聚氯乙烯塑料中含有氯离子，为阻燃性塑料，它们的燃烧过程大多表现为熔化和冒黑烟，但是使用不当还是会引起火灾，特别是用做塑料衬里的胶粘剂，大多为易挥发和易燃的有机溶剂，其发生火灾的可能性很大。因此其消防工作仍不容忽视。

火灾的发生往往与一定的条件有关，以下为火灾发生必须同时具备的三个条件：可燃物，凡是能与空气中的氧或其他氧化剂发生剧烈反应的物质均为可燃物，如碳、氢、木材、纸张、汽油、丙酮等；氧化剂，即通常所说的助燃物，如空气、氧气、氯化物以及高锰酸钾等；着火源，即能引起可燃物燃烧的能源，如明火焰、烟头、电焊火花、炽热物体、自燃发热物等。

为了减少火灾事故的发生，将火灾损失降低到最小，应遵循下列塑料防腐蚀作业消防安全规定：

（1）贯彻“预防为主，防消结合”的方针，根据《中华人民共和国消防法》的要求，制定本部门的消防安全规章制度。

（2）塑料胶粘剂及溶剂等危险品要单独存放，储存场所应通风良好，设专人管理，选用灯具应符合现场防爆要求。

（3）电热设备，如塑料焊枪等移动式电热器具，要统一管理，不可随便乱放在可燃物上，或工作结束后、停电后未切断电源，致使电热器具长时间烘烤可燃物，发生火灾。

（4）各种烘箱应装设有温度、时间等控制和报警装置，并应严格控制运行时间和温度。

（5）施工用电的使用要符合用电安全规定，配电盘的金属构架、铁盘面及盘面设备的金属外壳均应接地良好，接地电阻不大于4 Ω；配电盘的接线应采用绝缘导线，并应防止接错、漏接和接触不良。

（6）施工现场应配备一定数量的灭火器材。消防器材要注明责任人，并定期检查，使用后要及时补充，始终保持完好状态。

（7）消防、疏散通道要始终保持畅通，不得以任何理由堵塞及封闭消防通道。

（8）定期进行消防检查，安排消防隐患的落实、整改。

二、塑料防腐蚀作业安全操作技术规程

进行塑料防腐蚀工程施工的操作人员，要严格遵守安全操作技术规程。

1. 聚氯乙烯、聚丙烯塑料加工的安全操作技术规程

（1）塑料焊接前必须检查变压器、焊枪、线路等是否有漏电现象，确认绝缘良好、无漏电时，方可使用。电气设备要有接地线并防止受潮。

（2）塑料焊接使用时应先开风后送电。

（3）如发现焊枪漏电、风中含水、焊枪带电等不正常情况，应立即切断电源，

停止使用，修复后再使用。

（4）压缩空气要除油、脱水，油水分离器应经常检查，防止失效。

（5）在室外工作时，焊枪、变压器应放在干燥的地方，并采取防雨淋措施。焊枪、线路应检查，确保无漏电现象方可施工，并设专人巡回检查，防止发生触电故障。

（6）工作完毕或中途停止工作、离开现场时，必须切断电源，停止送风，工具需放置妥当。

（7）使用蒸汽加热塑料时应有专人管理。安全阀要保持灵敏、可靠，随时注意蒸汽压力和温度，取出塑料时要加强防护，防止烫伤。

（8）搬运光滑的塑料板时要抬平，防止滑落伤人。

（9）焊枪为手持电动工具，焊枪内电阻丝的电压为 220 ~ 380 V，工作时必须穿绝缘鞋，焊枪的手把前应加装绝缘垫板，防止触电和烫伤。

（10）工作场地应通风良好，进入容器内工作必须执行进塔入罐工作的安全规定，工作中要有防止中毒的措施。

（11）搬运、吊装塑料设备、管件时必须平稳、受力均匀，吊装索具应采用软索，若使用钢丝绳吊装，必须采取衬垫等相应的保护措施。

（12）使用锯床、刨床、挤压机、砂轮机、电烘箱、钻床等设备加工塑料制品时，应严格遵守各自的安全规程。

2. 氟塑料加工的安全操作技术规程

氟塑料是一种化学性能稳定的物质，对人体无害，但在 390℃即开始分解，同时放出氟光气、全氟异丁烯等剧毒气体，严重危害人体健康。所以，加工氟塑料时，一定要遵守以下的安全操作规程：

（1）氟塑料加工场所严禁任何明火，以防氟塑料及其粉末遇火分解。

（2）研磨氟塑料粉时，一定要穿好工作服，过筛和烘干时应注意勿使粉末四处飞扬。

（3）加工氟塑料的工作间应通风良好，烧结炉必须安装局部排风装置，烧结时必须开启排风机（若影响炉温，可在炉顶风筒根部安装插板调节风量），防止分解含氟气体向室内扩散。

（4）烧结炉必须有过热信号、自动报警器和炉温自动控制装置。烧结过程中应经常观察炉膛温度，炉温不得超过 390℃，并注意清洁，严禁炉内带入氟塑料碎屑和粉末，更不得使其接触底层电加热器，防止造成分解。

（5）机械车床切削含氟制品时，转速不能太快，防止氟塑料在高温下分解，清理含氟塑料的碎屑时，不得焚烧，要集中收回。

（6）压制含氟塑料的液压机安全阀不得任意调整，升压应逐渐进行，一次调压幅度不能太大，防止超压。

（7）工作所用的胶体磨、烧结炉、烘箱、挤压机、拌料机等所有电气设备必须设有专人负责，并分别执行机械、电气的一般安全规定。

（8）在加工含氟塑料的过程中，如出现流涕、流泪、喉痒、干咳等症状，应立即停止工作，加强通风，离开现场，到医疗部门检查。

三、劳动防护用品、设施的性能及使用方法

塑料防腐蚀作业中的劳动保护设施主要为轴流排风扇，具有加强空气流通、排出有害气体的作用，在使用中要注意排风扇的转向是抽风还是送风，一般在密闭容器内，以抽风排风的形式为好。

第2节　打磨、清灰及脱脂

➢ 了解塑料粘接的方法以及黏结剂的分类，寻找适合塑料防腐蚀作业的黏结剂。

➢ 掌握粘接作业前的打磨、清灰、脱脂、干燥等基本操作过程。

➢ 能够正确打磨、清灰及脱脂。

一、塑料黏结剂常识

1. 塑料粘接方法

黏结剂又称胶粘剂，一般是指具有良好的粘接性能、可把两种相同或不同的固体材料连接在一起的物质。黏结剂粘接强度不仅取决于黏结剂的表面结构和形貌，而且与粘接工艺有着密切关系。

塑料粘接方法一般有如下三种：

（1）以一种溶剂或混合溶剂作黏结剂进行粘接。这就要根据不同塑料树脂的性能去选择合适的溶剂，只适用于热塑性塑料。

（2）用树脂溶液做黏结剂进行粘接。

主要用于被黏结物相同的树脂。如粘接聚苯乙烯塑料制品就选用聚苯乙烯树脂溶液。这种方法也只适用于热塑性塑料，但比溶剂黏结法效果好。

（3）用单体或低聚物粘接，这种方法称为活性黏结法。它是由被粘接物相同或相容的单体和助剂复配而成的，如能在室温下聚合或缩聚的黏结剂，有环氧树脂、聚酯树脂、天然橡胶、氯丁橡胶、聚氨酯橡胶、丁腈橡胶、酚醛聚乙烯醇缩丁醛树脂等。此法应用广泛，既可用于热塑性塑料，也可用于热固性塑料。

2. 塑料黏结剂分类

（1）通用黏结剂。这类黏结剂的特点是工艺简单，一般在常温下可固化，综合性能比较好。

（2）结构黏结剂。这类黏结剂主要粘合金属与非金属材料，能够承受较大的外来应力，一般在常温下抗剪强度大于 15 MPa，不均匀扯离强度大于 3 MPa。

（3）特种黏结剂。包括导电黏结剂、胶接点焊用黏结剂、含氟材料用黏结剂、耐超低温（—196℃以下）用黏结剂、耐高温（250℃以上）用黏结剂、应变片用黏结剂、医用黏结剂。

（4）其他。软质材料用黏结剂、压敏胶带黏结剂、密封材料黏结剂（密封黏结剂、厌氧密封黏结剂、液体密封黏结剂）等。

黏结剂包括天然黏结剂及无机黏结剂，防腐蚀施工中所用到的绝大部分为合成树脂黏结剂。

合成树脂黏结剂，通常由一种或两种树脂作主要原料，外加能提高性能的助剂配合而成。为促使黏结剂能在一定环境条件下固化，往往带有两种组分，俗称 A、B 组分，有时也有三组分。B 组分叫固化剂或固化促进剂。

现以软聚氯乙烯塑料经常用氯丁橡胶作黏结剂的配方为例：

1）通用型氯丁橡胶　　100 份。

2）氧化镁　　4 份。

3）防老化剂　　2 份。

4）氧化锌　　5 份。

5）醋酸乙酯: 汽油 ＝ 2∶1。

将1）～4）混炼于5），制成20%浓度的胶液，组成 A 组分。B 组分为20%三苯基甲烷三异氰酸酯的二氯乙烷溶液。

使用方法：将B组分（用量为A组分的10%）缓缓倒入A组分中调匀即可，调好的溶液在3 h内使用完毕。

从上述配方中可以看出，黏结剂大多数是易燃、易爆、有毒的化学物质，所以在使用中要谨慎小心，切勿大意，不能直接与皮肤接触，施工时要穿戴劳动保护用品。

二、溶剂常识

溶剂是表面处理的脱脂剂和塑料衬里黏结剂的稀释剂。溶剂选择适当，不仅有利于脱脂效果，而且可以控制黏结剂的表面干燥速度，有利于施工。常用的溶剂有醇类溶剂和酮类溶剂。

1. 醇类溶剂

常见的有乙醇、丁醇，丁醇的挥发速度更快些。醇类溶剂对皮肤的刺激性小，挥发速度适中。

2. 酮类溶剂

常见的有丙酮、环乙酮、甲乙酮等，其中甲乙酮的毒性比丙酮大，应加以注意。酮类溶剂的挥发速度比醇类溶剂快，溶解性也比醇类好，有些用醇类溶剂不能溶解的黏结剂可以用酮类很好地稀释。

技能要求

在塑料防腐蚀作业前，为提高涂层与塑料的黏结强度，或者在对旧塑料制品进行修理的过程中，为了减少工作介质对塑料表面性能的影响及制造一定的粗糙度，通常要对其表面进行打磨、清灰及脱脂、干燥。

一、打磨

对软聚氯乙烯衬里面在贴衬前要进行打磨处理，可用细钢锯条刮，但划痕不准超过0.5 mm，以免损坏防腐层，也可以用粗号铁砂布进行打磨。

如果是对旧塑料制品进行修理，则需用锯条或铲刀轻轻刮去旧的塑料表面层1 ~2 mm，使其露出旧表面层，以减少塑料表面性能的改变对焊接或黏结性能的影响。

二、清灰

清灰通常是用毛刷轻轻扫去塑料制品表面的细微颗粒，有条件的可用压缩空气吹扫或用吸尘器吸附。

三、脱脂

经打磨和清灰后的塑料表面，一定要用有机溶剂、碱液和肥皂水清洗脱脂。对耐溶剂性较差的塑料，可用乙醇、汽油和肥皂水等脱脂；对耐溶剂性较好的塑料，可用甲苯、丙酮、三氯甲烷等脱脂。

四、干燥

脱脂后的塑料件，放置在空气中，自然通风至表面溶剂挥发，以不粘手为好。

第 3 节　下　料

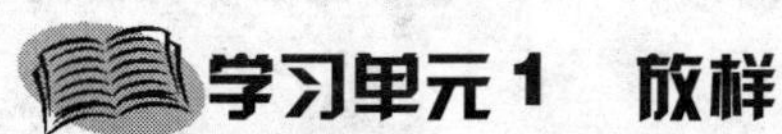

学习单元 1　放样

学习目标

- ➢ 了解热塑性塑料的种类及加工性能。
- ➢ 熟悉塑料板材及管材的厚度偏差。
- ➢ 掌握等径管件弯头、正三通、圆形设备、正圆锥展开放样方法。
- ➢ 能够完成基本形状设备、等径管件弯头、正三通、正圆锥放样。

知识要求

一、热塑性塑料的种类及加工性能

热塑性塑料是指受热后聚合物不发生交联反应，聚合物的化学结构保持不变，常温状态下为固体，受热后熔融软化，冷却后凝固变硬，再加热又熔融软化，可反复多次成型，其废品可回收利用的塑料。常见的热塑性塑料有聚氯乙烯、聚乙烯、聚丙烯、聚苯乙烯、ABS、氟塑料等，下面对它们的组成及加工性能作一一介绍。

1. 热塑性塑料的种类

（1）聚氯乙烯（PVC）。聚氯乙烯塑料以聚氯乙烯树脂为主要成分，加入增塑剂、稳定剂、润滑剂、填料、颜料等，再经捏合、混炼及加工而制成。根据加入增塑剂量的不同，又分为硬质聚氯乙烯塑料和软质聚氯乙烯塑料两类。一般在100份（质量比）树脂中加入30～70份增塑剂时，塑料质地柔软，称为软聚氯乙烯；在100份树脂中不加或只加入5份以下增塑剂时，塑料的硬度和刚度比较大，称为硬聚氯乙烯。

（2）聚乙烯（PE）。聚乙烯塑料是以乙烯为单体的高分子聚合物。根据聚合工艺的不同，可分为高压（低密度）、中压（中密度）和低压（高密度）三类聚乙烯产品。高压聚乙烯相对分子量小，相对密度为0.910～0.925，结晶度为65%～75%，质地柔软，具有优良的介电性和耐腐蚀性。高压聚乙烯具有较高的机械强度、硬度和使用温度。低压聚乙烯在常压或略微加压的条件下聚合，产品结晶度高（85%～95%），相对密度大（0.941～0.960），又称为高密度聚乙烯。中压聚乙烯的相对密度为0.926～0.940，又称为中密度聚乙烯，其性能介于高密度和低密度聚乙烯之间。

（3）聚丙烯（PP）。聚丙烯的结晶度一般为50%～70%，根据分子结构的不同，可分为等规聚合物、间规聚合物和无规聚合物三种。等规聚合物的产量占三种结构聚丙烯总产量的95%，防腐蚀作业中常说的聚丙烯是指等规聚丙烯。

（4）聚苯乙烯塑料（PS）。聚苯乙烯塑料的产量仅次于聚乙烯、聚氯乙烯和聚丙烯。聚苯乙烯因具有透明、有光泽、易着色、刚性好、易加工成型、价廉等优点而被广泛应用。聚苯乙烯是一种半线型结构的无定型热塑料性塑料，非晶体、坚韧、硬而脆。它的耐热性、尺寸稳定性和耐腐蚀性能都较好，能耐稀酸、碱、盐、醇的腐蚀不耐强氧化性酸的腐蚀，卤代烃、酮类、高级脂肪类等有机溶剂能使其软化或溶解。

（5）ABS塑料。ABS塑料是由丙烯腈（A组分）、丁二烯（B组分）、苯乙烯（C组分）三种组分共聚而成，具有树脂的刚性和橡胶的弹性。ABS塑料的抗拉强度及刚性与其他热塑性塑料相比虽然不高，但抗冲击强度特别是在低温下的抗冲击强度很好，热变形温度高。耐化学腐蚀性能、耐油性能、电气性能优良。在室温下可耐各种稀的无机酸腐蚀，在60℃以上对各种浓度的碱、盐溶液有良好的耐腐蚀性。ABS塑料不溶于大部分醇类和烃类，但与烃类长期接触会被软化或溶胀。酮、醛、酯类和氯代烃能使 ABS 溶解。ABS 表面受冰醋酸、植物油侵蚀后会引起应力腐蚀而破裂，但对无应力制件影响不大。ABS 塑料在 50℃ 以下对 30% 的硫酸、10% 的氨水、20% 的氢氧化钠、2% 的碳酸钠、95% 的乙醇、正庚烷、透平油等有较好的耐腐蚀性能。ABS 塑料的耐候性差。

（6）氟塑料。氟塑料是指分子结构含有氟原子的一类高分子合成材料的总称。它是一类含有氟的不饱和单体自聚合以及由含氟不饱和单体与不含氟的不饱和单体共聚而成的一类合成树脂。

由于聚四氟乙烯分子结构中都有氟碳键及其屏蔽效应，故具有优良的耐腐蚀性、耐高（低）温性、非粘附性、电绝缘性等，又由于它们彼此间的结构上的差异，使其具有各自的特性，选用时要充分注意发挥不同品种氟塑料各自的优点。由于氟塑料的品种很多，这里仅介绍产量最大、使用最多的聚四氟乙烯及其两个改性产品：聚全氟乙丙烯和可熔性聚四氟乙烯。

1）聚四氟乙烯。从聚四氟乙烯分子结构看，C—C 主链的周围对称排列着氟原子，形成了一个氟原子组成的外罩保护着主链。C—F 键极其牢固，使聚四氟乙烯具有很高的耐化学腐蚀性能，其耐腐蚀性超过了现有的所有塑料，故有“塑料王”之称。聚四氟乙烯几乎耐任何浓度的强酸、强碱、强氧化剂和溶剂的腐蚀，即使在高温下也不发生作用。只有熔融的碱金属或它们的氨溶液、氟化氯及元素氟会与它发生作用，而且也只有在高温下才明显地发生作用。

2）聚全氟乙丙烯。聚全氟乙丙烯由于 C—C 键周围有极牢固的 C—F 键存在及其屏蔽效应，因而使它的耐腐蚀性能极好。与聚四氟乙烯相似（在 150℃下），它几乎能抵抗所有化学介质（包括浓硝酸及王水）的腐蚀。只有高温下的氟、碱金属及二氟化氯、三氟化氯等能与它发生作用。它对稀或浓的无机酸、碱、醇、酮、芳烃、氯代烃、油脂等均有优良的耐腐蚀性。由于具有支链，故使其耐温性能略有降低，最高使用温度约 200℃，长期使用温度比聚四氟乙烯降低了 50℃。

3）可熔性聚四氟乙烯。可熔性聚四氟乙烯即聚全氟代烷氧基。它具有聚四氟乙烯的所有优良性能，又无聚四氟乙烯那样加工困难的缺点。

2. 热塑性塑料的加工性能

常见热塑性塑料的加工性能见表 6—4。

表 6—4　　常见热塑性塑料加工性能

热塑性塑料名称	代号	成型工艺	防腐蚀作业常用方法	应用范围
聚氯乙烯塑料	PVC	挤出、注射、吹塑、压延、热成型、铸塑	热风焊焊接、接触加热挤压焊接、黏结剂粘接	设备、管道、管件及其衬里

续表

热塑性塑料名称	代号	成型工艺	防腐蚀作业常用方法	应用范围
聚乙烯塑料	PE	挤出、注射、吹塑、中空成型、滚塑	热风焊焊接、滚塑	模制零件、小型化工容器、设备衬里
聚丙烯塑料	PP	挤出、注射、吹塑、模压	热风焊焊接、挤压焊接、超声波焊接	设备、管道、管件及其衬里
聚苯乙烯塑料	PS	真空、吹塑、压延、注射、热成型、	焊接、粘接、涂漆、电镀	齿轮、泵叶轮、管道、储槽内衬
聚四氟乙烯塑料	PTFE	烧结、粘接（特殊表面处理）、焊接	烧结、焊接	设备、管道、管件及其衬里
聚全氟乙丙烯塑料	FEP	模压、挤出、注射、焊接、粘接	焊接、粘接	
可熔性聚四氟乙烯塑料	PFA	模压、挤出、注射、焊接、粘接	烧结、焊接、粘接	防腐蚀涂层及衬里、泵、风箱、膨胀管、特种软管、薄膜

二、塑料板、管的规格、型号

1. 硬聚氯乙烯板材的规格、型号

硬聚氯乙烯板材是用层压法生产的工业用板材，它是由聚氯乙烯树脂加入稳定剂等辅助材料后，以压延成薄片，然后经热压而制得。板材的规格见《硬质聚氯乙烯板材分类、尺寸和性能　第1部分：厚度1 mm以上板材》（GB/T 22789.1—2008）。

2. 软聚氯乙烯板材规格

用于耐酸、耐碱、防腐蚀设备的衬里，或用做一般电气绝缘及密封衬垫的软聚氯乙烯板材的常见规格见表6—5。

表6—5　　软聚氯乙烯挤出板材规格　　mm

厚度	厚度公差	厚度	厚度公差	厚度	厚度公差
1	±0.2	5	±0.5	9	±0.5
2	±0.2	6	±0.5	10	±0.5
3	±0.3	7	±0.5		
4	±0.4	8	±0.5		

注：每段长度大于2 000 mm，公差±15 mm。

3. 聚乙烯板材规格

聚乙烯塑料板系以高压聚乙烯为材料，经滚压、压制或挤出成型而成。该板一般为乳白色，亦可根据需要制成其他颜色。其常见规格见表 6—6。

表 6—6　聚乙烯塑料板的规格　mm

厚度	宽度	长度
1 ~ 8	1 000	2 000 或任意长
1 ~ 40	600 ~ 1 400	≥1 500
1 ~ 6	1 000	2 000

4. 硬聚氯乙烯管材规格、型号

《工业用硬聚氯乙烯（PVC—U）管道系统　第 1 部分：管材》（GB/T 4219. 1—2008）标准的管材，系将聚氯乙烯树脂与稳定剂、润滑剂等配置后，经挤出成型而得圆截面的塑料管材。它主要用于化工生产中输送腐蚀流体。硬聚氯乙烯管材规格见表 6—7。

表 6—7　硬聚氯乙烯管材规格尺寸表

外径（mm）	外径公差（mm）	压力等级（×0. 1 MPa）							
		5		6		10		16	
		壁厚及公差（mm）	近似质量（kg/m）	壁厚及公差（mm）	近似质量（kg/m）	壁厚及公差（mm）	近似质量（kg/m）	壁厚及公差（mm）	近似质量（kg/m）
10	±0. 2							$2.0^{+0.4}_{0}$	0. 05
12	±0. 2							$2.0^{+0.4}_{0}$	0. 10
16	±0. 2							$2.0^{+0.4}_{0}$	0. 14
20	±0. 3					$2.0^{+0.4}_{0}$	0. 17	$2.3^{+0.5}_{0}$	0. 21
25	±0. 3					$2.0^{+0.4}_{0}$	0. 18	$2.8^{+0.5}_{0}$	0. 32
32	±0. 3					$2.4^{+0.5}_{0}$	0. 36	$3.6^{+0.6}_{0}$	0. 52
40	±0. 4			$2.0^{+0.4}_{0}$	0. 36	$3.0^{+0.6}_{0}$	0. 57	$4.5^{+0.9}_{0}$	0. 91
50	±0. 4			$2.4^{+0.5}_{0}$	0. 60	$3.7^{+0.7}_{0}$	0. 88	$5.6^{+1.1}_{0}$	1. 27
63	±0. 5			$3.0^{+0.6}_{0}$	0. 92	$4.7^{+0.9}_{0}$	1. 40	$7.1^{+1.2}_{0}$	2. 01
75	±0. 5			$3.6^{+0.7}_{0}$	1. 43	$5.5^{+1.1}_{0}$	2. 25	$8.4^{+1.4}_{0}$	2. 82
90	±0. 7	$3.5^{+0.7}_{0}$	1. 47	$4.3^{+0.9}_{0}$	1. 80	$6.6^{+1.1}_{0}$	2. 53	$10.1^{+1.7}_{0}$	3. 84
110	±0. 8	$4.2^{+0.8}_{0}$	2. 18	$5.3^{+1.0}_{0}$	2. 68	$8.1^{+1.3}_{0}$	3. 82		
125	±1. 0	$4.8^{+1.0}_{0}$	2. 85	$6.0^{+1.1}_{0}$	3. 45	$9.2^{+1.5}_{0}$	4. 63		
140	±1. 0	$5.4^{+1.1}_{0}$	3. 65	$6.7^{+1.1}_{0}$	4. 28	$10.3^{+1.7}_{0}$	6. 65		

续表

外径（mm）	外径公差（mm）	压力等级（×0.1 MPa）							
		5		6		10		16	
		壁厚及公差（mm）	近似质量（kg/m）	壁厚及公差（mm）	近似质量（kg/m）	壁厚及公差（mm）	近似质量（kg/m）	壁厚及公差（mm）	近似质量（kg/m）
160	±1.2	$6.2^{+1.1}_{0}$	5.03	$7.7^{+1.2}_{0}$	6.01				
180	±1.4	$6.9^{+1.1}_{0}$	5.79	$8.6^{+1.4}_{0}$	7.60				
200	±1.5	$7.7^{+1.2}_{0}$	7.16	$9.6^{+1.5}_{0}$	9.37				
225	±1.8	$8.6^{+1.4}_{0}$	9.04	$10.8^{+1.7}_{0}$	10.52				
250	±1.8	$9.6^{+1.5}_{0}$	11.98						
280	±2.0	$10.7^{+1.7}_{0}$	13.97						

5. 聚丙烯管材规格、型号

聚丙烯管材按工作压力分为Ⅰ、Ⅱ、Ⅲ型，常见的规格尺寸见表6—8。

其常温下工作压力为：Ⅰ型——0.4 MPa；Ⅱ型——0.6 MPa；Ⅲ型——0.8 MPa。

表6—8　聚丙烯管材规格尺寸公差　mm

公称外径	外径公差	Ⅰ型		Ⅱ型		Ⅲ型	
		壁厚	公差	壁厚	公差	壁厚	公差
16	±0.2						
20	±0.3						
25	±0.3					2.0	+0.4
32	±0.3					2.2	+0.4
40	±0.4			2.1	+0.4	2.8	+0.5
50	±0.4	2.0	+0.4	2.6	+0.5	3.4	+0.6
63	±0.5	2.3	+0.5	3.3	+0.6	4.3	+0.7
75	±0.5	2.7	+0.5	3.9	+0.6	5.1	+0.8
90	±0.7	3.2	+0.6	4.7	+0.7	6.1	+0.9
110	±0.8	3.9	+0.6	5.7	+0.8	7.5	+1.0
125	±1.0	4.4	+0.7	6.5	+0.8	8.5	+1.1
140	±1.0	5.0	+0.7	7.3	+1.0	9.5	+1.2
160	±1.2	5.7	+0.8	8.3	+1.1	10.8	+1.3
180	±1.4	6.4	+0.9	9.4	+1.2	12.2	+1.5
200	±1.5	7.1	+1.0	10.4	+1.3	13.5	+1.6

续表

公称外径	外径公差	Ⅰ型		Ⅱ型		Ⅲ型	
		壁厚	公差	壁厚	公差	壁厚	公差
225	±1.8	7.9	+1.1	11.7	+1.4		
250	±1.8	8.3	+1.1	13.0	+1.5		
280	±2.0	9.9	+1.2	14.5	+1.9		
315	±2.5	11.1	+1.3	16.3	+1.7		
355	±3.0	12.5	+1.5	18.4	+2.1		
400	±3.5	14.1	+1.7	20.7	+2.4		
450	±4.0	15.8	+1.8				
500	±4.5	17.6	+2.0				
560	±5.0						
630	±5.5						

三、等径管件弯头、正三通、圆形设备、正圆锥展开放样

因受板材规格尺寸的限制，在制作设备和衬里时，往往是用不同形状的板材按物体形状的规律拼接而成，这就需要对板材进行放样。放样方法一般参考按板金放样法，放样下料时要注意板材收缩率，放样下料展开长度计算式为：

展开长度 = 计算展开长 + 板厚处理量 + 收缩量 + 加工裕量

下料要求板材利用率高、减少焊缝数量、尺寸准确。画线完毕的板材需采用机械加工。

1. 等径管件弯头展开放样

等径弯头下料分为型管下料和塑料板下料两种情况。当所采用的塑料品种有符合要求的管材时可用型管下料，无符合要求的管材时则用塑料板展开下料。型管下料可按施工图给定的角度，用手锯或圆盘锯切割，用手刨或木锉打坡口。用塑料板展开下料，本文分别介绍两节和多节弯头（俗称虾米弯）的下料方法。

（1）两节直角弯头的展开。两节直角弯头的视图如图 6—8 所示，一节直角弯头展开图如图 6—9 所示。其步骤为：

1）用已知尺寸画出主视图和俯视图。

2）12 等分俯视图圆周，在主视图上作出从等分点引出的与轴线平行的平行线 1—1、2—2、3—3、……、7—7。

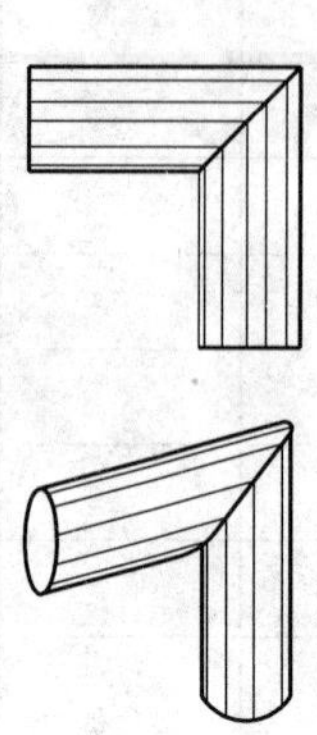

图6—8　两节直角弯头

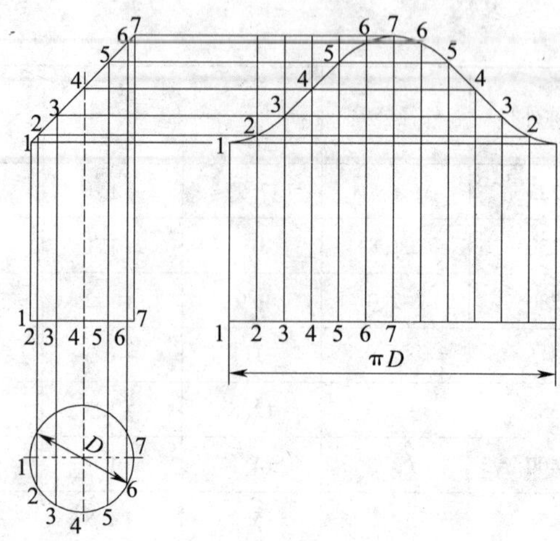

图6—9　直角弯头展开图

3）作一直线段使其长度等于圆筒的圆周长，并分成12等分，自等分点作垂直线，在各垂线上分别截取1—1、2—2、3—3、……、7—7，使它们的长度与主视图上的1—1、2—2、3—3、……、7—7相等。圆滑连接1、2、3、…、7、…、3、2、1各点，即得所求的展开图。

（2）多节直角弯头的展开。多节直角弯头的展开以采用三节弯头的展开方法为例，如图6—10所示。

三节弯头的展开曲线的画法与两节时的画法原理完全一致。

如图6—11所示，第二节弯头的主视图做了180°旋转，而且展开图与图6—9的展开口（1—1）不同。按图6—11的方法得出三节展开图，即可组制成图6—10的三节型直角弯头。

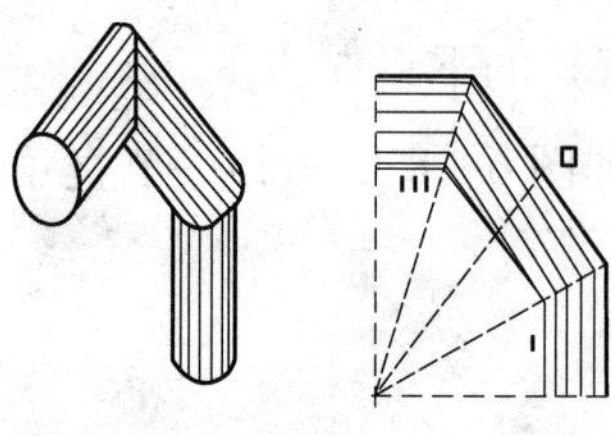

图6—10　三节弯头

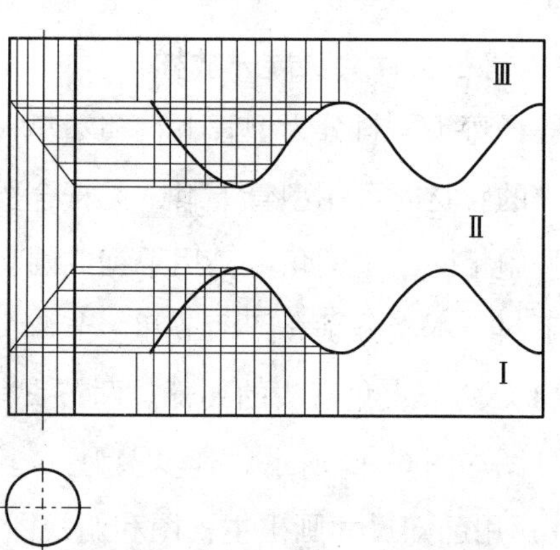

图6—11　三节弯头展开图

非直角弯头的画法与直角弯头的展开画法相同，差别就是根据投影关系决定斜交及正交轴线的投影线角度不同。

2. 正三通展开放样

正三通的相贯线为直线，根据图形对称原理，只要做出 1/4 展开图，即可用轴对称的方法求出其他 3/4 的展开图。如图 6—12 所示，正三通管展开步骤如下：

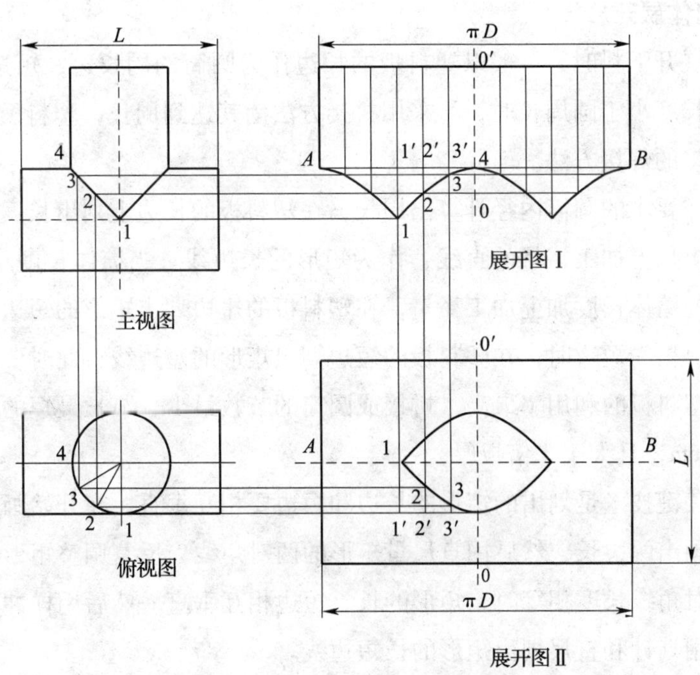

图 6—12　正三通管展开图

（1）用已知尺寸画出主视图、俯视图。

（2）在 1/4 圆周上 4 等分俯视图接管圆周的投影，在俯视图上作出从等分点引出的与接管轴线平行的平行线 1、2、3、4。在主视图上作出与等分点对应的与接管轴线平行的平行线 1、2、3、4。

（3）在主视图接管端面延长线上作一直线段使其长度等于接管的圆周长，并分成 12 等分，自等分点作垂直线，在各垂线上分别截取主视图上的线段 1、2、3、4 等对应的长度，圆滑连接 1、2、3、4 各点，即为 1/4 展开图，再利用轴对称原理，以 1—1'、0—0'为对称轴，作取其余 3/4 展开图，即得所求接管的展开图 I。

（4）以俯视图横向中心线延长线为中心，作一长方形，使其长度等于圆筒的圆周长，宽度等于圆筒的长度，画出与俯视图横向中心线平行的3条平行线，即3—2延长线，2—3延长线，1—4延长线。然后在展开图Ⅱ上截取1—1’等同于展开图Ⅰ上1—1’，展开图Ⅱ上截取2—2’等同于展开图Ⅰ上2—2’，展开图Ⅱ上截取3—3’等同于展开图Ⅰ上3—3’，圆滑连接1、2、3、4各点，即为1/4展开图Ⅱ，再利用轴对称原理，以*A*—*B*、0—0’为对称轴，作取其余3/4展开图，即得所求接管的展开图Ⅱ。

3. 圆筒体展开放样

在圆筒展开下料时，一般以塑料板的长边作为圆筒的周长边，短边作为筒长。当塑料板的长度小于圆周长时，可采用拼接方法使其达到周长，塑料板材的拼接一般采用打坡口的焊接方法。

根据图样要求的圆筒内径计算出周长，在塑料板的长边上划出长度为周长加上板厚处理量再加上加工裕量的直线，作为矩形的长边线。当筒体长度小于板宽时，以图样要求的筒体长度加上加工裕量，在塑料板的短边划出矩形的短边线；当筒体长度大于塑料板的短边时，在塑料板的短边划出矩形的短边线，此时要求短边线的长度应能使塑料板的利用率最高，拼接成圆筒的节数最少，节长最短的圆筒的长度不小于200 mm，且大于3倍板厚。

划线的关键技术是划出的矩形的长边和短边要相互垂直。在开始画线时，可用铅笔和直尺画出两边长，然后用直尺量矩形的两对角线，反复调整矩形的长、短边位置，当两对角线长度相等时，矩形的长、短边相互垂直。然后用样冲在矩形的四角打冲眼，用划针和直尺划出矩形的长短边线。

4. 正圆锥展开放样

正圆锥展开后为一扇形，如图6—13所示。在工程上一般已知锥底直径*D*和锥高*H*和半锥角β。则

$$H = \frac{D}{2}\cos\beta$$

$$R = \sqrt{H^2 + \left(\frac{D}{2}\right)^2}$$

$$\alpha = \frac{\pi D}{R}$$

$$\overline{AB} = 2R\sin\frac{\pi D}{2R}$$

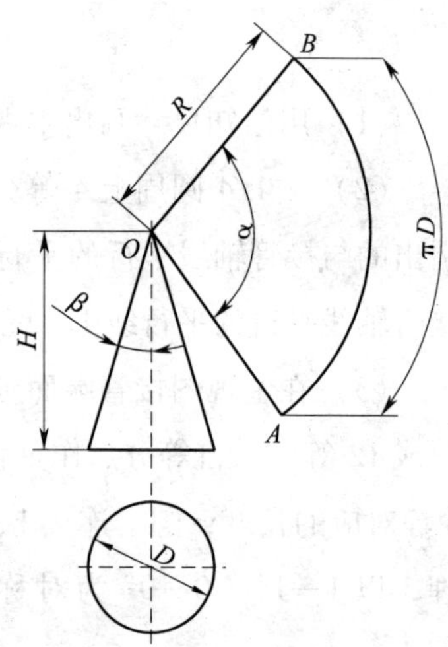

图6—13　圆锥展开图

划线方法：在塑料板上的一角确定*O*点，以*R*加上加工裕量和板厚处理量作为*R*′，并以*R*′的长度

划直线$\overline{OA}$，用划规以 O 为圆心，以 OA 为半径画圆弧。再以 A 点为圆心，以 AB 为半径$\left(\overline{AB}=2R\sin\frac{\pi D}{2R}\right)$画圆弧，与前述圆弧交于 B 点得圆弧 AB，连接 OB，即得展开扇形。其中 AB 弧长的长度等于 πD。

技能要求

基本形状设备（圆形设备、方形设备）、等径管件弯头、正三通、正圆锥放样，是操作者在实际工作中经常要遇到的工作，也是基础工作，放样的基本过程可概括为四个步骤。

一、获取尺寸

先要读懂图样尺寸或现场测绘尺寸。

二、计算

按实际尺寸，根据下料展开公式，计算放样尺寸。一般热收缩率取 1% 左右，或根据实验确定；板厚处理量与所选用的板材厚度相当，加工裕量根据所选用的切割工具进行控制，一般控制在 3 mm 以内。

三、画展开图

按照合适的放样方式，画出展开放样图。

四、切割

切割时工具选择要合理，特别是对曲线边的切割，多采用较窄的手锯切割，以保证切割尺寸的精确。对直线边的切割，可选用手锯或圆盘锯沿划线进行切割以提高工效，但要控制切割速度和切割时的环境温度，以保证塑料板材不发生崩裂。

学习单元 2　下料

学习目标

➢ 了解常用切割机具的结构。

➢ 掌握圆盘锯、带锯的安全操作规程。

➢ 熟悉手提电锯的安全操作规程。

➢ 能够按要求对划好线的塑料板进行切割和开坡口。

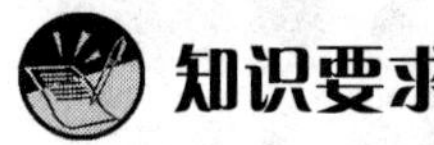

一、切割机具安全操作规程

切割机具是进行塑料板材下料时的必要工具，按锯片的运动形式分，可分为直线锯切和曲线锯切。比较常用的切割机具有圆盘锯、带锯和手提电锯。

1. 圆盘锯

圆盘锯主要用于直线锯割，锯片直径、厚度、齿距、齿高、齿错等，一般随工件厚度的增加而增加。用于塑料加工的圆盘锯直径，一般为150～300 mm，锯齿前角α一般取0°～15°，后角β约取45°。圆盘锯的进锯方式一般有两种，一种是工具固定，工件移动；一种是工件固定，工具移动。管、棒材的锯割，一般采用后者。其他材料，要视工件大小而定，工件大者，工件固定，工件小者，工具固定。进锯速度要自然，如果强行加速，会使锯片发热，物料黏结，锯齿阻塞，锯割面过于粗糙，甚至损坏锯片。在接近锯割终点时，锯割速度要减小，以免工件截角或崩裂。

圆盘锯的安全操作规程如下：

（1）圆盘锯机不准装倒顺开关，只准锯直线。

（2）操作时不准戴手套，要戴防护眼镜。

（3）操作前应进行全面安全检查，包括安全罩、保险挡板、防护装置等是否良好，锯片不得有裂口，螺钉应紧固。

（4）装锯片前，应调正相邻锯齿的左右偏差。偏差太小锯缝小，运行速度及工效受影响；偏差太大锯缝大，运行速度及工效快，但容易打坏锯齿。

（5）操作时，人站在锯片一侧，不与旋转锯片在同一直线上。开机后待旋转稳定正常时，送入要锯的材料，此时推送应自然，不得用猛力。当推料距锯齿约100 mm处时应放手，此时材料由锯床对方操作者拉，假若所锯板料较大，操作者仍可一个人在锯床右侧将料推锯。

（6）每日完工后均应将床身打扫干净，定期注润滑油、检查与修磨锯齿、调整皮带松紧度。

2. 带锯

带锯主要用于直线锯切，也可用于曲线锯切。带锯的锯宽为 8 ~ 32 mm，用于曲线锯切的锯宽是 5 ~ 9. 5 mm，用于直线锯切的锯宽在 13 mm 以上。直线锯切采用中等齿错，曲线锯切则需用较大的齿错，带锯比较适用于较厚制件的锯切。

带锯的安全操作规程如下：

（1）带锯床上不准装倒顺开关，只准一个方向旋转。

（2）操作时不准戴手套，要戴防护眼镜。

（3）操作前，先调整好紧张度，要使钢皮锯带趋于不紧不松的状态，然后全面检查安全防护罩、锯带焊接口，检查锯齿相邻左右偏差是否一致以及平台导向块的宽度是否合适，待一切完好后才允许开机操作。

（4）带锯一般应用于锯有弧度及圆的工件，操作时送入不得太快及用力边猛，否则易断带。

（5）每日完工后均应将台面及锯屑清理干净，定期向马达及锯床转动轴加注润滑油，定期更换锯条及磨削锯齿。一般用锰钢薄片热压方式压合接头，要求一条带不要超过两个接头。

3. 手提电锯

手提电锯是小型的切割机具，其种类很多，按切割刀具的不同，可分为手提切割机、手提木工电刨。

（1）手提切割机。目前市场上的手提切割机非常小巧灵活，主要应用于切割硬质非金属材料，如竹木及硬质塑料。

用于硬质塑料切割的切割机规格是：锯片直径 110 mm，锯片孔径 20 mm，最大锯深 34 mm，转速 13 000 r/min。

1）手提电动工具的安全技术通则

①所选用的切割机不仅应基本绝缘，而且还应提供双重绝缘，只有在工具的明显部位档标记时，此机具才称双重绝缘，属Ⅱ类工具。

②在狭窄场所如储罐内、管道内使用Ⅱ类工具，必须装有额定漏电动作电流小于 15 mA、动作时间小于 0. 1 s 的漏电保护器。

③长期搁置不用的Ⅱ类工具，在使用前必须测量绝缘电阻。如果绝缘电阻小于 7 MΩ，必须进行干燥处理或维修，经检查合格后方可使用。

④机具有损坏，需及时进行维修，非专业人员不得擅自拆卸和修理工具。机修修理后必须进行下列测试：a. 绝缘电阻测量：Ⅱ类工具带电零件与外壳间大于 7 MΩ（用 500 V 兆欧表测）；b. 绝缘耐压试验：带电零件与壳体之间，由加强绝

缘与带电零件隔离，Ⅱ类工具 2 800 V，试验时间维持 1 min。

2）手提切割机操作安全的注意事项

①作业前应全面检查锯片有无损伤与裂纹，如有则必须更换。

②提起机具，将导线置于不易被割到的位置，确认机具在关机位置，将插头插入电压相体的插座。

③在锯片未接触工件时，打开开关，当锯片达到最大转速时方可进行切割作业。

④当发现不正常现象时，应立即停止操作，锯片未完全停稳前，不准用手去触摸转动部件。

⑤根据被切割板的厚度，可调节锯片的切割深度，但是每次调好后均应旋紧蝶形螺母。

⑥禁止在阴暗、潮湿的环境下作业，也不准在有可燃物的环境中作业。

（2）手提木工电刨。手提木工电刨是用单相交流电作电机动力，经过微型传动带带动刀轴作旋转运动，使二合金刀片高速旋转，对工件作刨削的机具。

1）通常选用的电刨规格。切削宽度为 82 mm，最大刨深度为 1 mm，旋转速度为 16 000 r/min，长度为 260 mm，净重为 2. 5 kg。

2）手提木工电刨操作的注意事项

①使用电刨前，应全面检查刨的所有部件是否稳定可靠，发现问题应及时维护更换零件。

②使用前，检查全部紧固件无松动，旋转部分运转正常，两刀片位置正确，刨刀伸出高度一致，刀口与机壳底板成同一平面。

③刨削深度的调节：旋转刨具前端的旋钮，可调整刨削深度在 0 ~ 1 mm 间。

④开关的操作：将插头插入插座前，应先检查手提刨应处于关的状态，且检查有否调整零件时留下的工具，待一切正常后可开启刨机。

⑤手刨机只要扣扳机即启动，放松扳机即停止转动。要使其连续转动时，只要扣起扳机再压一锁钮即可。若再扣扳机，接着再放松，即可消除连续运转。

（3）手提电锯的保养与维修

1）应定期向轴承注油，其所用润滑脂为 2 号高速润滑脂。

2）及时清理出刨屑，勿使其堆积堵塞。

3）应保持刀片锋利，以便达到最佳的刨削效果。

使用刨刀夹固定刀片，是磨除刀锋上的缺口最有效、最方便的方法。刨刀夹示意图如图 6—14 所示，其方法如图 6—15、图 6—16 所示。

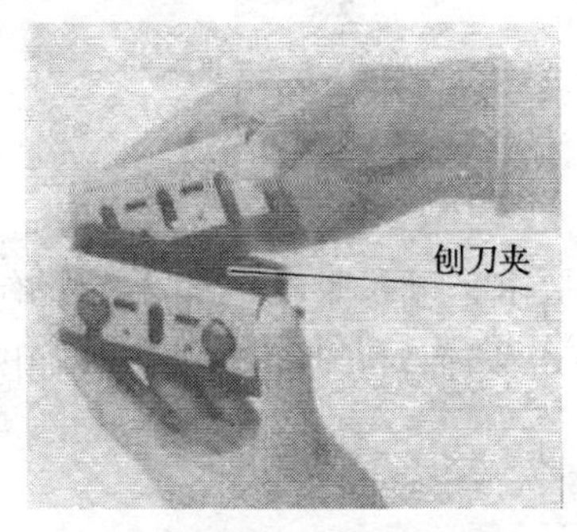

图 6—14　刨刀夹示意图

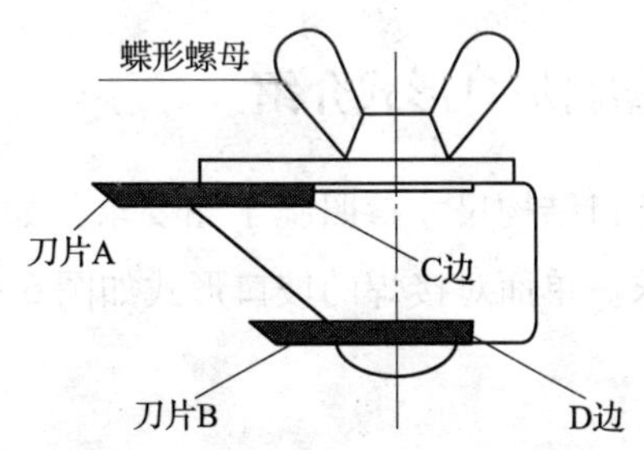

图 6—15　操作方法示意图

先旋松刀夹上的两颗蝶形螺母，并将刀片 A 和刀片 B 插进，使它们分别与 C 边和 D 边相接触，然后旋紧蝶形螺母。

将磨刀石浸水 2 ~ 3 min 取出，然后将固定在夹具上的两个刀片加斜面同时紧靠磨石进行磨刀作业，这样磨出来的刀片呈一致斜面，如图 6—16 所示。

（4）更换电刷与清理刨屑。长期使用电刨，其电刷会遭到磨损，这与无轨电车与电气火车的电刷损耗一样，如图 6—17 所示。对手动电刨，当其电刷磨损到界限磨损线时，就应更换，而且应将一对电刷同时更换。更换前先用旋具取下切屑斗中的刨屑，如图 6—18 所示，再用旋具取出被磨损的电刷，如图 6—19 所示。

图 6—16　磨刀作业

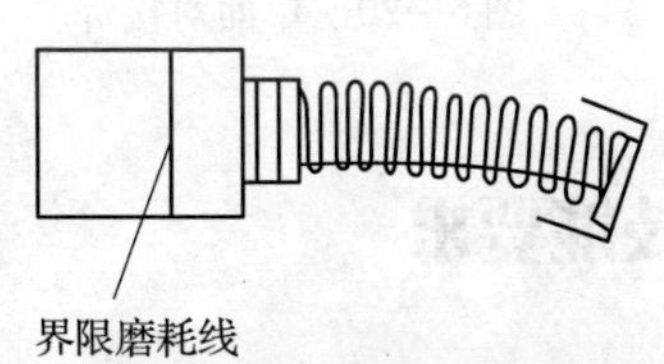

图 6—17　磨损结构示意图

图 6—18　用旋具取下切屑斗中的刨屑

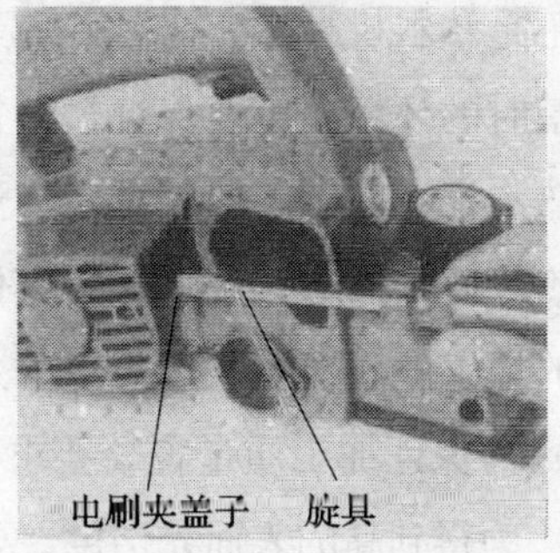

图 6—19　用旋具取出被磨损的电刷

清理后将壳装回，拧紧螺钉。

二、塑料坡口形式介绍

塑料坡口结构尺寸参照施工图要求，如无图样要求，可参照表6—9给出的结构尺寸要求。单面对接焊的坡口形式如图6—20所示、双面对接焊的坡口形式如图6—21所示。

表6—9　　坡口结构尺寸及要求

焊接形式	*a* 坡口脚高	*b* 坡口间距	*S* 板厚	*α* 单面坡口角度 *β* 双面坡口角度
单面对接焊	≤1 mm	0.5 mm	≤5 mm	60°~70°
			>5 mm	70°~90°
双面对接焊	≤1 mm	0.5 mm	≤10 mm	60°~70°
			>10 mm	65°~70°

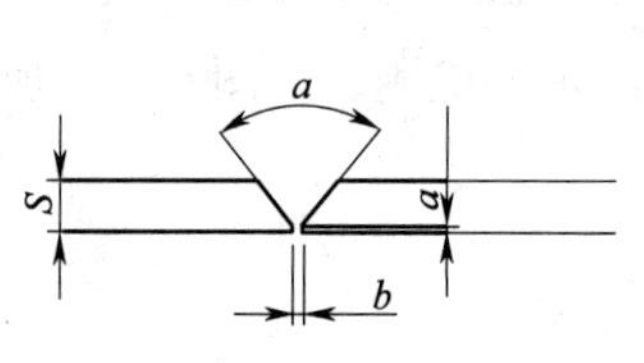

图6—20　单面对接焊

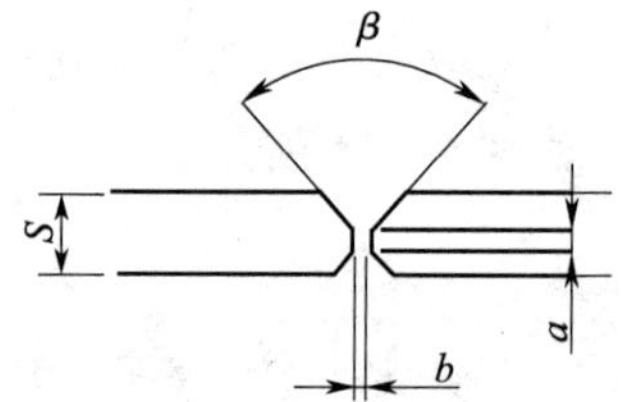

图6—21　双面对接焊

技能要求

一、切割

切割是塑料机械加工方法中最常用的。切割的重点是要保证切割出的尺寸精度，切割时的环境温度要保证塑料板材不发生崩裂。由于塑料的导热系数极低，加工中散热不良，在不正确的加工方法下，会放出大量热量，导致局部软化发黏甚至分解烧焦，而且加工速度过快，零件容易变形，加工面较粗糙。因此，为了获得比较理想的加工效果，必须注意以下几点：

（1）为保证加工质量符合要求，加工设备的动平衡性能要保持良好。

（2）为得到高的表面光洁度，要用高切削速度和小进刀量，切削工具的材料可用高速工具钢。一般情况下，刀具的前角与后角比加工金属材料要大，刃口要锋利。

（3）精加工时，工件不宜夹持过紧。

（4）要有必要的冷却，应优先采用风冷。

（5）要保证有效地除去切屑。

（6）硬聚氯乙烯塑料对刻痕等缺陷和尖角敏感，尖角和切削后留下的刀痕会大大降低零件的机械强度。因此，制品的截面过渡处要圆滑，对于要求较高的零件，在切削后，应用砂布磨光。

二、开坡口

开坡口是进行焊缝加工前的一道工序。坡口的基本形式不外乎单面对接焊的 V 形坡口和双面对接焊的 X 形坡口及其进行的各种组合，可衍生出丁字焊缝坡口、厚板 K 形焊缝坡口、搭接焊缝坡口、角焊缝坡口等。各种坡口形式如图 6—22 至图 6—28 所示。

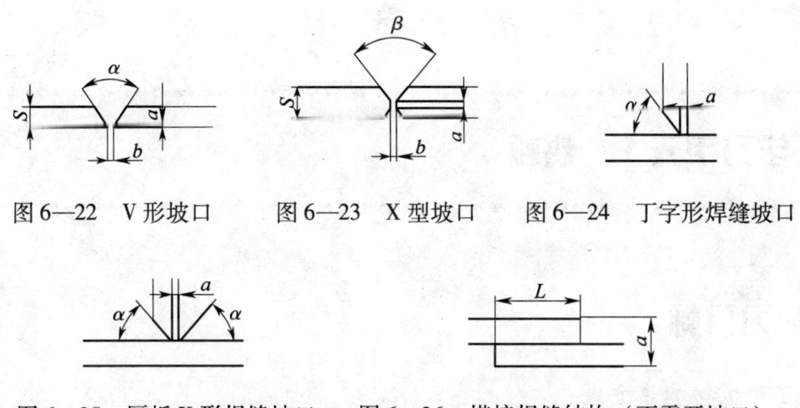

图 6—22　V 形坡口　　图 6—23　X 型坡口　　图 6—24　丁字形焊缝坡口

图 6—25　厚板 K 形焊缝坡口　　图 6—26　搭接焊缝结构（不需开坡口）

图 6—27　薄板角焊缝坡口之一　　图 6—28　薄板角焊缝坡口之二

图 6—22 中所示的 V 形坡口，适用于只能单面焊接的场合，$a \leqslant 1$ mm，$b = 0.5$ mm，当 $S \leqslant 5$ mm 时，α 取 60°～70°；当 $S > 5$ mm 时，α 取 70°～90°。

图 6—23 适用于要求较高的焊接场合，$a \leqslant 1$ mm，$b = 0.5$ mm，当 $S \leqslant 10$ mm 时，β 取 60°～70°；当 $S > 10$ mm 时，β 取 65°～70°。

图 6—24 中所示的丁字形焊接缝坡口，适用于支架、隔板的焊接，$a \leqslant 1$ mm，α 取 45°～55°。

图6—25所示的是厚板K型焊缝坡口。其中，$a \leqslant 1$ mm，α 取45°~55°。

图6—26所示的是不需开坡口的搭接焊缝结构。图中，$L \geqslant 3a$。

图6—27、图6—28所示的是薄板角焊缝坡口。其中，$a \leqslant 1$ mm，用于板厚≤10 mm，α 取45°~55°，β 取60°~70°。对于板厚≥10 mm的设备底与器壁的连接焊缝坡口，则需进行薄板角焊缝坡口一与二的组合，α、β 角度保持不变。

开坡口的工具可采用手工刨、电刨、锉、铲等，若有条件可进行机械加工。要求坡口平整，角度正确，先划线再加工，并用自制的卡具测量坡口的角度。坡口加工好后要清除表面浮尘、油污、水分等杂质，然后按焊接规程进行焊接操作。

第4节　施工操作

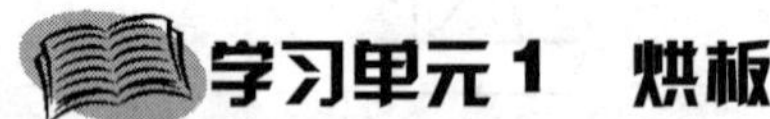

学习单元1　烘板

学习目标

- 了解板材加热方式。
- 掌握聚氯乙烯、聚丙烯塑料热成型工艺。
- 熟悉模具的性能及使用方法。
- 能够进行烘板和模压。

知识要求

一、板材热成型设备

板材加热的形式很多，目前用得最普遍的是电加热、蒸汽加热两种。除此之外，尚有用液体、砂及金属作载热体，将热量传导到塑料板使其塑化的。下面专门介绍电加热炉与蒸汽加热炉。

1. 电热炉

电热炉已有专门生产厂家生产，如图 6—29 所示，表 6—10 列出国家电热烘箱的主要技术参数。

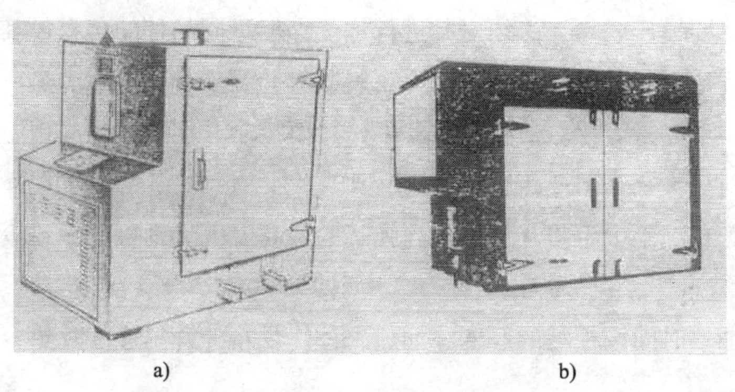

a)　　　　b)

图 6—29　电热炉

a）TD－3AG　b）TD－5AG

工作温度：50 ~ 250℃

温度均匀性：≤ ±2.5%

加热功率：21 kW，带轨道

工作室尺寸：1 300 mm × 1 200 mm × 1 500 mm（宽 × 深 × 高）

工作温度：50 ~ 250℃

温度均匀性：≤ ±2.5%

加热功率：45 kW，带轨道

工作室尺寸：3 000 mm × 2 000 mm × 1 500 mm（宽 × 深 × 高）

表 6—10　　电热烘箱主要技术参数

产品类型	型号	工作温度（℃）	温度均匀性	工作室尺寸（宽 × 深 × 高）（mm × mm × mm）	加热功率（kW）	设施
TD 系列电热恒温烘箱	TD—05A	50 ~ 250	±2.5%	900 × 700 × 800	6	减压安全门
	TD—1A			1 000 × 900 × 800	7.5	
	TD—2AG	50 ~ 250（50 ~ 350）	±2.5%（50 ~ 350℃时，为 ±3%）	1 200 × 1 200 × 1 200	13.5	减压安全门
	TD—3AG			1 300 × 1 200 × 1 500	21	
	TD—4AG			2 000 × 1 800 × 1 500	36	
	TD—5AG1			3 000 × 2 000 × 1 500	45	
	TD—5AG2			2 000 × 3 000 × 1 500	45	

2. 蒸汽烘箱

一般均为生产施工单位自己制作而成，在箱内五面有蒸汽排管加热，是比较安全的一种加热烘箱。但蒸汽烘箱由于受蒸汽压力的影响，不适宜作聚丙烯塑料热成型烘箱，所以目前塑料热成型工艺中以电热烘箱为主。

不管采用何种烘箱，其共同点是使箱内温度尽可能保持一致，免得加热板材

“夹生”。

二、塑料热成型工艺

塑料板材要模压成型，必须对其进行加热，但不同品种的塑料，其热成型工艺是不同的。理论上，只要塑料处于高弹态，此时的温度都可以称为热成型温度，而且温度越高，形变越容易。但生产实践中，总要控制其在最理想成型温度。因为生产中用的塑料板大都为层压板，生产过程中是将若干1～2 mm厚的板叠合层压出更厚的板，若在施工中也将其加热到高弹态的最高温度，则可能导致板面鼓泡，甚至脱层报废。

板材的加热时间按板材的厚度、加热条件、烘箱的升温速度及热容量等条件确定。

1．聚氯乙烯塑料热成型工艺

根据硬聚氯乙烯塑料的特性，加热的时间过少，易产生成型冷却后板材变形收缩大的缺陷，尤其是对成型后的圆弧板拼焊成的筒体设备，其椭圆度不易控制。因此加热时间必须足以保证硬聚氯乙烯塑料板材全厚度受热。硬聚氯乙烯塑料最理想的成型温度在（130±5）℃，保持35 min左右，保温后取出。其保温时间见表6—11。

表6—11　硬聚氯乙烯板材加热成型保温时间

板材厚度（mm）	2～3	3.5～5	5.5～8	8.5～11	12～15	16～20	20～25
保温时间（min）	3～4	4～7	7～10	10～13	13～18	20～35	40～45

2．聚丙烯塑料热成型工艺

硬聚丙烯塑料最理想的成型温度在（160±5）℃，保持35 min左右，保温后取出。其保温时间同硬聚氯乙烯塑料。如加热厚度为10 mm的聚丙烯板材，成型约需50～80 min，若烘箱内四角温差超过10℃，则板材各部会受热不均，造成压制成型时难于得到理想的制件，制件内应力也大。

在烘箱中加热板材成圆形筒体时，如第一次加热成型后未达到要求，欲再进行加热成型，因板材的结晶度增加，晶粒增大，熔点和刚性有所提高，因此加热时温度应比前一次略高，烘的时间也应比前一次稍长。第二次进行弯卷的方向应与第一次弯卷方向相同，如成型方向不同，会给成型带来困难。

加热后的聚丙烯板材的尺寸会膨胀，所以在卷制圆形筒体时，若发生圆周下料的长度超过原计算长度的情况，只要逐渐冷却板材，长度会逐渐收缩。聚丙烯板材经加热成型后，再置于烘箱中加热时，因聚丙烯的回弹力比较小，所以不像硬聚氯乙烯板材那样能恢复到原来的平板状态。但卷制圆筒、弯管等加热成型时，如冷却不够，仍有一定的回弹现象。

三、模具的性能及使用方法

模具的基本功能是使塑料软化后能成型多种几何形状，满足加工的需要，所以在设计模具时，既要考虑模具加工方便，又要考虑如何节约材料以及塑料的成型特点和保证尺寸准确性的要求。常用的模具及使用方法如下：

1. 木模和钢模

硬塑料一般使用木模，氟塑料加工一般使用钢模。为了节约木材，可用条木拼制成模型。

2. 阳模、阴模、整体模具或部分模具

整体模具适用于直径较小的筒体成型，而直径超过 2 m 的设备，一般由几块弧形板拼焊而成。弧形板的成型采用模压法成型，可以只用阳模或只用阴模，也可以阴阳模混用。

3. 直径较小的筒体（ϕ800 mm 以下）

一般采用布卷法圆柱形木模成型。

4. 直径在 800 mm 以下的封头

可采用整体模具一次热压成型，由于封头较深，压制时变形大，一般都采用阴阳模。

5. 直径较大的封头

一般由数块瓜皮形板拼焊而成，一般取 4、6、8、12 等份，大型封头可分成 24 等份，按封头弧形板的实际尺寸设计阴阳模，进行模压成型。

6. 氟塑料的模具

材料最好采用 12CrMo 或 38CrMoAlA 等合金钢，若有困难，可用 45 号钢，如再没条件，可用一般的材质。上述这些材料，表面都必须镀铬，以防止生锈，并增加表面光滑性和硬度。

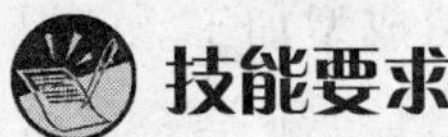

技能要求

一、烘板

烘板即对板材加热的过程，对于质量较差的板材通过加热处理可以发现裂纹、起泡和分层现象，所以它还起到挑选板材的作用。烘板时应注意下列事项：

（1）根据不同的板材，设置不同的热成型温度。

（2）加热速度不能过快，以2~3℃/min为宜。

（3）需加热的塑料板材应分层放在烘箱内的托板上，不得数块同时叠放在一起。

（4）对于厚度在15 mm以上的板材，在加热到一半时间时，应将加热的板材翻身并调换一次方向，使板材的受热更加均匀，这样对消除内应力和成型均有益。

（5）烘板取出时，要戴防护手套，并尽量使用夹具，防止烫伤。

二、模压

模压就是将烘至成型温度的塑料板材放置在选定的模具上，使用阴阳模的需将另一半模具覆合，然后施重力或其他拉力，使塑料板服帖于模具上，称之为固定过程，再慢慢冷却至室温（也可用冷却介质进行冷却，但要注意冷却速度的均匀性），然后卸载外力，取出塑料板，即为模压成型。

当压制封头时，阴阳模之间要有足够的间距，以免聚丙烯板材热胀后，在热压时造成模腔过小而损伤木模，由于聚丙烯板材热成型时伸长率较小，比较复杂的制品应要工艺上进行分块成型，然后再进行焊接。当压制法兰时，只能压制直径300 mm以上的法兰，也是将数块塑料板条加热后弯成，一般板条的宽度不超过60 mm，成型后的法兰弧形圈再经修正，内外倒角，拼焊成整个圆法兰。直径300 mm以下的法兰，因曲率半径较小，变形大，适宜车床加工。

三、注意事项

硬聚氯乙烯的热成型只要将塑料置于软化点温度以上流动温度以下的烘箱中加热烘软，取出后在外力作用下即可成型，其塑化温度范围在80~100℃，加工温度范围较宽，温度好掌握。聚丙烯塑料是结晶型高聚物，塑化温度范围较窄，只有在接近熔点的较小温度范围内（160~170℃）方能进行热成型加工。若温度过低，则无法软化，材料很硬，不能成型；若温度高于175℃，就会全部熔化，流动会突然开始，而且流动性较大。因此聚丙烯在成型施工时必须严格控制温度。

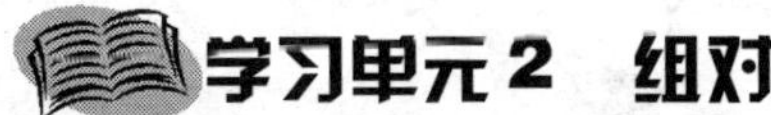

学习单元 2　组对

学习目标

- 熟悉制作过程中的材料检验、热成型检验及组对工艺检验标准。
- 了解工、卡、胎、模具的性能及使用方法。
- 能够进行单节圆筒节和封头的组对。

知识要求

一、制作过程中的检验标准

1. 材料的检验

材料的检验，包括板材、管材和焊条的检验，其检验原则基本上包括合格证书的检验和性能指标复试两部分，如对材料耐腐蚀性能不确定，还应进行材料耐腐蚀性能测试。

（1）合格证书的检验。塑料板材、管材和焊条必须有产品合格证书，合格证书中的各项指标应符合相应的产品标准。

（2）性能指标复试。有下列情况之一者，板材、管材、焊条的性能指标应进行复试：

1）合格证书中未标明的性能指标。

2）无合格证书。

3）对合格证书的性能指标有怀疑。

4）存放时间超出两年或存放时间不清。

5）需要进行预热分层试验。

6）图样中有测试要求。

（3）耐腐蚀性能试验。当工作介质对材料的腐蚀状况不清楚或特定的工况条件下无耐腐蚀性能数据可查时，应做材料的耐腐蚀性能试验。

（4）当在同一台设备上用料时，还应注意材料选择的统一性。

2. 热成型检验

（1）设备中的成型件在热成型过程中，如发现材质有裂缝、起泡、分层等现象，不得用此材质制作设备。

（2）需对每块成型件作严格检查。成型件的尺寸误差不得过大（一般不大于5 mm），以防止组对中的预应力增大。

（3）成型后的弧形板，应立即放在平地上。集中放置时，相互间应留有间隙，以防止变形。成型后的弧形板，应尽快进行组装。

3. 组对工艺检验

（1）单节圆筒由数块弧形板在平台上拼接而成。要求圆弧板长度均匀，而单块弧形板宽度不得小于300 mm。

（2）弧形板拼接筒节时，应首先用预先制好的样板检查每块弧形板尺寸，其内半径 R_i 的正负偏差不得大于 0.15% D_i 且不大于 3 mm（D_i——圆筒内直径，mm）。

（3）弧形板不得有歪斜、扭曲现象。

（4）每两块弧形板拼焊时，两弧形板的对口错边量不得大于弧形板厚度的10%，且最大不超过2 mm。

（5）筒节外径周长误差不得大于筒内径的0.2%，最大不超过 ±3 mm。

（6）两个筒节组对时，对接的环内焊缝处应自然吻合，不得用过大的外力强制整形，以免产生过大的内应力。

（7）两个筒节组对时，其轴内间隙不得大于3 mm，其径向偏移量不得大于壁厚的10%（取薄壁板为基准），且不大于2 mm。

（8）在两个以上筒节组对时，其筒节间纵向焊缝应均匀错开，纵向焊缝交错距离不得小于200 mm。

（9）设备上的所有连接管需开的孔，应用手电钻和手锯进行开孔，不得使用斧和凿开孔。

二、工、卡、胎、模具的性能及用途

工、卡、胎、模具的性能及用途见表6—12。

总而言之，在塑料设备的组对过程中，要保证所用的工、卡、胎、模具性能的完好，测量准确，使用规范，才能制备出合格的产品。

表 6—12　　工、卡、胎、模具概况

	常见种类	用途
工具	手锯、铲刀、木榔头（塑料榔头）、钻头、电锯、焊枪、卷尺、游标卡尺	下料、焊接、粘接
卡具	内卡钳、外卡钳	困难位置的测量
胎具	滚胎	设备组装时的旋转
模具	木模、钢模	模压成型成规定形状

技能要求

一、塑料化工设备组装

1. 单节圆筒节的组对

单节圆筒是由数块弧形板在平台上拼接而成。施工按施工图刨出坡口，要求弧板长度均匀，单块弧板宽度不得小于 200 mm。在拼接时首先用样板检查每块弧形板尺寸，其弧形偏差不得大于 ±0.1% 的内径，样板弦长为 1/6 的圆筒直径，且不得小于 300 mm，如图 6—30 所示。

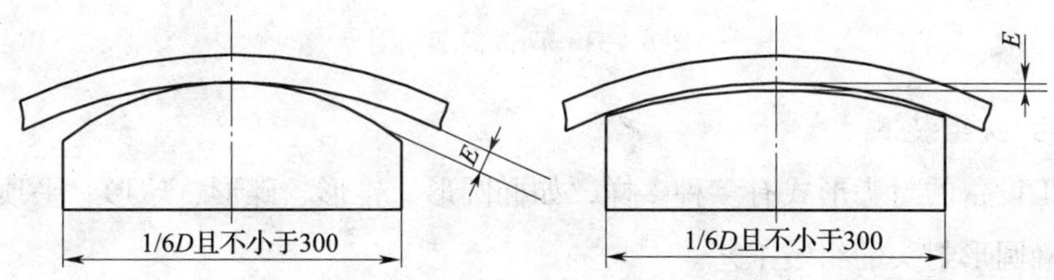

图 6—30　检查筒节与弧形板的偏差

样板不得有歪斜、扭曲现象。当两块弧形板焊接时，两弧板的对口错边量 b 不得大于弧形板厚度 S 的 10% 加 1 mm，且总量不大于 3 mm。所组对圆筒节在施焊前要预先测量外径周长，要求上下不得大于 0.2% 内径，且误差不得超过 ±3 mm，所组对圆筒节壁与上下端面应保持垂直，且圆筒节的高度误差不得大于 ±0.5 mm。

当单节圆筒制成后，要组装成塔器或容器时，一般以立式组对为宜。单节圆筒质量较重或体积较大时往往用专用抱箍，经起重机进行组对。当环向焊缝由金属抱箍来定位组装时，最好能自然吻合，但一般认为成型的零件不规则及尺寸误差（在允许范围内）是不可避免的，因此允许在组装时作一些调整，亦即位置作一些调整，允许用不大的外力来整形，待认为符合上述工艺要求时，即可点焊，并施焊两层焊条，待冷却即卸去金属抱箍。若卸去抱箍后焊缝处没有发生任何异常情况，即可对外层进行施焊，直至完成作业。在整圆时，外加了稍大的应力，卸去抱箍后，若焊缝承受不了此应力自行崩裂，说明组对不行，所以组对时一定要严格遵守规定，不能强行组对。焊二层焊条后要卸去抱箍，不能把应力矛盾掩盖起来。

圆筒组对以前，习惯是将其附件，先按图样要求预先施焊于圆筒上，这些附件包括筋板、加强圈甚至于人孔等。

两圆筒节组对时，其轴向间隙越小越好，一般不得大于3 mm，径向偏移量 b 不得大于壁厚 S 的10%加1 mm，且总量小于3 mm，如图6—31所示。

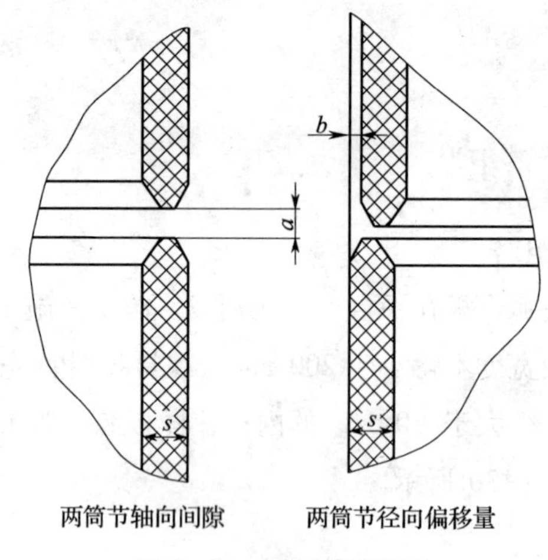

图6—31　两圆筒节组对

2. 封头组装

化工设备的封头形式有多种多样，如椭圆形、锥形、碟形、球形、平顶等，以下介绍椭圆形封头的组装工艺。

椭圆形封头的组装（当直径大于1 200 mm时）往往采用瓜皮形拼焊。瓜皮在模具内成型后，按计算好的阳模之沿划线，经锯床下料，刨出坡口后即可去特制的靠模上进行拼装，如图6—32所示。

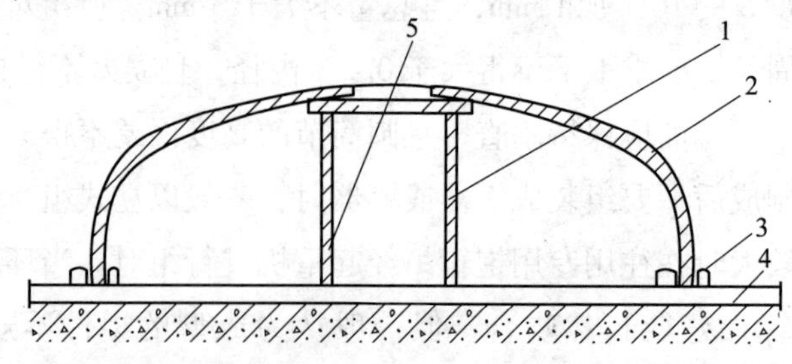

图6—32　椭圆形封头的组装

1—芯架　2—封头　3—定位脚　4—平板（台）　5—入孔

封头翻身时应注意受力均匀，防止焊缝撕裂。封头顶端球冠也采用模压成型，待整个封头与设备筒体接好后将其焊上。

二、焊条选用及预处理

塑料焊条由于生产时加了较多的增塑剂，因而较柔软。而增塑剂受热易析出，长期存放又会变硬，长期在阳光照射下会变形弯曲，所以在使用时应注意进行挑选和预处理。

1. 焊条的选用

塑料焊条的选用包括焊条质量的选用及类型的选用两方面。

焊条质量的选用应注意以下指标：

（1）焊条外表应光洁、无凹瘤、气泡和杂质；但允许有轻微的毛刺和表面粗糙及皱纹。在 1 m 长度的焊条上不得多于五个点状黑色焦粒杂质。

（2）当焊条在温度大于 15℃以上时，进行 180°弯曲时不应断裂，但允许弯处发白。

（3）焊条截面应有均匀结构，不应有气孔或杂质。

塑料焊条类型的选用主要与焊接强度及劳动工效密切相关。塑料焊条可分为单焊条（见图 6—33）和双焊条（见图 6—34）两种类型，单焊条通常用于打底（即焊接头道焊缝）之用，以减少孔隙的产生，双焊条用于排焊。

图 6—33　单焊条

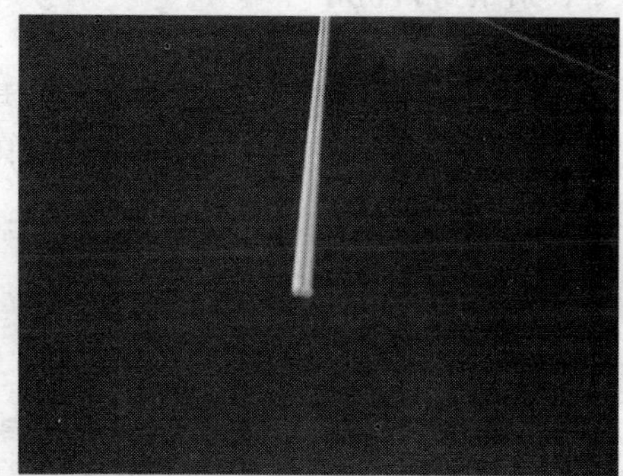

图 6—34　双焊条

2. 焊条预处理

存储时间不长、新拆封的塑料焊条无需进行预处理，便可用于施焊。若焊条存放较久，则应检查其表面有无油污或粘有杂质，若有油污和杂质，则要用丙酮擦拭干净后，才能使用。

三、注意事项

组装时除注意上述条件外，还应注意纵向焊缝要错开，且最小间距不得小于200 mm。对于纯聚丙烯板材，因其具有良好的韧性，在筒体组装时，可不用模具分瓣成型，而直接用夹具将纯聚丙烯板卷制成型后焊接即可。即使在组装有偏差时，也可通过局部施加外力的方法进行纠偏。

学习单元3　焊接

学习目标

- 了解焊枪的种类。
- 掌握焊枪的基本结构和工作原理。
- 能够进行塑料焊接操作及焊枪故障处理。

知识要求

一、焊枪的种类

塑料焊枪的形式很多，其外形常见的有两种：手枪式与直筒式，由枪嘴结构可分为直的与弯的两种，根据焊件的形状选用枪嘴，枪嘴可以拆卸，便于更换。根据所用焊条粗细选用不同直径的枪嘴，一般选取枪嘴直径和焊条直径相等。若枪嘴直径过大，焊接时枪嘴离焊接处的距离也要加大，这样不但耗空气量大，而且焊缝强度也要降低。

国内目前塑料焊枪常采用的加热方式为电加热，其电加热电压为220 V或36 V，一般焊枪的功率为400～600 W。这种焊枪的优点为结构简单、操作安全、热空气温度容易调节。

从结构形式分，塑料焊枪可以分为拖拉焊枪和挤压焊枪，它们的不同之处主要在头部。拖拉焊枪头部有一孔，可插入焊条，在通气出口处经加热，用单手匀速往后拉（有一定压力）即能焊接。此枪目前以焊聚丙烯、聚乙烯塑料为主，焊聚氯乙烯塑料只能用直筒式焊枪或手枪式焊枪。挤压焊枪是将焊条在枪内融化后挤压至枪口，然后由一块聚四氟乙烯块将熔化的塑料焊条浆液压合在被焊坡口内，此枪不适用于焊接聚氯乙烯塑料。

从独立而言，塑料焊枪可分为单台焊枪和组合式焊机。组合式焊机是指将塑料焊接的几个部件组合在一起，成为结构紧凑的手提式或手推式成套焊接机具。它们很适合现场施工或检修时用。其中手推式的焊机可带四把焊枪进行作业，如图6—35所示。

图 6—35　带四把焊枪的装置

二、焊枪的基本结构和工作原理

1. 焊枪的基本结构

塑料热风焊枪主要由喷嘴、绝缘磁圈、金属外壳、电热丝带、双线磁接头、连接管、连接帽、隔热垫圈、手柄、电源线、空气导管、支头螺钉等零配件组成，如图6　36 所示。

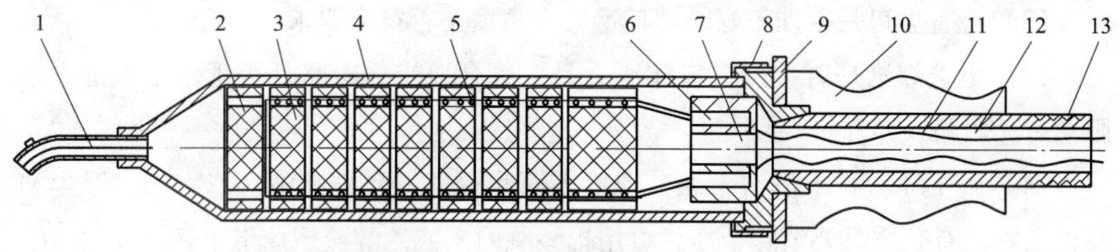

图 6—36　塑料热风焊枪结构

1—喷嘴　2—绝缘磁圈　3—磁耦节　4—金属外壳　5—电热丝带　6—双线磁接头
7—连接管　8—连接帽　9—隔热垫圈　10—手柄　11—电源线
12—空气导管　13—1/8″　支头螺钉（接地用）

电热丝采用由铁、铬、铝等金属元素组成的高电阻电热合金丝，绕成圈，其功率在 0.5 ~ 1 kW，电压为 220 V。

新焊枪使用前需做下述工作：

（1）卸下连接帽，使焊枪分成两半。

（2）倒出钢壳内的喷嘴、金属外壳、电热丝带。

（3）将定长的电阻丝来回穿过对齐的八节磁耦节八个孔，电阻丝拉伸应均匀，不然使用中易熔断，最后留出两节接线头。

（4）将 3 ×23/0.15 绝缘电线穿过手柄的孔，将红、绿两线接入接线块一端，黑线与支头螺钉相连作为地线。

（5）将绝缘磁圈套入外壳，再将串成一体的八节磁耦节套入，对准枪壳与枪座，将支头螺钉的丝扣旋紧即可。

（6）将电源线与调压器相连，并将软塑管或橡胶管作手柄导管与气泵相连。

（7）为使焊具整洁，亦可将电源线通过空气导管进入，可依个人习惯而定。

2. 焊枪的工作原理

热风焊接的工作原理是，用焊枪喷出的高温气流直接加热待焊塑料件接合面，使其表面塑化、熔融，呈局部半流动态，在外力作用下合成一个整体，再经过冷却凝固而得到足够的强度。

技能要求

一、塑料焊接操作

1. 准备工作

（1）检查所焊接的表面、下料尺寸或成型预组对后是否符合图样要求。

（2）检查坡口是否加工好，坡口尺寸、角度是否符合要求。

（3）检查焊枪是否接好，气体压力是否符合要求，电路是否正常，焊枪中电阻丝有无短路或异常。

（4）施工环境要求清洁干燥，焊枪表面和焊条不允许有油污、水滴、浮尘和其他杂物。有杂质时要清除干净，可用棉纱蘸丙酮或乙醇液擦抹干净。

（5）检查焊条是否老化过期，焊条直径和规格是否符合施工要求。

（6）将被焊接设备固定好位置，然后进行操作。

2. 焊接

（1）先开气调好气体流量再送电，控制焊枪温度在 250 ~ 270℃，空气压力为 0. 05 ~ 0. 07 MPa，温度过高可使焊接表面焦化，温度过低则焊条与母材结合强度不够。

（2）焊聚氯乙烯塑料时，焊条与焊件夹角应为 90°，焊枪和焊条夹角应为 30° ~ 40°。焊条与焊件的夹角小于 90°，虽焊接省力，速度又快，但是焊条受产生的水平分力作用前进速度很快，把刚粘上去的焊条拉长，使焊条产生应力，冷却时易产生裂纹。焊条与焊件的夹角大于 90°，焊条受热变软一段太长，使焊条弯曲，粘接不牢，并使焊缝产生凹凸不平的现象。焊接聚丙烯塑料时，夹角可小于 90°。

（3）焊条的直径根据板厚按要求选用，第一根焊条必须使用直径 2 ~ 2. 5 mm

的焊条，以避免坡口所留间隙焊不透。

（4）焊条连接时用刀切成坡口搭接，可避免有结瘤或凹凸不平，焊缝处焊条应堆积出母体材料 1.5 ~ 2 mm，这样对焊缝质量有保证。

（5）焊接完毕后应清理现场，检查水、电气和机动设备是否处于停用状态，检查完毕方可离开现场。

3. 注意事项

（1）工作面不清洁特别是有油污时，会影响焊条与母材的黏结力。

（2）操作姿势不正确、焊条与焊枪角度不对，均使焊缝强度降低。

（3）焊枪温度过高，可使焊条焦化，表面呈黄色或棕黄色，此时应停止焊接，将焦化部分的焊条磨去，调整温度或焊接速度后重新焊接。

（4）焊条焊接后表面发毛，是由于焊接时焊条受拉伸冷却收缩而产生的细小裂纹，只有在焊条的焊接伸长率小于 15% 时才能避免收缩应力引起的发毛现象，确保质量。

（5）焊接过程中因接焊条时未切边或焊条向前倾斜均可产生焊瘤，这时要用锉刀打平，再继续焊接。

（6）焊缝较长时，焊条连接处要错开 100 mm 左右长度，不得在同一位置上接焊条，以确保质量均匀。

（7）焊条在坡口中堆积不密实、有间隙，是选用焊条直径过大、焊条又没有错位堆积而引起的，对焊缝强度影响很大，并降低密实性而漏料。要求焊条必须错位，排列密实。

二、塑料焊枪故障处理

长期使用焊枪，经常会出现各种故障。通常故障有温度时高时低，此时应检查调压器是否失灵、通气管是否畅通，发现问题及时作出调整与补救。当出现电阻丝烧断、磁圈破裂、线路断裂或裸露时，应及时进行零件更换，方法同新装时一样。

为使焊枪在使用时少出故障，焊枪的使用应按下列程序进行：

（1）焊接前应先供给风源，再接通电源，停止使用时应先关电源再关气源，这样做不易将电阻丝烧断。

（2）使用焊枪若不接地线，就必须增加一个漏电自动保护器。

（3）若发现焊枪出故障，修理时必须先切断电源，然后打开焊枪，检查故障，更换元件。

第5节　质量检查

学习目标

- 熟悉游标卡尺、千分尺测厚方法，用电火花检漏仪筛选塑料板有无针孔。
- 掌握塑料制品制作完毕后的盛水试漏和电火花检测方法。
- 能够调整胶粘剂涂刷的黏度。

知识要求

一、游标卡尺的使用方法

游标卡尺是一种适合测量中等精度尺寸的量具，可以直接量出制件的外尺寸、内尺寸和深度尺寸。游标卡尺上游标的读数有 0.1 mm、0.05 mm、0.02 mm 三种，如图 6—37 所示。

根据游标卡尺的刻线原理，用游标卡尺进行测量时，从尺身上读出尺寸的整数数值，从游标上读出小数数值，这两个数值的和即为测得工件的尺寸数值。其具体读数方法分三个步骤，如图 6—38 所示。

1. 读整数

读出游标零线左边与尺身相邻的第一条线的毫米整数，为测得尺寸的整数值，如图 6—38a 为 3 mm，图 6—38b 为 22 mm，图 6—38c 为 21 mm。

2. 读小数

读出游标上与尺身刻线对齐的那一条刻线所表示的数值，即为测量值的小数，如图 6—38a 为 0.1 mm×2＝0.2 mm，图 6—38b 为 0.05 mm×10＝0.5 mm，图 6—38c 为 0.02 mm×25＝0.5 mm 。

3. 计算整个读数

把从尺身上读得的毫米整数和从游标上读得的毫米小数加起来，即为测得的尺寸数值，即图 6—38a 为 3 mm＋0.2 mm＝3.2 mm，图 6—38b 为 22 mm＋0.5 mm＝22.5 mm，图 6—38c 为 21 mm＋0.5 mm＝21.5 mm。

二、千分尺的使用方法

千分尺又称螺旋测微仪，按其用途和结构可分为外径千分尺、内径千分尺、内

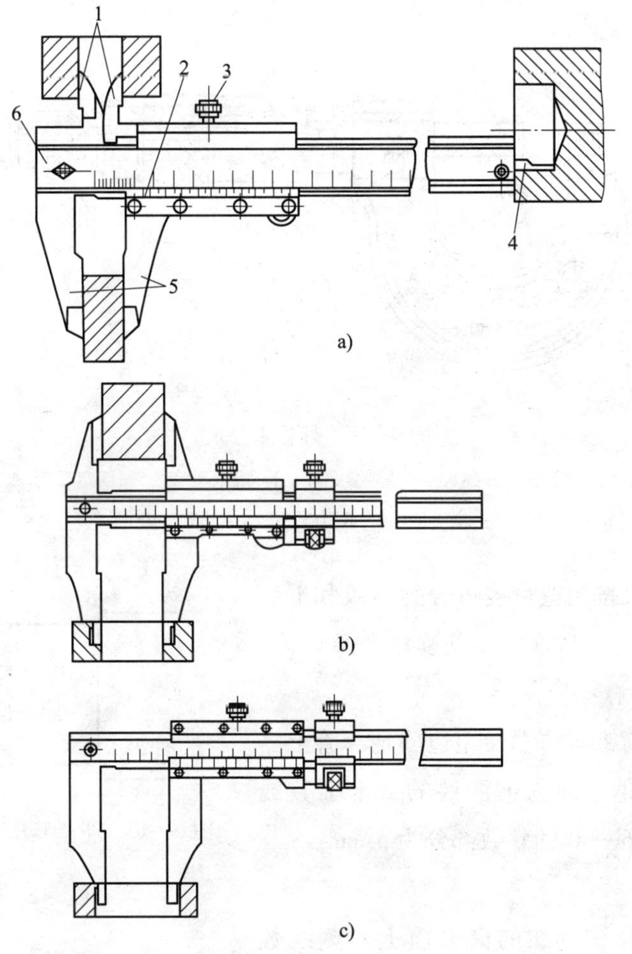

图 6—37　游标卡尺

a）三用游标卡尺　b）双面游标卡尺　c）单面游标卡尺

1—刀口内测量爪　2—游标　3—紧固螺钉　4—深度尺　5—外测量爪　6—尺身

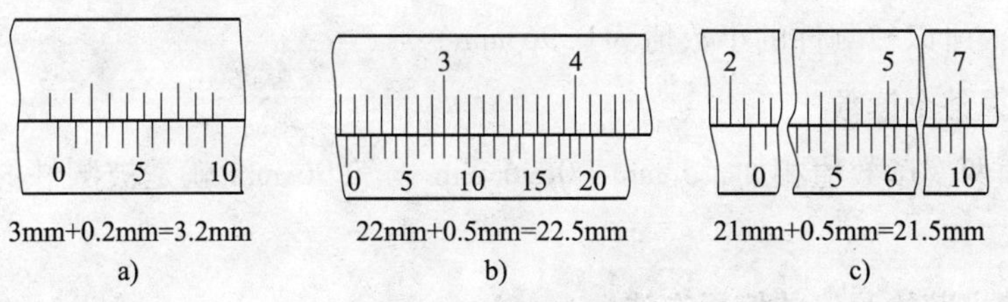

图 6—38　游标卡尺的读数方法

a）0.1 mm 游标卡尺　b）0.05 mm 游标卡尺　c）0.02 mm 游标卡尺

测千分尺、深度千分尺、壁厚千分尺、杠杆千分尺、螺纹千分尺、公法线千分尺等，在塑料防腐蚀作业中，常用于外径测量和壁厚测量。外径千分尺的外观如图 6—39 所示，千分尺的读数实例如图 6—40 所示。

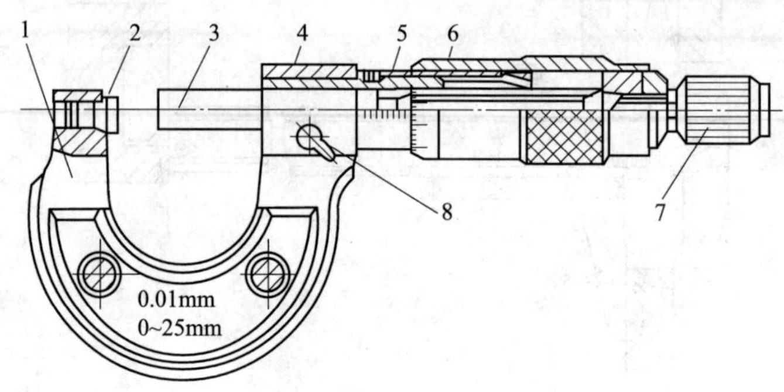

图6—39　外径千分尺

1—尺架　2—测砧　3—测微螺杆　4—螺纹轴套　5—固定套管
6—微分筒　7—测力装置　8—锁紧装置

外径千分尺按制造精度可分为0级和1级两种，0级最高，1级次之。其读数步骤如下：

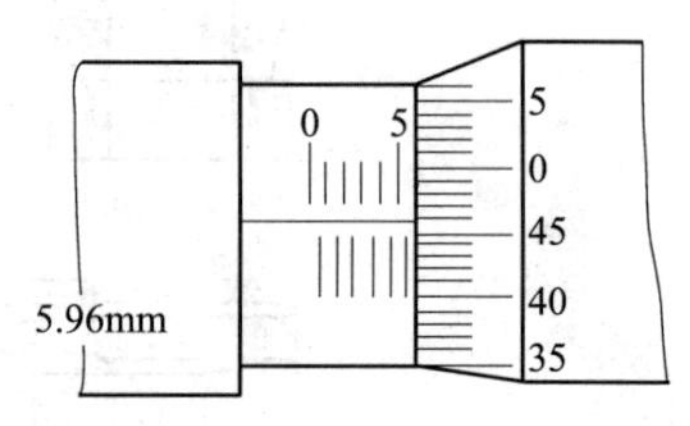

图6—40　外径千分尺的读数方法

1．读整数

读出微分筒锥面的端面左边固定套管上露出来的刻线数值，即为被测件的毫米整数或0.5 mm数，图6—40的整数部分为5 mm。

2．读小数

找出与基准线对准的微分筒上的刻线数值：如果此时整数部分的读数值为毫米整数，那么该刻线数值就是被测件的小数值；如果此时整数部分的读数值为0.5 mm数，则该刻线数值还要加上0.5 mm后才是被测件的小数值。图6—40的刻线部分值为0.46 mm，因整数部分的读数值为0.5 mm数，所以被测件的小数值为0.96 mm。

3．计算整个读数

把上面两次读数值相加，5 mm＋0.96 mm ＝ 5.96 mm就是被测件的整个读数值。

三、电火花检漏仪的使用方法

电火花检漏仪亦称涂层针孔检测仪，用来检测防腐蚀涂层施工的针孔缺陷以及老化腐蚀所形成的微孔、气隙点。根据目前防腐蚀涂层的规范和要求，有交直流两用、高压输出连续可调、电压显示为数显以及针孔漏点的计数、打标等功能，如图6—41所示。

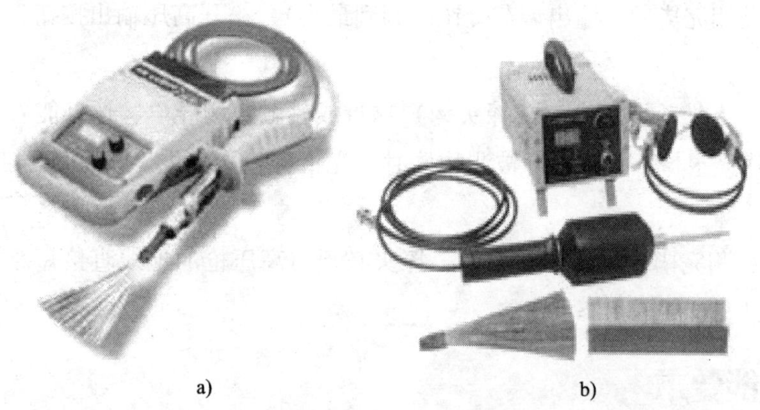

a)　　　b)

图 6—41　电火花检漏仪

a）便携式　b）DJ—6 型

1. 仪器结构

电火花检漏仪一般由主机、高压枪、探极等部分组成。主机内置集成信号处理控制线路、声光报警电路、内置直流蓄电池组等。高压枪为高压电子发生器，探极分毛刷探极和弹簧探极，可分别适应不同金属防护工件表面的检漏，亦可根据工件的特点自行配制不同的探极。

2. 使用方法

（1）电源检查。打开主机电源，液晶表头显示检漏仪内储电池组电压，电压指示灯点亮，液晶表头显示电压应大于 6.0 V（A 型仪器）或 8.4 V（B 型仪器），否则应及时充电方可使用。

（2）主机充电。主机内高能蓄电池充电时，将交流 220 V 电源插头插入后面板充电插座，前面板的电源开关指示灯和充电指示灯同时发光，仪器即实行快速智能充电，充足自停（充电时间为 3 h 左右），充足一次可供仪器用 8 h 左右。

（3）检测时，将高压枪的多芯插头插入主机高压输出插座，插接必须良好。

（4）把高压枪的接地线接到被测防护绝缘层的导电体上。

（5）用毛刷探头检漏时，将毛刷探头螺杆旋入高压枪顶端的连接孔；用弹簧探头检漏时，将探头钩旋入高压枪顶端连接孔。然后连接器套在探头钩上，弹簧套在被测管道表面，且试拉一下，使弹簧能沿管道表面顺利滑动。

（6）根据防护层厚度选择合适的测试电压，也可根据各行业提供的检测标准自行选择检测电压。检测者打开电源开关，戴上耐高压手套，按住高压枪输出按钮，仪器电子电路自动变换检测电压，电源电压指示灯熄灭，输出高压指示灯点亮，液晶表头显示为输出高压值。调节高压输出旋钮，使液晶显示值为所需的高压值（每次使用完毕后，输出调节旋钮应调到最小）。松开高压输出按钮，仪器处于待工作状态。

（7）试着把毛刷探头（或探头钩）靠近或碰触被测导电物体，能看到放电火花，并有声光报警，探头离开被测物体时声光报警相应消失，说明仪器工作正常，即可开始检漏。

（8）检测完毕，关闭仪器电源，探头必须与高压枪的地线直接短路放电，仪器应恢复到开机前的状态。

技能要求

一、原料检验

1. 厚度

用游标卡尺或千分尺测定塑料板材的厚度，厚度的允许误差在板材标称厚度的 ±10% 以内为合格。

2. 针孔

塑料板材和管材在用作衬里材料时，通常用电火花检测其针孔情况，以作为原材料筛选的手段。

3. 胶粘剂黏度

通常可用涂—4 杯测胶粘剂的黏度，按 GB/T 1723—1993 中的规定进行，是测定一定量的试样，在一定温度下从规定直径的孔所流出的时间。涂—4 杯测定的是黏度在 150 s 以下的产品。刷胶浆时的黏度以涂刷一层胶浆可将金属表面本色盖住又不形成厚膜为宜。

二、盛水试漏

往设备内注满水静置 24 h，检查是否有泄漏，以无泄漏为合格。对于衬里的设备，观察设备底部预留的检测孔是否漏水，若有水漏出，应找出衬里层的漏处，进行补焊，直到不漏水为止。

三、衬塑设备的电火花检测

1. 软聚氯乙烯塑料衬里电火花检测

用 3 000 V/mm 电火花检漏仪（针孔检测仪 HJ—3/HJ—4）检查衬里层，以无电火花释放为合格。

2. 氟塑料衬里电火花检测

用 5 ~ 30 kV 检测电压、频率为 1.6×10^6 Hz、探头移动速度不超过 50 mm/s 的高频电火花检查氟塑料的表面，特别是翻边转角处与支管连接处等薄弱部位需认真仔细检查，以无击穿火花出现为合格。

四、注意事项

（1）电火花检测过程中，检测人员应戴上绝缘手套，任何人不得接触探极和被测物，以防触电击伤。

（2）用弹簧探极检漏时，探极不能拉伸过长，防止失去弹性。

（3）被测防护层表面应保持干燥，如表面沾有导电尘，要用清水冲净并干燥后进行检测。

思　考　题

1. 常见塑料衬里方法有哪几种？
2. 塑料防腐蚀作业中，理论上，需要使聚丙烯塑料加工后处于哪种结晶态？为什么？
3. 三视图识读的基本规律是什么？
4. 简述阅读施工方案及施工技术操作规程的要领。
5. 原、辅料核对项目包括哪些？
6. 计量器具使用的注意事项是什么？
7. 简述容器内塑料作业的安全知识。
8. 简述聚氯乙烯、聚丙烯塑料加工的安全操作技术规程。
9. 简述聚四氟乙烯塑料加工的安全操作技术规程。
10. 简述劳动保护用品的种类和用途。
11. 塑料粘接方法有几种？
12. 塑料黏结剂有哪几种分类？
13. 常用的塑料脱脂剂有哪几种？
14. 工程上常用的热塑性塑料主要有哪几种？常用的氟塑料有哪几种？
15. 简述常用的热塑性塑料加工方法。
16. 用图解法描述等径管件弯头、正三通、圆形设备、正圆锥展开放样。
17. 简述圆盘锯、带锯、手提电锯的安全操作规程。

18. 简述塑料切割的注意事项。
19. 塑料坡口的基本类型有哪些?
20. 目前板材加热最普遍的形式有哪两种?
21. 简述常用的塑料模具的种类。
22. 简述烘板注意事项。
23. 塑料设备组对工艺检查有什么要求?
24. 简述新焊枪使用前所需拆检的工作步骤。
25. 塑料焊枪的工作原理是什么?
26. 简述塑料焊接操作过程。
27. 塑料焊枪的故障有哪些? 如何处理?
28. 简述游标卡尺的读取方法。
29. 简述千分尺的读取方法。
30. 简述电火花检漏仪的使用方法及注意事项。
31. 盛水试漏检测的周期为多长?
32. 软聚氯乙烯衬里检测电压设备和氟塑料衬里检测电压设备有什么不同?

第7章

纤维增强塑料防腐蚀作业

纤维增强塑料是以合成树脂作为胶粘剂，以纤维及其制品（纤维丝布、带、毡等）做增强材料，经过一定成型工艺制成的复合材料。由于其密度小、强度高、质地坚固，可以和钢铁相媲美，其比强度（抗拉强度与密度之比）与高级合金钢相仿，甚至更高，故又称玻璃钢。纤维增强塑料所用的合成树脂的类别又分为热固性树脂和热塑性树脂。用纤维去增强的热固性树脂（如环氧树脂、呋喃树脂、不饱和聚酯树脂等），称为热固性玻璃钢。用纤维去增强的热塑性树脂（如聚乙烯、聚烯烃、聚丁烯等），称为热塑性玻璃钢。在此，主要介绍的是热固性玻璃钢。

第1节　纤维增强塑料施工工具的准备

➢ 了解纤维增强塑料施工铺衬工具的种类和用途。
➢ 能够选用和检查纤维增强塑料施工铺衬工具。

一、刮刀、毛刷、辊筒

刮刀、毛刷、辊筒等辅衬工具的种类及用途在第3章第2节及第5章第1节中有详细介绍，此处不再赘述。

二、赶泡辊的种类和用途

赶泡辊也称消泡辊，有猪鬃辊、铝制和尼龙制消泡辊、羊毛辊等多种类型。常用的有铝制、木柄消泡辊，规格型号有25 mm×150 mm，19 mm×75 mm。

消泡辊的用途是消除衬布层的气泡。

消泡辊如图7—1所示。

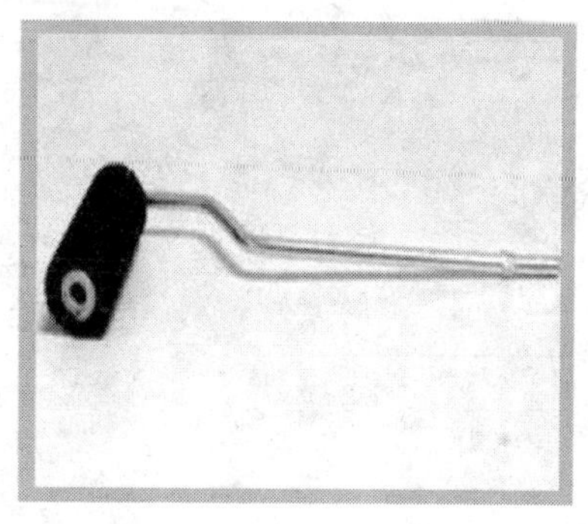

图7—1　消泡辊

技能要求

一、毛刷的选用和检查

应根据需要涂刷面积的大小、基体的不同部位和不同的合成树脂品种，来选用不同规格的硬毛刷和软毛刷。一般来说，涂刷底漆、调和漆应选用扁形或者弯柄形漆刷，涂刷清漆应选用刷毛较薄、弹性较好的扁形刷或圆形刷。

毛刷一般以鬃厚、毛齐、根硬、头软为上品，鬃毛越长越厚越耐用，刷毛直、齐、密并富有弹性，施工起来质量就好。新漆刷初用时其刷毛易脱落，因此，在涂刷油漆之前，应在1号砂布上来回砂磨刷毛头部，使其磨顺、磨齐。再蘸取少量油漆在旧的物面上来回涂刷数次，使其浮毛、碎毛脱落，以保证漆膜的美观。使用漆刷前，先检查刷毛与刷柄是否松动。如有松动，可在漆刷的铁皮固定圈上各钉几个鞋钉加固。

二、辊筒的选用和检查

绒毛辊筒的选用也应根据需要涂刷面积的大小、基体的不同部位和不同的合成树脂品种来选择。大面积、规则基体可选用250 mm辊筒，小面积、异形基体可选用150 mm、200 mm辊筒。使用辊筒前，先检查空心辊筒体转动是否灵活自如、螺母拧紧后弯曲形圆钢支架是否有4～5个外露丝扣、弯曲形圆钢支架与柄体是否松动、人造绒毛缝制是否牢固等。

三、刮刀的选用和检查

刮刀的选用主要根据基体面积的大小来选择，一般来说，刀口宽在70 mm以上的适用于满批大面积基体、衬布层表面，40 ~ 60 mm 的适用于一般面积的满批，40 mm 以下的适用于刮填洞眼和裂缝。使用刮刀前，先检查下部钢板与上口的木板槽连接是否牢固可靠。如有松动，应予以更换或加固。

四、赶泡辊的选用和检查

赶泡辊的选用主要根据衬布层面积的大小、基体的不同部位来选择，一般来说，大面积、规则基体可选用 25 mm × 150 mm 铝制、木柄消泡辊，小面积、异形基体可选用 19 mm × 75 mm 铝制、木柄消泡辊。

第 2 节　施工用料的处理

学习单元 1　纤维材料的裁剪

学习目标

- 了解裁缝剪刀的使用方法和纤维材料的存放要求。
- 能够裁剪增强纤维材料。

知识要求

一、裁缝剪刀的常识

裁缝剪刀最常用的规格有 10 寸、11 寸和 12 寸，其刀身采用高级特殊工具钢及优质软钢复合而成，经特殊的热处理，使得刀刃持久耐磨，经久耐用。

最常用的 10 寸裁缝剪刀如图 7—2 所示。

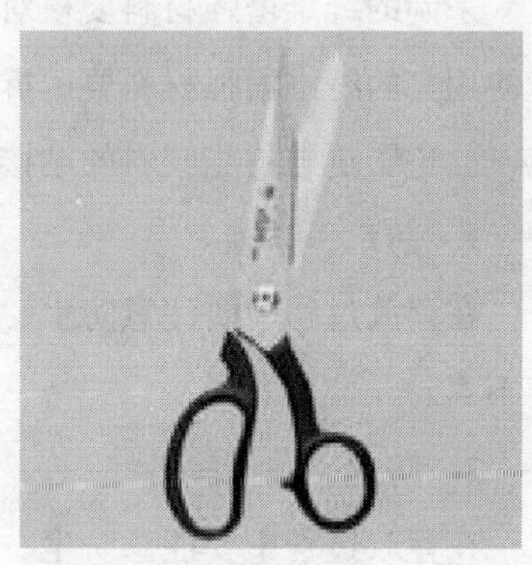

图 7—2　裁缝剪刀

1. 裁缝剪刀的选择

鉴别剪刀质量好坏的关键是看剪刀的刀刃部

位，一般只要挑选比较锋利的，没有缺口的，试剪多层布时不卷口、不夹布的就可以。上片刀刃呈直线状态，下片刀刃略显曲线。两片刀刃头部要平齐、要等宽等厚，把刀柄握在手中张合自如、不磨手，具备以上条件就可以说是一把可以用的剪刀，当然使用寿命和剪刀的材质是辨别优劣剪刀的根本标准。另外，剪刀的保养和正确使用也有很多学问。

2. 剪刀的保养

为了保持剪刀的锋利、延长剪刀的使用寿命，专用剪刀仅限于剪各类玻璃纤维布、毡料，不可用于剪纸及其他金属物品，否则很容易损坏刀刃。剪刀在衬贴布时每次使用之后要清理干净上面的树脂胶料，以免影响再次使用。磨剪刀要请专业人员进行修磨，以免造成人为的损坏。剪刀在潮湿环境下容易生锈，使用后要注意防锈，以免生锈影响外观。剪刀的刀刃之间具有精密调整的间隙，切勿用重物压刀身。由于剪刀刃锋利且轻薄，为防止出现刃部崩口，在使用前可先试剪几下薄料，使之变得柔和，且应注意避免空剪。另外，平时不使用时，应妥善保管，防止剪刀从高处跌落，造成损坏。

3. 磨刃方法

将刃斜面与磨石成 45°～50°去磨，直到磨去薄皮厚度为止，刃的另一面绝不可再磨。磨好张合时，须先用手按下刀身使合拢，然后张开，毛边自然脱落，刃则会变得十分锋利。此时再调整剪刀螺钉，使手感舒适柔和，不可太紧，以免影响使用寿命。磨好后注意防锈，为防止崩口，请先试剪几下薄料使之变得柔和。

二、纤维材料的存放要求

采购的纤维增强材料要核对其品种、规格和型号，并保持其包装完好；一次未能使用完的纤维增强材料要用拆包装时的塑料袋包好。在存放过程中要做好防护措施，以免影响与树脂胶料的粘接和玻璃钢的质量。

1. 防水、防潮

在存放过程中要注意防水、防潮，否则会使玻璃钢固化不完全、制品发软或强度不高。

2. 防尘、防污染

在存放过程中要注意防尘、防污染，否则会影响与树脂胶料的粘接，引起玻璃钢的层裂。

技能要求

一、裁剪纤维材料

（1）剪裁前根据需要，可以进行脱蜡（指有蜡布），需化学处理的要进行化学处理，不要受潮，不要受污染。

（2）裁剪纤维材料时，先将地面清扫干净，有条件时可在地面上铺一张彩条布，纤维材料要铺平，按尺寸要求放样或画线。为了保证裁剪整齐和快速，对玻璃纤维布可先在裁剪位置剪出一个 V 形口，挑出一根纱抽去，然后沿空格裁剪。还要将布侧边的毛边剪掉。

（3）简单形状的制品，可按尺寸大小直接裁剪，复杂形状的按预先制成的纸样板剪裁。

（4）可以单层剪裁也可以数层一次剪裁。工具可用裁缝剪刀，也可用其他合适的剪刀，刀口都要锋利。

（5）玻璃布的裁剪要适应产品要求的铺放方向。

（6）玻璃布要留有搭接裕量，一般为 50 mm，对壁厚要求均匀的制品可以对接。不论搭接或对接，接缝都要错开。

（7）在不影响制品要求的前提下，应尽量减少布的开剪处，并使每层的剪开部位在铺层时错开。

（8）圆锥形制品，按扇形裁剪玻璃布，然后糊制，但也要注意错缝。

（9）玻璃布的大小、形状应根据制品尺寸、性能及操作中的实际情况酌情处理。如果布块小，则接头多，强度低。因此，如果对强度要求严格，则应尽可能采用大块布施工。

（10）剪布工要把好质量关，对于潮布、霉布、污染布等不合格布，可以拒绝裁剪。

二、裁剪好纤维材料的存放

裁剪好纤维材料后，按裁布的要求检查其数量是否足够，剪裁后若不马上使用，要用塑料袋包好，或放入干燥箱（大烘箱）内，或者尽快用掉以免受潮。裁剪好的纤维材料不要折叠和受重压，以免产生皱纹（贴衬时褶皱处易产生脱层）。为便于施工，可用圆管将布卷好，使用时转动管子，逐步把布放出。

学习单元2　树脂胶料的配制

学习目标

➢ 掌握各种树脂胶料的配料组成、计量器具和配料工具的使用方法等知识。

➢ 能按照中级工和高级工的要求配制各种树脂胶料、底漆、面漆。

知识要求

一、树脂胶料的配料组成

1．树脂底漆

（1）环氧树脂底漆。由环氧树脂、稀释剂、固化剂组成。

（2）打底专用底漆。由A组分环氧树脂漆和B组分固化剂组成。

2．树脂胶料

（1）环氧树脂类。环氧树脂类胶料由环氧树脂、固化剂、稀释剂、耐蚀粉料组成。环氧树脂的固化剂应优先选用低毒的T31固化剂，也可采用乙二胺等各种胺类固化剂。环氧树脂的稀释剂宜采用丙酮、无水乙醇、二甲苯等非活性稀释剂，也可采用正丁基缩水甘油醚、苯基缩水甘油醚等活性稀释剂。耐蚀粉料常用石英粉、长石粉、瓷粉等。

（2）不饱和聚酯树脂类。不饱和聚酯树脂类胶料由不饱和聚酯树脂、引发剂、促进剂、交联剂、耐蚀粉料和颜料组成。不饱和聚酯树脂的引发剂可选用过氧化甲乙酮二甲酯溶液、过氧化环己酮二丁酯糊、过氧化二苯甲酰二丁酯糊。不饱和聚酯树脂的促进剂可选用环烷酸钴苯乙烯溶液或N，N－二甲基苯胺苯乙烯溶液。不饱和聚酯树脂的稀释剂应为苯乙烯溶液。当纤维增强塑料有色彩要求时，在树脂胶料中可添加对其无阻聚作用的颜料，如钛白粉、钛菁兰、中铬黄、钛菁绿等。

（3）乙烯基酯树脂类。乙烯基酯树脂类胶料由乙烯基酯树脂、引发剂、促进剂、交联剂、耐蚀粉料和颜料组成。乙烯基酯树脂的引发剂、促进剂、交联剂、耐蚀粉料和颜料等与不饱和聚酯树脂类胶料相同。

（4）呋喃树脂类。呋喃树脂类胶料由呋喃树脂、玻璃钢粉或固化剂、耐蚀粉料组成。其中：糠醇糠醛型呋喃树脂胶料由糠醇糠醛型呋喃树脂、已混入酸性固化剂的玻璃钢粉组成；糠酮糠醛型呋喃树脂胶料由糠酮糠醛型呋喃树脂、苯磺酸型固化剂、石英粉或石墨粉拌和而成。

（5）酚醛树脂类。酚醛树脂类胶料由酚醛树脂、固化剂、稀释剂、耐蚀粉料组成。酚醛树脂的固化剂应优先选用低毒的萘磺酸类固化剂，也可选用苯磺酰氯等固化剂。酚醛树脂的稀释剂应采用无水乙醇。

二、计量器具的使用规范

1. 台秤

包括机械台秤（TGT—50 型、TGT—100 型）、电子台秤。

电子台秤的示意图如图 7—3 所示。

（1）使用前的注意事项

1）使用前，先将机械台秤内外的包装去掉后放在平坦而坚硬的地面上，四轮同时着地，防止整体倾斜，影响计量。

2）使用台秤前，应将承重板摇动一下，使承重板刀刃与刀承接触良好，同时检查计量杠杆是否有变形，然后将砣挂置于计量杠杆零点环（游砣移到“0”位），如不平衡，旋动调整螺杆，使空秤达到平衡。

（2）使用方法

图 7—3　电子台秤

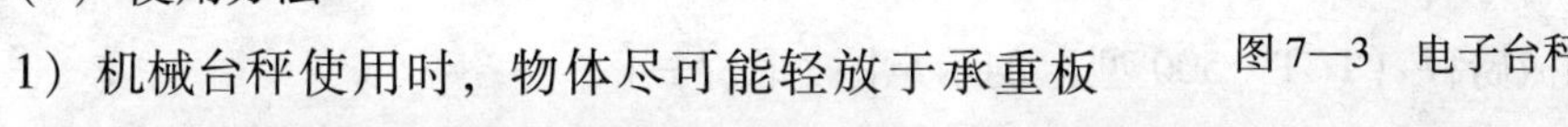

1）机械台秤使用时，物体尽可能轻放于承重板上，切勿猛击放置。并在每次使用后卸下部件，以免损坏刀刃。

2）如连续使用机械台秤，在一定的次数时后，要检查空秤是否平衡，以保证计量的准确。

3）使用机械台秤过程中，除校对空秤外，也不能在砣上挂任何东西，否则影响秤计量的准确性。

4）使用时为了避免机械台秤秤体的损坏，必须注意衡量物体最大质量，不得超过机械台秤的称量示值。

5）在台秤上加载时应从垂直方向加载；加载时物体要小心轻放，避免物体冲击秤台台面。

6）电子台秤严禁超载，在加载时物体尽量放置在秤台的中间位置。如果重物放置在边缘位置可能导致秤台变形或计量不准。

7）被秤量的物品应对秤台台面无腐蚀性，否则应有防腐措施。

8）较小秤量的台秤应放置在较高的位置，防止有人站上秤台造成传感器损坏。

9）安放台秤的地面应尽量平整或将台秤调水平，以保证计量精度。

（3）机械台秤维护事项

1）由于台秤经过较长时期的使用后，各刀刃和刀承环等受到了一定磨损和疲劳，准确性和灵敏性就会相应降低，因此机械磅秤必须定期检查校准，在一般情况下半年或一年检修一次，增砣至少每年检定一次。

2）视准器要保持干燥清洁，勿使液体物质和尘垢留在视准框及各刀承内。磅秤吊环应该保持清洁，以免影响灵敏性（增砣也应同样注意，以免失去原有的准确性）。

3）游砣要保持完整，不得任意卸下。

4）在搬运过程中，严防撞击，绝不允许扛抬计量杠杆，否则会造成秤体和部件损坏及计量杠杆变形，从而影响机械磅秤精度。

5）不要将机械磅秤放在露天环境下，也不应该将磅秤与腐蚀物品放在一起，以免部件受腐蚀，影响使用寿命。

2. 磅秤

包括机械磅秤和电子磅秤。机械磅秤包括 TGT—200 型、TGT—500 型和 TGT—1000 型等规格型号。电子磅秤有 TGT—1000 型、TGT—2000 型等多种规格。

机械磅秤（TGT—500 型）的示意图如图 7—4 所示。

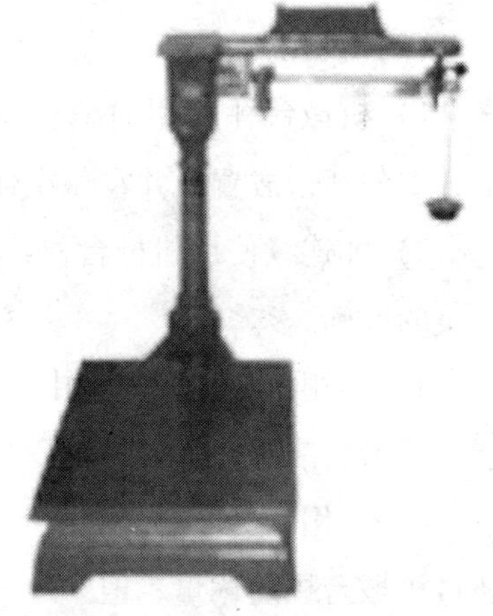

图 7—4　机械磅秤

（1）使用前的准备工作

1）将机械磅秤的包装物品全部拆除进行清洁处理后，检查所有零部件是否丢失和损坏，如果机械磅秤的秤体和主柱是拆开分别包装的，应先将主柱与秤体安装好。

2）机械磅秤应放置在平坦的地面上，应使秤的轮子与底面落实，无悬空现象。秤体放置不能有倾斜现象。

3）将游砣移至计量杠杆的零点。计量杠杆在视准器内应摆动均匀正常，如计量杠杆摆动偏上或偏下、不平衡时，可旋转调整螺杠（调整砣），调至计量杠杆摆动平衡为止。

4）如计量杠杆摆动不正常、承重板不灵活，则掀起承重板检查内部零件刀刃与刀承接触是否良好。

（2）使用维护和保养方法

1）称量物品时，切不可猛烈放置，以免损坏秤的零件，每次称量时，应尽量将物品放置在承重极（盘）的中央位置。

2）称量物品时，如物品质量超过计量杠杆的标量，则在砣挂上加放相应的增砣，使计量杠杆平衡后，其物品的质量等于游砣在计量杠杆的标量与砣挂上的增砣的标量之和。

3）每次称重量时，不应超过秤的最大称量，以免零件或部件受到损坏。

4）相同比率的砣，可以互换使用，但砣挂不能互换使用。

5）秤使用完后，应放置在干燥清洁的地方，严防受潮，不要与具有腐蚀性的物品放在一起。

6）秤不应任意拆卸修埋，刀刃和刀承不要加油或用砂布、锉刀打磨。

3. 量筒、量杯

量筒和量杯是用于量取液体体积的玻璃仪器，量筒是管状，刻度均匀（量筒粗细均匀），量杯刻度越往上越密（量杯下窄上宽）。量筒和量杯外壁上有刻度。规格以所能量度的最大容量表示，常用的有 10 mL、25mL、50 mL、100 mL、250 mL、500 mL、1 000 mL 等。外壁刻度都是以 mL 为单位。10 mL 量筒每小格表示 0.2 mL，而 50 mL 量筒每小格表示 1 mL。可见量筒越大、管径越粗，其精确度越小，由视线的偏差所造成的读数误差也越大。所以，使用中应根据所取溶液的体积，尽量选用能一次量取的最小规格的量筒。量筒没有 0 刻度，0 刻度即为其底部。一般起始刻度为总容积的 1/10 或 1/20。例如，10 mL 量筒一般从 0.5 mL 处才开始有刻度线，所以，使用任何规格的量筒都不能量取小于其标称体积数的 1/20 以下体积的液体，否则误差太大。应该改用更小的合适量筒量取。

量筒、量杯的示意图如图 7—5 所示。

（1）量筒的使用方法

1）把液体注入量筒。向量筒里注入液体时，应用左手拿住量筒，使量筒略倾斜，右手拿容器，使容器口紧挨着量筒口，使液体缓缓流入。待注入的量比所需要的量稍少时，把量筒放平，改为一滴一滴地滴加到所需要的量。

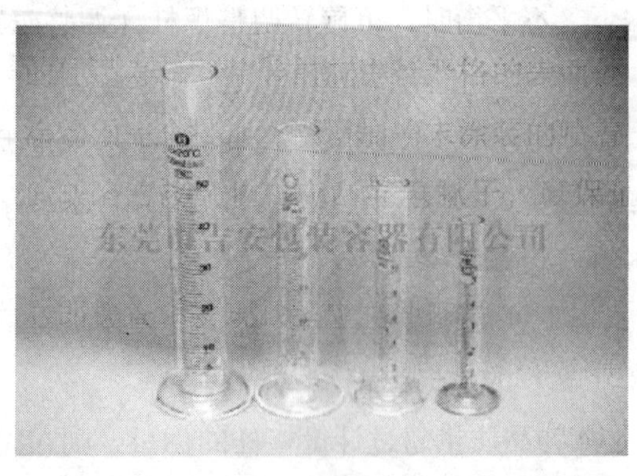

a)

b)

图7—5　量筒、量杯

a）量筒　b）量杯

2）读数。注入液体后，等1～2 min，使附着在内壁上的液体流下来，再读出刻度值。否则，读出的数值偏小。读数时，应把量筒放在水平的桌面上，使视线和液体凹液面的最低点在同一水平面上，读取和凹面相切的刻度即可。不可用手举起量筒看刻度。

（2）使用量筒的注意事项

1）用量筒量取液体体积是一种粗略的计量法，所以在使用中必须选用合适规格的量筒。不要用大量筒计量小体积，也不要用小量筒多次量取大体积的液体，否则都会引起较大的误差。如量取15 mL的液体，应选用容量为20 mL的量筒，不能选用容量为50 mL或100 mL的量筒。

2）量取液体应在室温下进行。量筒面上的标称刻度是指室内温度在20℃时的体积数，温度升高，量筒发生热膨胀，容积会增大。量筒是厚壁容器，绝不能用来加热或量取热的液体，也不能在其中溶解物质、稀释和混合液体，更不能用做反应容器。

3）从量筒中倒出液体后是否用水冲洗要视具体情况而定。如果是为了使所取的液体量更准确，那么用水洗涤后并把洗涤液倒入所盛液体的容器中是不必要的，因为在制造量筒时已经考虑到有残留液体这一点。相反，如果洗涤反而使所取体积偏大。如果是用同一量筒再量别的液体，就必须用水冲洗干净并干燥，以防止相互污染。

4）量筒一般只能用于要求不是很严格时使用，通常可以应用于定性分析和粗略的定量分析实验，精确的定量分析是不能使用量筒进行的，因为量筒的误差较大，此时可用移液管或滴定管来代替。

5）10 mL 的量筒一般不需读取估读值。因为量筒是粗量器，并且又是量出仪器，在倒出所量取的液体时，总会有 1 ~ 2 滴（1 滴相当于 0.05 mL）附着在内壁上而无法倒出，其相差的体积大小已经和其最小刻度差相同，所以估读值再准确也无多大意义，只需读取到 0.1 mL。规格大于 10 mL 的量筒一般需要读取估读值，若不读取，误差反而更大。因此，无论多大规格的量筒，一般读数都应保留到 0.1 mL。

6）量筒和量杯属于易碎量具，使用时，一方面要严格执行操作规则，另一方面要做到轻拿轻放、细心耐心，养成爱护仪器的好习惯。

三、配料工具的使用规范

1. 搅拌机

采用机械拌制胶料时，可选用手持电动式搅拌机，或采用手提电钻改装的简易搅拌装置（在前面接上搅拌棒）。使用时首先检查配件是否齐全，把搅拌棒旋紧在电机夹头上，根据要求调整好容器的高度，再接通电源，打开电源开关，为了确保安全，一定要用接地线，使用时应保持清洁干燥。

手持电动式搅拌机的示意图如图 7—6 所示。

电动搅拌机的使用注意事项如下：

（1）使用时如发现有搅拌棒不同心、搅拌不稳的现象，请重新调整，旋紧夹头，使搅拌同心，然后再开机搅拌。

（2）使用时如电源不通，请检查一下电源线电源插头是否有脱落现象，或保险丝是否烧断，如无以上状况，请返厂家修理。

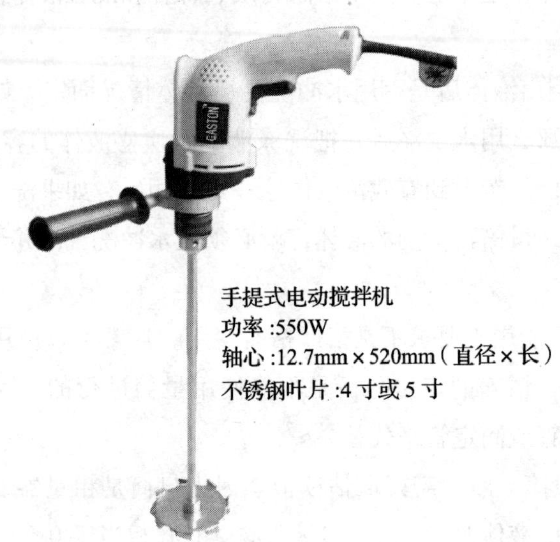

图7—6　手持电动式搅拌机

（3）使用时不宜装料过多；搅拌棒不能接触容器底部；使用时间过长、电机有发热烫手现象时应暂停使用，以免烧坏电机。

2. 搅拌棒

配制胶料采用人工搅拌时，可选用搅拌棒搅拌，搅拌棒可选用木棒、竹棒等，搅拌棒要求干燥、洁净，不得粘有灰尘、泥土等杂质，以免污染胶料。

技能要求

一、准备配料器具

先准备好配料工具，如台秤（TGT—100 型）、磅秤（TGT—500 型）、容器、量具（100 mL 、250 mL 各两只）、手持式电动搅拌机、木制搅拌棒、输送工具。配料场地和器具的不清洁不仅影响纤维增强塑料的外观，还直接影响其内在质量。因此，在施工过程中，必须保持配料现场和配料器具的清洁。

二、准备原材料

将各种树脂、固化剂（或引发剂和促进剂）、稀释剂、填料等原材料转运到配料现场，放好备用。

三、配制施工用料

1. 配合比的确定（见表 7—1 至表 7—4）

表 7—1　环氧树脂胶料、胶泥的配合比（质量比）

用途 \ 材料名称		环氧树脂	丙酮	T31	矿物颜料	填料	撒布骨料
树脂胶料	混凝土基层封底	100	40～100	10～25	—	0～20	0～50
	钢材基层封底		30～50				
	贴玻璃纤维布等		10～20				
树脂胶泥	贴玻璃纤维布	100	10～20	10～25		0～100	—
	表面修补及面层		10～20		0～2	50～200	—

表 7—2　乙烯基酯树脂、不饱和聚酯树脂胶料、胶泥的配合比（质量比）

用途 \ 材料名称		树脂	引发剂	促进剂	交联剂	颜料	填料	撒布骨料
树脂胶料	封底料	100	2～4	0.5～4	0～15	0～2	0～15	0～50
	贴玻璃纤维布及封面料				—		0～50	
树脂胶泥	贴玻璃纤维布						0～15	—
	表面修补及面层						200～350	

表 7—3　呋喃树脂胶料的配合比（质量比）

用途 \ 材料名称	呋喃树脂	玻璃钢粉	固化剂	丙酮	石英粉
封底料	同环氧树脂封底料				
糠醇糠醛型呋喃树脂类（YJ、XLZ 型）	100	30～50			
糠醇型呋喃树脂类（FC 型）	100		5～12	5～15	0～20
糠酮复合型呋喃树脂类（XF—6）	100		8～12	5～8	0～20

表 7—4　酚醛树脂胶料的配合比（质量比）

用途 \ 材料名称		酚醛树脂	稀释剂	低毒酸性固化剂	苯磺酰氯	石英粉
封底料		同环氧树脂、不饱和聚酯树脂封底料				
修补料		同环氧树脂、不饱和聚酯树脂修补料				
树脂胶料	衬布胶料	100	0～15	6～10	（8～10）	0～20
	面层胶料					

乙烯基酯树脂类胶料的配制与不饱和聚酯树脂胶料、胶泥的配合比相同。

2. 配制环氧树脂类施工用料

（1）环氧树脂胶料的配制。将环氧树脂用非明火预热至40℃左右，与稀释剂按比例加入容器中，搅拌均匀并冷却至室温，配制成环氧树脂液备用。使用时，根据需要量称取定量的环氧树脂液，按比例加入固化剂搅拌均匀，即制成环氧树脂胶料。配制面层料时则应少加或不加粉料。当有颜色要求时，应将色浆或用稀释剂调匀的矿物颜料浆加入到环氧树脂液中，混合均匀。

（2）环氧树脂胶泥料的配制。称取一定量的环氧树脂胶料，在其中加入粉料，搅拌均匀，制成胶泥料。如固化速度快或初凝时间短，也可在环氧树脂中先加粉料拌匀，使用前再加固化剂。

（3）注意事项

1）环氧树脂和固化剂之间发生的作用是放热反应，配制量过大时不易散热，从而引起固化太快。因此，胶料不要大量配制，每次依施工进度随配随用，在初凝期（一般为30～45 min）内用完。

2）固化剂要逐渐倾入并不断搅拌，如发现胶料温度过高，可将配料桶放入装有冷水的容器中冷却，防止局部过热固化。

3）撒布骨料主要用于整体砂浆。施工前撒布于隔离层表面。

4）由于树脂类原材料是易燃、易爆物品，因此，配制时应做好安全防范措施，注意防火、防爆、防中毒。

3. 配制不饱和聚酯树脂类施工用料

（1）不饱和聚酯树脂胶料的配制。不饱和聚酯树脂胶料配合比见表7—2。将不饱和聚酯树脂按需要量称取并加入容器内，按比例与促进剂混匀，再加入引发剂混匀，即配制成不饱和聚酯树脂胶料。配制封底料时，可先在树脂中加入交联剂，再按上述步骤操作。也可以调整顺序先加入引发剂，再加入促进剂，但引发剂和促进剂不得直接混合，也不能同时加入，以免引起爆炸。当有颜色要求时，应将色浆或用稀释剂调匀的矿物颜料浆入到不饱和聚酯树脂中，混合均匀。当采用不饱和聚酯树脂胶料封面时，最后一遍的封面树脂胶料中应加入苯乙烯石蜡液。

（2）不饱和聚酯树脂胶泥的配制。称取一定量的不饱和聚酯树脂胶料，按比例加入粉料进行搅拌即制成不饱和聚酯树脂胶泥料。配制面层用料时则应少加或不加粉料。需作彩色面层时，再在面层胶泥中加入一定量的无机颜料、染料。但是不能加对树脂有阻聚作用或促进作用的颜料、染料等。有时环境温度过高，容易引起固化速度快，此时，可采用最后加引发剂的方法。撒布骨料主要用在隔离层表面，其后道工序一般是砂浆层构造。

（3）注意事项

1）加料时应当先加促进剂、后加固化剂，即先钴后酮，绝不能同时加入，加入前者搅拌均匀后再加入后者。

2）搅拌时速度要慢，特别是配小料，否则空气混入后会给产品带来气泡。用于促进剂或固化剂的工具、容器要严格分开，不准共用。

3）树脂和引发剂的作用是放热反应，配制量过大不易散热，因此，切记不要大量配制胶液，每次依施工进度确定配制量，随配随用。

4）配制的胶液要在初凝期（一般为 30 ~ 45 min）内用完。施工过程中发现凝胶、结块等现象不得继续使用。

5）树脂胶泥配制宜用机械搅拌，当用量不大时，也可人工拌和，但必须搅拌均匀。

4. 配制乙烯基酯树脂类施工用料

配制乙烯基酯树脂类施工用料与配制不饱和聚酯树脂类施工用料相同。

5. 配制呋喃树脂类施工用料

呋喃树脂类施工用料配合比见表 7—3。对糠醇糠醛型呋喃树脂施工用料：先准确称量糠醇糠醛型呋喃树脂、玻璃钢粉，将玻璃钢粉按比例与糠醇糠醛树脂的玻璃钢粉混合，搅拌均匀，即制成玻璃钢胶料。将玻璃钢粉按比例与糠醇糠醛树脂的胶泥粉混合，搅拌均匀，即制成胶泥料。对糠酮糠醛型呋喃树脂施工用料：先准确称量糠酮糠醛型呋喃树脂、固化剂、填料，将糠酮糠醛型呋喃树脂与苯磺酸类固化剂混合，搅拌均匀，制成糠酮糠醛型呋喃树脂胶料。在配制成的糠酮糠醛型呋喃树脂胶料中加入粉料，搅拌均匀，制成胶泥料。

6. 配制酚醛树脂类施工用料

酚醛树脂类胶料配合比见表 7—4。称取定量的酚醛树脂，加入无水乙醇稀释剂搅拌均匀，再加入萘磺酸类固化剂搅拌均匀，制成树脂胶料。在配制成的树脂胶料中，加入粉料搅拌均匀，制成胶泥料。配制胶泥时不宜加入稀释剂。

配制好的各种树脂施工用料应迅速送到施工现场，并保证在初凝时间内用完。由于树脂类原材料都是易燃、易爆物品，因此，配制时应做好安全防范措施，注意防火、防爆、防中毒。

第3节 施工操作

学习目标

➢ 掌握纤维增强塑料施工工具的使用方法和腻子的配料组成等知识。

➢ 能按照中级工和高级工的要求涂刷底漆、刮抹腻子。

知识要求

一、施工工具的使用规范

1. 毛刷

操作时一般采用直推法，用手的拇指、食指和中指紧捏刷柄下部，拇指捏正面，食指和中指捏背面。毛刷在手中不能有松动的现象，操作时靠手腕来回运动来带动毛刷，涂刷时手要从轻到重地运动，必要时可配合手臂和身体的移动。

使用完毕的毛刷要妥善保管。毛刷用过以后要及时用有机溶剂将其清洗干净，再用肥皂水揉搓，并用清水漂洗干净后晾干。如不清洗或者清洗不彻底，毛刷上残留的胶料固化后会使毛刷报废。

2. 辊筒

辊涂前，新辊筒需用与树脂胶料相适应的稀料浸湿。然后，在废报纸或干净墙面上辊去多余的稀料。这样便于树脂胶料的初次吸附，同时也便于辊筒的清洗。辊筒蘸取树脂胶料时，将干净的辊筒浸入装有树脂胶料的灰桶内，待其吸入适量的胶料后，即可在工作面辊涂。先水平方向辊涂，随着辊筒上的胶料减少，滚动速度可以适当加快，待辊筒上的涂料胶料基本用完，再垂直方向滚动，把厚薄不匀的胶料赶平，至涂布脊梁为止。如需光泽好，可再用鬃刷子轻刷一遍。

使用后的辊筒应及时清洗，这样不但便于清洗，还使筒套不易变形，延长辊筒的使用寿命。清洗时，先将辊筒在旧报纸上辊压，把辊筒内剩余的胶料除掉，再在托盘内放些适合的溶剂或清洗剂，将辊筒浸入溶剂或清洗剂中摇动，让溶剂或清洗剂渗入筒套的绒毛中，然后取下筒套，将溶剂或清洗剂挤去后，放在清水中漂洗至没有颜色为止，并用清水将辊筒冲洗干净。将洗净的筒套放回筒芯上，在平面上快速滚动擀去水分使筒套上的绒毛变松，以便恢复到原来的形状，最后将辊筒挂起晾干。

3. 刮刀

刮刀的使用及用后养护在第 3 章第 2 节中有详细介绍，此处不再赘述。

二、腻子的配料组成

1. 环氧树脂类

环氧树脂类腻子由环氧树脂、稀释剂、固化剂、填料组成，其施工配合比（质量比）为：环氧树脂: 丙酮: T31: 填料 = 100:（10 ~ 20）:（10 ~ 25）:（150 ~ 200）。

2. 不饱和聚酯树脂类

不饱和聚酯树脂腻子由不饱和聚酯树脂、引发剂、促进剂、填料组成，其施工配合比（质量比）为：不饱和聚酯树脂: 引发剂: 促进剂: 填料 = 100:（2 ~ 4）:（0.5 ~ 4）:（150 ~ 200）。

3. 乙烯基酯树脂类

乙烯基酯树脂类腻子的组成和配合比与不饱和聚酯树脂类腻子相同。

4. 呋喃树脂类

呋喃树脂腻子可由呋喃树脂和呋喃胶泥粉配制，其配合比（质量比）为：呋喃树脂: 呋喃胶泥粉 = 100:（200 ~ 250）。

技能要求

一、底漆的涂刷与养护

1. 涂刷底漆

完成对钢铁基体和混凝土基体的检查和处理后，应涂刷底漆。底漆要求与基体黏结力强。如果贴衬酚醛或呋喃树脂玻璃钢，因固化剂是酸性固化剂，对金属或混凝土有腐蚀作用，必须涂刷无酸性固化剂底漆。一般采用环氧树脂底漆。环氧树脂底漆配合比见表 7—1。打底时，用毛刷或辊筒蘸取底漆在基体表层上均匀涂刷 2 次，每次涂刷厚度约 0.1 mm，其间应自然固化 24 h 以上。

2. 养护底漆

第二遍底漆涂刷完后，应在常温条件下固化 24 h 以上，固化时应做好成品保护工作，防止人员践踏和雨水浸湿。

二、刮抹腻子

1. 配制腻子

各种树脂类腻子的参考配合比见本节知识要求的腻子的配料组成。腻子的配制方法见本章第2节学习单元2，其配制方法与胶泥料配制方法相同。

2. 刮抹腻子

底漆完全固化后，对基体表面或焊缝处的不平整凸凹处，应用刮刀嵌刮腻子，予以刮平或抹成圆弧过渡，对基体阴角处也应抹成圆弧过渡，其曲率半径 R 为 5 ~ 10 mm。腻子不宜嵌刮太厚，否则易出现龟裂。

3. 修理腻子

腻子固化后应平整光滑，不应有毛刺、瘤结。否则，应予以修理，用砂布打平。

第4节　后　处　理

学习目标

- 了解各种清洗剂的特性。
- 能清洗施工工具。

知识要求

常用清洗剂的种类和特性在第2章第2节中有详细介绍，此处不再赘述。

技能要求

一、选择清洗剂

根据树脂的性质和清洗剂的特点选用清洗剂，一般选用有机溶剂和碱液一起清洗。丙酮的溶解能力强，但价格贵；二甲苯的溶解能力中等，但价格便宜。

二、浸泡、清洗工具

将工具放入有机溶剂中浸泡、摇动，用有机溶剂将其洗干净，再用肥皂水揉搓，并用清水多次漂洗干净。

三、工具干燥处理

工具洗净后置于阴凉处风干。

四、注意事项

由于树脂类原材料和有机溶剂都是易燃、易爆物品，因此，清洗时应做好安全防范措施，注意防火、防爆、防中毒。

第 5 节　质　量　检　查

- 了解混凝土基体表面的缺陷现象和钢基体表面的缺陷现象。
- 能检查混凝土基体和钢基体表面的缺陷。

一、混凝土基体表面的缺陷现象

1. 起砂

地面表面粗糙，不坚固，使用后表面出现水泥灰粉，随走动次数增多而增多，砂粒逐步松动，露出松散的砂子和水泥灰。

2. 脱壳

水泥砂浆找平层与混凝土基体之间没有粘接住，已脱开，产生空鼓，用小锤敲击有空鼓声，严重时会开裂甚至剥落，影响使用。

3. 裂缝

（1）混凝土表面出现有一定规律的裂缝，有的板类构件甚至上下贯通。

（2）混凝土表面出现无规律的龟裂，且随时间推移不断发展。

（3）大体积混凝土纵深裂缝。

4. 蜂窝

混凝土局部缺浆、石子多，形成蜂窝状的孔洞。

5. 麻面

混凝土表面局部缺浆粗糙，有许多小凹坑。

二、钢基体表面的缺陷现象

1. 焊瘤和夹渣

在焊接过程中，熔化金属流淌到焊缝以外未熔化的母材上所形成的金属瘤以及焊渣残留于焊缝中的现象。

2. 毛刺

是指工件表面极细小的显微金属颗粒，这些颗粒被称为毛刺。它还包括工件的锐边，如尖角、锐角、棱边。它们是在金属切割、磨削、铣削及其他类似的切削加工过程中形成的。

技能要求

一、检查混凝土基体表面质量

1. 目测基体表面质量

对照上述混凝土基体缺陷现象，肉眼观察检查基体表面是否有起砂、脱壳、裂缝、蜂窝、麻面等缺陷。

2. 用工具检查基体表面强度

对混凝土基体强度的检测目前常见的可使用混凝土强度测定仪、回弹仪等，定量给出实测指标，也有的用钢丝刷轻拉表面看是否起砂来间接判断混凝土表面强度。

二、钢基体表面缺陷的检查

1. 目测基体表面质量

对照上述钢基体表面缺陷现象，肉眼观察基体表面是否有焊瘤和夹渣、毛刺缺陷。

2. 用工具检查焊缝表面强度

使用超声波探伤仪对焊缝进行无损检测。

思考题

1. 铺衬施工中的涂胶工具有哪些？怎样使用？
2. 铺衬施工中的赶泡工具有哪些？怎样使用？
3. 纤维材料的存放要注意哪些事项？
4. 怎样确定纤维布裁剪的尺寸？
5. 简述各类树脂胶料的配料组成。
6. 简述各类树脂胶料的配制方法。
7. 简述各类树脂腻子的配制方法。
8. 涂刷底漆的施工工序是什么？
9. 请指出3种清洗剂。
10. 溶剂类清洗剂应注意哪些安全事项？
11. 混凝土基体表面容易有哪些缺陷？
12. 钢基体表面容易有哪些缺陷？
13. 怎样检测混凝土基体表面质量？

第 8 章

金属喷涂防腐蚀作业

第 1 节　准 备 工 作

学习单元 1　识读施工方案及操作规程

学习目标

- 掌握施工方案的识读要领。
- 能够看懂操作规程。

知识要求

一、识读选择标准

包括喷砂除锈标准、金属喷涂标准、封闭标准及检测标准等。应根据环境对防腐的要求而选用相应的标准。

二、识读金属喷涂施工工艺

施工工艺是由多道工序组成的，一个完整的金属喷涂工艺应包含下列工序：搭设脚手架→喷砂除锈→检查→金属喷涂→检查→封闭→检查→拆除脚手架等。

三、识读施工设备的配置

为了达到选择标准的要求，施工设备的配置就变得非常重要，对于高的标准，必须配置好的设备，否则就很难达到所选标准的要求，如喷砂除锈，待喷涂的金属表面，一般选用清洁度为 Sa3、粗糙度为 G3 级的除锈标准，压缩空气系统必须采用压缩机和冷冻干燥机的组合配置，否则就达不到所选标准的要求。

四、识读检测仪器的选择

不同的检测仪器精度和作用往往相差很大，如涂层附着力的检测，就有划格法和拉开法，划格法是使用划格器来进行测量的，只能定性地测得附着力的好坏，无法定量测出附着力大小，而拉开法是使用拉伸器来进行测量的，可定量地测得附着力的大小。

五、识读封闭层的养护要求

封闭层需要一定的时间来养护，其养护期的长短与环境温度和相对湿度有着很大的关系，在相同的相对湿度下，一般环境温度越高，养护期越短，如用环氧树脂作为封闭层，相对湿度为 80%，其在不同环境温度下的养护期见表 8—1。

表 8—1　　　　环氧树脂封闭层的养护期

环境温度（℃）	养护期（h）
30	48
20	72
10	120
5	240
<5	不能固化，需加热

六、识读安全与环保要求

安全与环保必须在施工方案中体现出来，安全包括人身安全和设备安全。环保则是在施工的全过程都必须注意的。

技能要求

一、读操作规程

1. 金属喷涂

（1）阅读金属喷涂设备操作规程。

（2）阅读空气压缩设备操作规程。

（3）检查喷涂材料。

（4）检查金属喷涂时的安全器材和劳保用品。

2. 封孔

（1）阅读封孔剂的操作规程。

（2）了解封孔剂中各种化学品的性能及危险品的使用知识。

（3）检查封孔时的安全器材和劳保用品。

二、注意事项

1. 施工方案的完整性

施工方案应包括施工标准、金属喷涂施工工艺、施工设备的配置、检测仪器、封闭层的养护及安全与环保等。

2. 操作规程内容的完整性

操作规程应包括金属喷涂设备操作规程、压缩空气设备操作规程及封孔剂的操作规程等。

学习单元2　施工工件的原始尺寸及原始表面状态

学习目标

➤ 了解施工工件的原始尺寸。

➤ 能熟悉施工工件的原始表面状态。

知识要求

一、施工工件的原始尺寸

1. 外形尺寸

包括长、宽、高、直径等。

2. 工程量

包括面积、体积等。

二、原始表面状况

1. 焊缝

（1）检查是否平整、光滑。

（2）检查是否有焊渣。

（3）检查是否有裂纹。

（4）检查是否有漏焊。

2. 锈蚀等级

将施工工件按照 GB/T 8923. 1—2011，对照锈蚀等级 A、B、C、D 图片，判断其锈蚀等级。

锈蚀等级共分为 4 级，锈蚀等级 A 级钢板氧化膜完好，腐蚀轻微，锈蚀等级 D 级钢板锈蚀严重且有蚀坑。

3. 污染程度

检查施工工件上有无油污、油脂、盐分等，若有明显的油污、油脂及盐分等，则在表面处理前必须先进行清洗，去除油污、油脂及盐分等，以保证涂层质量。

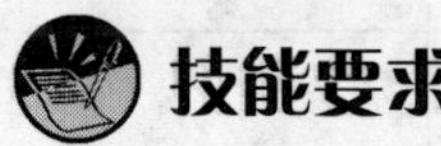

技能要求

一、施工工件原始尺寸的测量及记录

1. 直径的测量

大型工件直径的测量一般用卷尺。

小型工件直径的测量一般用游标卡尺。

2. 高度（长度、宽度）的测量

大型工件高度（长度、宽度）的测量一般用卷尺。

小型工件高度（长度、宽度）的测量一般用游标卡尺。

二、收集储罐沉降试验数据

储罐沉降试验主要收集储罐底部钢板中央与基础的间隙数据。该数据是甲方在进行储罐沉降试验时获取的，可向甲方索要。

间隙过大会对涂层有不好的影响。因间隙过大，储罐内有物料时，底部钢板中央下沉，与基础无间隙，当储罐内无物料时，底部钢板中央向上弹起，与基础有间隙，这样随着储罐内物料的不断变化，底部钢板中央也在不断地进行弹性变形，从而影响涂层的寿命。

三、填写原始记录表

施工原始记录表的样式见表 8—2。

表 8—2　　原始记录表

<table>
<tr><td colspan="2" rowspan="3">设备/工程名称</td><td>施工单位</td><td colspan="2"></td></tr>
<tr><td>施 工 员</td><td colspan="2"></td></tr>
<tr><td>检 验 员</td><td colspan="2"></td></tr>
<tr><td>图号</td><td></td><td>日期</td><td colspan="2"></td></tr>
<tr><td>施工文件号</td><td></td><td>施工部位</td><td colspan="2"></td></tr>
<tr><td>长×宽×高（mm×mm×mm）</td><td>直径</td><td>面积 m²
体积 m³</td><td>焊缝（锈蚀等级）</td><td>污染程度（沉降试验数据）</td></tr>
<tr><td></td><td rowspan="8"></td><td rowspan="8"></td><td></td><td></td></tr>
<tr><td></td><td></td><td></td></tr>
<tr><td></td><td></td><td></td></tr>
<tr><td></td><td></td><td></td></tr>
<tr><td></td><td></td><td></td></tr>
<tr><td></td><td></td><td></td></tr>
<tr><td></td><td></td><td></td></tr>
<tr><td></td><td></td><td></td></tr>
</table>

四、注意事项

（1）施工工件原始尺寸要完整

（2）储罐沉降试验数据要可靠

学习单元 3　原、辅料的领取及储存

学习目标

➢ 了解原、辅料的性能。

➢ 能够学会原、辅料的领取程序。

知识要求

一、原、辅料的领取知识

根据工程材料预算，领取原、辅料。领取原、辅料须核对以下内容：

1. 分类、规格、型号及物化性能

（1）材料的分类

材料的分类可按照工艺用途、形态及物化性能来分。

1）按照工艺用途分可分为表面处理用、金属喷涂用、封孔用、检测用等。

2）按照形态分可分为丝材类、颗粒类、液体类、固体类等。

3）按照物化性能来分可分为危险品类、非危险品类。

（2）材料的规格、型号

领料时须仔细核对材料的规格、型号，防止错领。

（3）材料的物化性能

领料时还须了解材料的物化性能，对危险品材料的运输、存储、保管及使用知识都必须了解，防止发生中毒、爆炸、燃烧及腐蚀等事故。

2. 品牌、出厂合格证及检验报告

领料时必须仔细核对材料的品牌、出厂合格证及检验报告。出厂合格证及检验报告必须存档保管，工程竣工后以复印件的形式作为竣工报告的附件交给业主。

二、原、辅料的储存

1. 按照原、辅料的物化性能储存

对危险品材料的储存要做到安全、通风，要有防火设施、防爆装置，确保消防通道畅通，要有专人保管。

2. 按照施工顺序储存

按照施工顺序储存，即脚手架材料放在最外面，向里依次存放喷砂材料、金属喷涂材料、封闭材料等。

技能要求

一、领取原、辅材料

1. 领料程序

（1）看材料预算表。

（2）填写领料单。

（3）领导签字。

2. 核对

核对内容如下：

（1）规格。

（2）型号。

（3）品牌。

（4）出厂合格证。

（5）检验报告。

二、存放

（1）材料存库。

（2）出厂合格证及检验报告存档。

三、注意事项

注意危险品的存放。

学习单元 4　机具准备

学习目标

➤ 了解机具的保养知识。

➤ 掌握机具的检查和机具的试运转。

知识要求

一、喷射除锈机具的保养

1. 压缩空气设备的保养

(1) 活塞式压缩机的保养。活塞式压缩机的保养内容主要有：按照活塞式压缩机的保养手册要求，按时添加润滑油、吹扫空气过滤器、检查进排气阀、保持电动机及压缩机外部的清洁等。

(2) 螺杆式压缩机的保养。螺杆式压缩机的保养内容主要有：按照螺杆式压缩机的保养手册要求，按时添加润滑脂、更换空气过滤器芯、更换气（冷却）液分离器芯、更换冷却液、排放液化水、保持电动机及压缩机外部的清洁等。

(3) 油水分离设备的保养

1) 冷冻干燥机的保养。每次施工后及时擦拭、吹扫冷冻干燥机的浮尘，保持电动机、压缩机、冷却叶片及外壳的清洁。

2) 油水分离器的保养。按时更换油、水分离器的滤芯。

2. 喷砂机的保养

主要清洁喷砂机上的安全阀、进气阀、出砂阀等部件。

二、喷涂机具的保养

1. 火焰喷涂设备的保养

(1) 火焰喷枪的保养。每次施工后及时擦拭、吹扫火焰喷枪的浮尘，保持送丝轮、变速齿轮等运动部件的清洁。

（2）氧、乙炔气瓶的保养。每次施工后及时擦拭、吹扫氧气瓶及乙炔气瓶上的浮尘，关闭阀门，与火源隔开。

2. 电弧喷涂设备的保养

每次施工后及时擦拭、吹扫电弧喷涂主机、送丝机及喷枪的浮尘，保持运动部件的清洁。

技能要求

一、机具的检查

1. 喷射除锈机具的检查

（1）检查压缩机的润滑油、空气过滤器芯、冷却液情况。

（2）检查油水分离设备。

（3）检查喷砂机。

2. 喷涂机具的检查

（1）电弧喷涂主机的检查。

（2）送丝机的检查。

（3）喷枪的检查。

二、机具的试运转

施工前，都要对机具进行试运转，以便及时发现问题，提前解决。

1. 喷射除锈机具的试运转

喷射除锈机具的试运转主要是压缩机和冷冻干燥机的试运转，看压力、产气量、油水分离情况是否正常。

2. 喷涂机具的试运转

将喷涂机具接通气源（氧、乙炔气）或电源，开启压缩机、送丝机、喷枪等设备，看能否正常喷涂。

三、注意事项

机具在试运转时，应认真地听、看、摸。

学习单元 5　施工现场的安全、环保

➢ 了解施工安全规程和施工现场环保要求。

➢ 能掌握金属喷涂现场的施工安全措施和环保措施。

一、施工安全规程

1. 喷射除锈安全规程

（1）喷射除锈操作工应穿戴好带有供呼吸用管子的专用防护帽。

（2）高空作业要系安全带。

（3）要有专人监护。

（4）若在装过危险化学品的罐内施工，进罐前要办理入罐证。

（5）若在化工区或装过危险化学品的储罐内施工，进罐前要办理动火证。

（6）若在罐内施工，必须要有强制通风设施。

2. 金属火焰喷涂安全规程

（1）氧气瓶的储运与使用。氧气瓶应按原国家劳动总局颁布的《气瓶安全监察规程》定期进行检查。

（2）溶解乙炔气瓶的储运与使用

1）溶解乙炔气瓶的储运与使用均应符合原国家劳动总局颁布的《溶解乙炔气瓶安全监察规程》和《气瓶安全监察规程》的规定。

2）开启乙炔瓶阀门时动作要缓慢，并且要将阀门开到最大。

3）乙炔瓶温度过高，会降低丙酮对乙炔的溶解度，使瓶内的乙炔压力急剧增高，因此乙炔瓶体的表面温度不应超过 40℃。

4）如发现有泄漏，要马上停止使用。

（3）乙炔发生器的储运与使用

1）中压、低压乙炔发生器都必须设有相应的回火防止器、安全阀、防爆器、相应的低压压力表以及安全装置和防止超压爆炸时的卸压装置。

2）固定式乙炔发生器按《乙炔站设计规范》（GB 50031—1991）的规定安装和使用。

3）根据乙炔发生器的技术性能要求选用防爆膜。防爆膜如有损坏应及时更换。

4）乙炔发生器内部及气体经过的管道零件禁止使用紫铜、银或含铜量超过 70% 的铜合金制造。

5）乙炔发生器的活动部件，不得与其内部其他结构摩擦、碰撞而产生火花。

6）乙炔发生器在使用前必须装够规定的水量，及时排出气室积存的灰渣，补充新水，保证发气室内冷却良好。

7）乙炔导管必须从回火防止器出口接出。

8）定期检查乙炔压力表与安全阀的准确性和可靠性。

9）使用中的乙炔发生器与明火、火花点、高压线等距离不得小于 10 m，并应防止曝晒以及来自高处的飞散火花或坠落物等引起的危害。

10）禁止将移动式乙炔发生器放在风机、空气压缩机站、制氧站等处的吸气口和避雷针接地引线导体附近以及电气装置或金属物件接地体上。

11）严禁使用浮筒式乙炔发生器。

（4）回火防止器的储运与使用

1）应根据乙炔气瓶和乙炔发生器及操作条件选用符合安全要求的回火防止器。

2）水封式回火防止器必须设有卸压孔、防爆膜，并且此防止器要便于检查，其中的积污应易于排除和清洗。

3）水封式回火防止器要直立安装，与乙炔导管连接必须严密不漏气。

4）每一把喷枪必须有独立的、合格的回火防止器配用。

5）每班工作前应先检查回火防止器，确保密封性良好和逆止阀动作灵敏可靠。

6）使用水封式回火防止器的工作过程中，任何时候一定要保持器内规定水位。

7）干式回火防止器，每月应检查，并清洗残留在器内的烟灰和积污。

（5）电石的储运与使用。电石运输、储存、破碎、电石室（库）以及渣坑等，必须符合《乙炔站设计规范》（GB 50031—1991）的规定。

（6）软管的使用。各种气体软管在使用中不得混用。

不论是氧气胶管、乙炔胶管还是压缩空气用胶管，均应符合《气体焊接设备 焊接、切割和类似作业用橡胶软管》（GB/T 2550—2007）的规定。

（7）控制屏。氧气—燃气的控制屏中不得含有可发生火花的电气装置，如果有，则必须安装排风扇，防止泄漏的燃气着火。

（8）火焰喷枪

1）火焰喷枪不使用时，须保持清洁干燥，并应按照制造厂的说明存放。

2）喷枪上的各个阀不能出现泄漏，并能方便地操作。

3）必须用摩擦点火器或专用点火装置点火，以防止手被灼伤。

4）当喷枪发生回火时，应立即关闭喷枪。

5）对在使用中不止一次自动熄灭和发生回火的喷枪，在没有检查出原因之前，不准使用。

6）不准将喷枪及其软管挂在减压器或钢瓶上。

7）喷涂结束后，应放掉减压器或软管中的气体，按下列顺序操作：关闭喷枪→关气瓶阀和其他所有阀→打开枪的气道开关，放出胶管中的余气→将减压阀调压手柄旋出。

8）清洗喷枪时，不可让油进入喷枪气室与气道内。

9）不可用普通的油与油脂来润滑喷枪，只能使用设备制造厂推荐的润滑剂。

（9）火焰喷涂设备的安装与调试

1）每个氧气和乙炔通道上的接头应拧紧，不得有气体泄漏。

2）在打开任何气阀之前，应对工作现场进行通风。

3）当开启钢瓶气阀时，操作者应站在减压器一侧，慢慢地打开钢瓶气阀。

4）旋转减压器调节阀手柄时应缓慢，以免气流变化过急而冲坏流量计。

5）用肥皂水对所有接头进行气密性试验，严禁用火焰检查漏气。当发现漏气现象时，应马上关气，并对接头进行加固。

6）每一套火焰喷涂装置中一定要有回火防止器，回火防止器一定要安在喷枪的乙炔管与乙炔流量计之间。如无流量计，回火防止器要安在喷枪乙炔管与乙炔减压器或乙炔发生器之间。

3. 人身安全

（1）热喷涂操作人员，应经过国家的有关部门培训合格，并由国家人力资源和社会保障部颁发防腐蚀工等级证书，方可从事此工作。

（2）操作者必须熟悉喷枪的操作规范，在读懂说明书后才能启用新枪。

（3）头部的保护。头盔、面罩、护目镜在热喷涂或喷砂操作中用来保护头部特别是眼睛。为了防止光辐射和飞溅粒子的伤害，在整个操作期间，喷涂工、拉毛工和喷砂工必须戴护目镜，现场所有人员或辅助工也应戴护目镜和适当的面罩。

1）喷涂过程中，面罩、护目镜应配以适当深度的滤色片以保护眼睛，镜片的深度参照《职业眼面部防护　焊接防护　第1部分：焊接防护具》（GB 3609.1—2008）。

2）电弧喷涂中，一定要戴头盔或面罩，防止紫外线和红外线辐射的灼伤。

3）喷砂时，喷砂工应戴防尘喷砂头盔或穿喷砂服，保护头部不受飞溅砂粒的伤害。

注：喷砂工是指等离子喷涂（焊）、电弧喷涂、火焰喷涂（焊）、爆炸喷涂打毛处理的操作者。

（4）呼吸系统的保护。在大多数热喷涂和喷砂过程中，应向操作者提供呼吸系统保护设施，设施的选用可根据实际工作条件中烟雾的性质、量、类型和是否有通风装置而定。

1）在有良好抽风的室内进行无毒材料喷涂和在喷砂箱内进行喷砂、露天进行火焰喷涂时，若粉尘不大，应使用防尘口罩。可根据灰尘性质选用不同的口罩。

在室内进行热喷涂操作，当口罩无法挡住粉尘时，可用机械式过滤呼吸器（含有活性炭）。

2）在露天或工作间进行喷砂时，要采用通入流动空气的呼吸系统保护设施。此系统由面罩或防护头盔和流动空气管道组成，要求至少0.17 m^3/min的空气进入头盔内，此空气要求由无油润滑的空压机和冷凝器提供。若无此类空压机，空气进入头盔前应先经适当的过滤，空气源进气口一定要置于空气无污染处。

3）对大多数较普通的热喷涂材料进行喷涂操作时，通入流动空气的呼吸系统能达到防护效果。如果呼吸系统发生故障，而在此空间上的污物对健康不会立即产生危险的话，喷涂工可以除去气路管道，直接呼吸空气，并马上检修呼吸系统。若喷涂有毒材料、污染的空气对健康危害极大，或空气系统发生故障，应将头盔和紧急辅助呼吸用空气瓶相连接。喷剧毒材料时，应准备两套相同的空气源系统，以备急用。

4）专人使用的呼吸系统保护设施，未经过清洁、消毒，不要互相交换使用。

（5）听力保护

1）进行一般喷涂、喷砂时，应佩戴护耳器或合适的软橡皮耳塞，以免操作时的高分贝噪声伤害操作者的听力。

2）等离子喷涂要有隔音室，两台以上高分贝喷枪不得在一处操作，在特殊情况下要有应急措施。

（6）安全服。应根据喷涂工作的轻重、性质、施工条件来选择合适的喷涂和喷砂服。在没有专用的喷砂服时，可用焊工工作服。

1）选用焊工工作鞋。

2）在工作间进行毒性材料的喷涂时，要有特殊安全措施，操作工用过的衣服和呼吸系统保护设施要彻底清除掉有毒的金属粉尘和其他材料后方可重新使用。

3）电弧喷涂的操作工在手持喷枪操作时应戴绝缘手套。

（7）在有限空间内操作。有限空间系指受到限制的空间，如密闭的槽（箱）、锅炉、压力容器或船舱内部。

1）如果有限空间中曾经装过可燃物品，在进入有限空间之前，应提供安全保护措施，保证施工安全。

2）按要求进行通风。

3）一切气瓶、电源，应放在有限空间外面。

4）如果喷涂工和操作工必须通过人孔、舱口或其他小的开口进入有限空间，要求具有紧急情况下能将操作工迅速转移的安全措施。应使用安全带或救生带，并要求拴在操作工身上以保证他们能安全出来。在进行操作时，至少应有一人始终等在舱口外边附近，并且在施工前要进行救生演习，以熟练援助程序。

5）在有限空间内进行热喷涂操作时，应采用通入流动空气的呼吸系统。

6）在有限空间内操作时，要穿防火衣、戴皮革或石棉手套，手腕和脚踝处的衣服要扎牢，避免有毒的热喷涂材料和磨料损伤皮肤。

7）在停枪休息时，应关闭喷枪和气（电）源，并将喷枪和软管从有限空间中取出。

8）在有限空间内使用的光源应是低压防爆灯。灯应置于有机玻璃罩中，避免喷砂时砂粒击坏玻璃灯泡。

4. 封孔安全规程

（1）防明火。封孔剂中含有溶剂，而多数溶剂有爆炸极限，一切能够产生明火的隐患都必须杜绝，如打火机、火柴、普通灯具及电器、手机、带钉鞋底等。

（2）强制通风。封孔剂作业过程中，必须安装风机强制通风，即时抽走溶剂，防止人体中毒及产生爆炸。

二、施工现场环保要求

1. 除尘和过滤

喷砂、金属喷涂过程中产生的大量粉尘必须及时抽走，并应在出风口后面安装过滤机械，防止粉尘对大气环境产生二次污染。

2. 固体废弃物处理

喷砂、金属喷涂及封孔作业过程中会产生大量固体废弃物，这些固体废弃物不易被分解、腐蚀。作业过程中要将这些固体废弃物集中堆放到指定的、具有防雨功能的临时固体废弃物堆放场地，防止因雨水溶解而对土壤环境产生二次污染。作业过程结束后必须将这些固体废弃物移送到指定的填埋场集中处理。

3. 液体废弃物处理

液体废弃物主要是封闭剂中的溶剂，具有易挥发、易燃、易爆等特性，作业过程中要集中存放到指定的、密闭的容器中。作业过程结束后必须将这些液体废弃物移送到指定的单位集中处理。不能随便倒在地上，防止对土壤和大气环境产生二次污染。

技能要求

一、检查施工安全措施

1. 检查喷射除锈安全措施

喷射除锈安全措施主要检查所有压缩空气管是否完好、压缩空气管接头连接是否牢固、压力安全阀是否可靠、喷射枪是否完好、喷射除锈工作服及呼吸管是否完好。

2. 检查火焰喷涂安全措施

火焰喷涂安全措施主要检查氧气瓶及压力表是否完好、乙炔气瓶、防回火阀及压力表是否完好，所有阀门是否可靠。

3. 检查封闭施工安全措施

封闭施工安全措施主要检查通风装置是否完好、防爆灯工作是否正常。

二、检查施工现场环保措施

1. 检查废液处理措施

废液处理措施主要检查存放废液的容器是否密闭、存放废液的容器的周围是否有火源。

2．检查粉尘处理措施

粉尘处理措施主要检查抽风装置和除尘装置是否完好。

3．检查固体废弃物的处理措施

固体废弃物处理措施主要检查固体废弃物堆放场是否防雨及周围是否有火源。

三、注意事项

罐内喷涂时要注意通风、除尘、防爆、防中毒等。

第 2 节　喷射除锈

学习目标

- 了解喷射除锈的知识。
- 掌握立式设备（除顶内部以外的）外壁及内壁喷射除锈操作。
- 掌握卧式设备的全部表面喷射除锈操作。

知识要求

一、空气压缩机

空气压缩机是主要动力源。通过把压缩空气和磨料的流量调整到最佳状态，使磨料达到足够的出口速度，以得到最佳清理效果。由于压缩空气与喷砂软管和接头等的摩擦，喷嘴处的压力要比压缩空气源的压力小很多，在空气压缩机排气压力为 0.7 MPa 时，喷嘴处的工作压力通常只有 0.5 ~ 0.55 MPa。因此，为提高工作效率，应选用压力较高的空气压缩机。但喷嘴压力不能过高，喷嘴工作压力如超过 0.77 MPa，由于砂子颗粒冲出喷嘴时的运动速度太高，与钢材表面碰撞容易破碎，会大大降低清理效果。通常情况下，空气压缩机的排气量在 3 m^3/min、排气压力达到 0.8 MPa 时，即可配置一套容量约 1 m^3 的喷砂机。常用空气压缩机的选择可见表 8—3 和表 8—4。

表8—3　　L系列空气压缩机的规格与性能

型号	介质	润滑方式	排气量（m^3/min）	排气压力（MPa）	电动机型号	电动机功率（kW）	外形尺寸（长×宽×高）（mm×mm×mm）	净重（kg）
L-11/7（3L-10/8）	空气	有油	11	0.8	JY250M-6	65	1 700×900×1 800	1 560
3L-7/8	空气	有油	7	0.8	Y280M-8	45	1 700×900×1 800	1 560
3LW-10/8	空气	无油	10	0.8	JY250M-6	65	1 190×900×2 073	1 840
3LWA-7/8	空气	无油	7	0.8	Y280M-8	45	1 190×900×2 073	1 840

表8—4　　Br系列空气压缩机规格、性能

型号	介质	冷却方式	排气量（m^3/min）	排气压力（MPa）
V-11/7	空气	水冷	11	0.7
V-13/7	空气	水冷	13	0.7
VW-11/7	空气	水冷	11	0.7
VW-10/9	空气	水冷	10	0.9
VW-13/7	空气	水冷	13	0.7
BW-6/7	空气	空冷	6	0.7
YWP-6/7	空气	空冷	6	0.7

注：表中空气压缩机的驱动方式为电动机或柴油机，安装方式为固定或移动。

二、喷砂机

喷砂机按其结构可分为两种。

1. 单室喷砂机

单室喷砂机的结构如图8—1所示。这种压送式喷砂机，在加料口设置自动封闭阀，在自动封闭阀圆锥体的外部衬有橡胶或加装橡胶垫圈，便于和加料口下部的喇叭口部分压紧，起密封作用。喷砂开始时，锥形封闭阀依靠压缩空气自动将加料口封住。喷砂结束或添加磨料时，磨料罐卸压，封闭阀自动下落。要求封闭阀动作灵活，密封可靠。下凹式安装的顶部封头便于添加磨料，磨料罐体上设置有手孔或人孔，可以方便自动封闭阀的更换和罐内杂质的

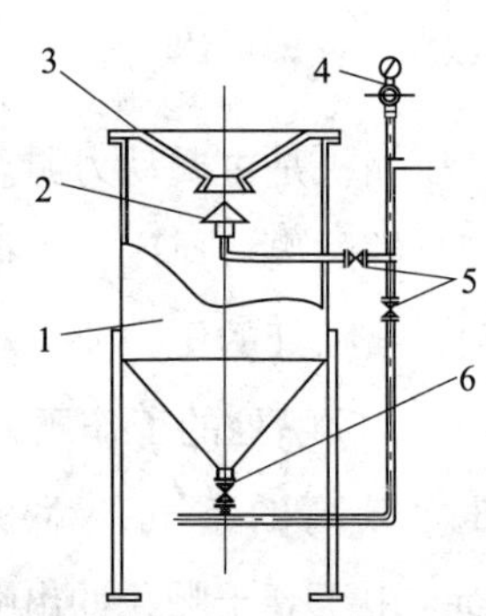

图8—1　单室喷砂机

1—罐体　2—自动封闭阀　3—加料斗　4—压力表　5—球阀　6—磨料流量旋塞

清理。适用的磨料包括石英砂、铜炉渣、金属磨料等。

单室喷砂机标准化系列产品参见表 8—5。

表 8—5　　标准型压送喷砂机

型号		装料量（kg）			外形尺寸（mm）	
		石英砂	铜炉渣	金属磨料	直径	高度
人工控制固定式	PBS04	40	43	100	250	710
	PBS07	70	75	175	350	1 020
	PBS14	140	150	350	400	1 230
	PBS27	270	290	675	600	1 340
	PBS32	320	340	800	750	1 400
	PBS36	360	383	900	800	1 630
气动遥控固定式	PBS04R	40	43	100	250	710
	PBS07R	70	75	175	350	1 020
	PBS14R	140	150	350	400	1 220
	PBS27R	270	290	675	600	1 340
	PBS32R	320	340	800	750	1 400
	PBS36R	360	383	900	800	1 620
人工控制移动式	PBM04	40	43	100	250	710
	PBM07	70	75	175	350	1 020
	PBM14	140	150	350	400	1 220
	PBM27	270	290	675	600	1 340
气动遥控移动式	PBM04R	40	43	100	250	710
	PBM07R	70	75	175	350	1 020
	PBM14R	140	150	350	400	1 220
	PBM27R	270	290	675	600	1 340

2. 连续加料双室喷砂机

连续加料双室喷砂机结构如图 8—2 所示。与单室喷砂机相比，双室喷砂机将罐体分为上下两个工作室，上工作室作为磨料的中间室，在向上工作室加料时，下室自动封闭阀 2 关闭；向下工作室加料时，上室自动封闭阀 1 关闭，使上下室连成一体，上室中的磨料靠重力自动加入下室，这样喷砂机就可以不停止喷砂工作而进行加砂，实现了连

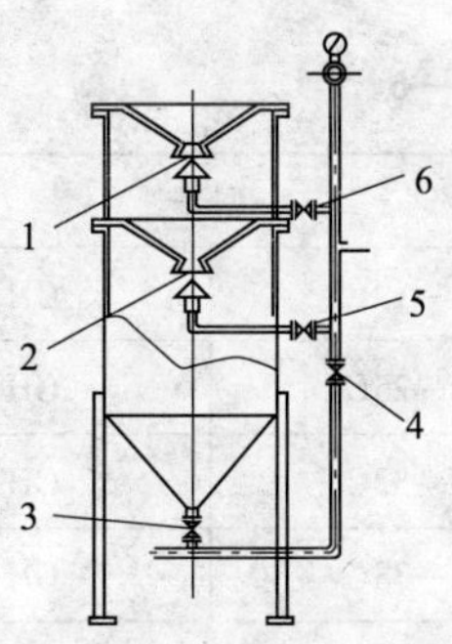

图 8—2　双室喷砂机

1—上室自动封闭阀　2—下室自动封闭阀
3—磨料流量旋塞　4、5、6—球阀

续操作，工作效率可提高近一倍。

（1）喷嘴。喷嘴结构如图8—3所示。材质以普通铸铁、碳钢、陶瓷为主，结构形式简单，通常设计成文丘里型。文丘里型喷嘴流动阻力小，磨料出口速度可高达200 m/s以上，磨料流发散角大，分布均匀，清理效果比普通型喷嘴可高出15%～40%。喷嘴内衬用高耐磨材料制成，并采用弹性材料作外套，抗冲击性能好。

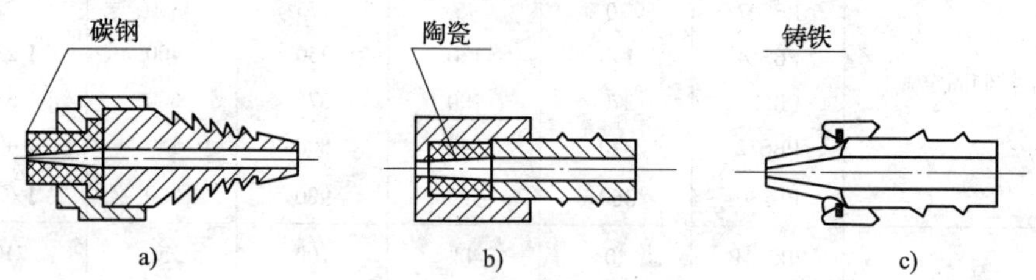

图8—3　喷嘴的结构形式

a）碳钢喷嘴　b）陶瓷喷嘴　c）铸铁喷嘴

喷嘴的直径与长度一般应在下面的范围内：喷嘴直径小于8 mm时，长度/直径为10～12 mm；喷嘴直径大于8 mm时，长度/直径为14～15 mm。

（2）喷砂用胶管。连接喷砂机和喷嘴的胶管应采用耐压橡胶管，耐压橡胶管通常可以使用3～6个月。为了保证安全使用，应经常检查胶管有无磨损严重的部位，发现后可试水压并及时加以更换，以免在喷砂过程中破裂伤人。目前有专用的喷砂胶管，它的工作压力为0.9 MPa，安全系数为4，内胶层为高耐磨橡胶，厚度5 mm。GH—××C型为两端带有快速接头的喷砂胶管，GH—××型为不带快速接头的喷砂胶管，标准长度为15 m和20 m。喷砂用胶管的选择参见表8—6。

表8—6　喷砂胶管及配用的喷嘴直径　mm

型号		内径	外径	可配用喷嘴直径
GH—19C	GH—19	19	65	4、5、6
GH—25C	GH—25	25	44	6、8
GH—32C	GH—32	32	51	8、10
GH—38C	GH—38	38	60	10、12

（3）连接压缩空气的管路。压缩空气管路根据实际情况，可采用无缝钢管或空气软管（耐压橡胶管）。耐压橡胶管分两种型号：AH—××C型空气软管两端带

接头，AH—××型为空气软管两端不带接头。空气软管直径应为喷嘴直径的 3～4 倍。空气软管的规格见表 8—7。

表 8—7　　**空气胶管**　　mm

型号		内直径	外直径
AH—19C	AH—19	19	35
AH—25C	AH—25	25	44
AH—32C	AH—32	32	51
AH—38C	AH—38	38	60

技能要求

一、立式设备外壁及除顶部以外的内壁和卧式设备全部表面的喷射除锈操作

（1）砂罐内装满磨料，关闭出砂阀门。

（2）启动冷冻干燥机。

（3）启动空压机及通风除尘设备。

（4）握紧砂枪，慢慢地开启砂罐上的阀门。

（5）对立式设备由上到下依次喷射，卧式设备的除锈从左至右依次喷射。一次喷射操作不超过 4 h。

（6）关闭空压机及冷冻干燥机。

（7）检验。

（8）启动空压机及冷冻干燥机。

（9）补喷射。

（10）检验至合格，否则重复步骤 8、步骤 9、步骤 10。

（11）关闭砂罐出砂阀门。

（12）进入金属喷涂工序。

二、注意事项

注意喷射除锈操作时的环境要求，即工件表面温度大于等于露点 +3℃且环境相对湿度小于等于 80%～83%。

第3节　喷　涂　操　作

学习单元1　火焰喷涂设备的调节

学习目标

- 了解燃气的种类及性质、助燃剂氧的性质及线材火焰喷涂原理。
- 掌握助燃剂及压缩空气的调节方法。

知识要求

一、燃气的种类及性质

热喷涂制备涂层是利用热源将喷涂材料加热熔化的原理，因而，热源的选择、控制对喷涂过程至关重要。目前的热源主要有气体燃烧火焰、电弧、等离子弧及激光等。气体燃烧火焰及电弧热源所用设备简单，体积较小，便于移动，是防腐蚀施工中常用的热源。

1. 种类

（1）燃料气体种类。主要有乙炔、丙烷、氢气、天然气等。所有燃气只要与助燃剂氧反应就可燃烧而产生热量，燃烧火焰具有一定温度和速度。

由表8—8可看出：在三种燃气中，乙炔和氧气燃烧产生的火焰温度、速度及热流量密度最高，因而是火焰喷涂中最主要也是最常用的燃料气体。乙炔—氧气完全燃烧，进行如式（8—1）至式（8—4）的化学反应。

三种主要的燃气与氧组合燃烧的火焰特性见表8—8。

$$C_2H_2 = 2C + H_2 \quad +229\ \text{kJ} \tag{8—1}$$

$$2C + O_2 = 2CO \quad +222\ \text{kJ} \tag{8—2}$$

$$H_2 + 1/2O_2 = H_2O \quad +242\ \text{kJ} \tag{8—3}$$

表 8—8　　三种燃气与氧组合燃烧的火焰特性

燃料气体	燃料所需氧量	燃料气和氧的混合比例		体积热值标准（kJ/m^3）	中性燃烧所产生的体积热值标准（kJ/m^3）	与氧燃烧的火焰速度（m/s）	火焰热流量密度（kW/m^2）	与氧燃烧火焰温度（^0C）	应用说明
		完全燃烧	中性燃烧						
乙炔 C_2H_2	$2C_2H_2+5O_2$	1∶2.5	1∶1.1	5.65×10^7	1.85×10^7	135	4.48×10^5	3 200	适用
丙烷 C_3H_8	$C_3H_8+5O_2$	1∶5	1∶3.1	9.36×10^7	1.26×10^7	3.7	1.07×10^5	2 750	适用，但要消耗较多的氧气
氢气 H_2	$2H_2+O_2$	2∶1	4∶1	1.076×10^7	—	8.9	1.40×10^5	2 100	产生水蒸气

$$2CO+O_2=2CO_2 \quad +569\ kJ \tag{8—4}$$

式（8—1）+式（8—2）+式（8—3）+式（8—4）得：

$$C_2H_2+2.5O_2=2CO_2+H_2O+1\ 262\ kJ \tag{8—5}$$

由式（8—5）可知，乙炔和氧气混合充分燃烧时，混合比例是1∶2.5，如混合比例是1∶1，则需要从周围的空气中补给氧气。

（2）燃烧火焰。火焰由焰芯、内焰、外焰三部分组成。通过控制乙炔和氧气的流量及比例，可以控制燃烧火焰的热功率及性质。火焰的性质分为中性焰、碳化焰和氧化焰三种。

氧乙炔火焰的形貌及构成如图 8—4 所示。

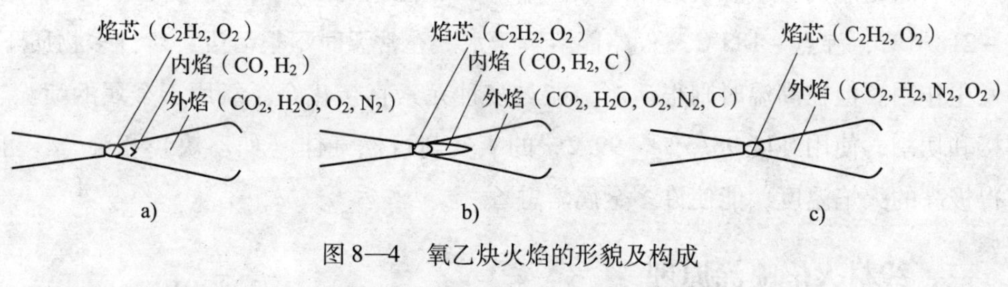

图 8—4　氧乙炔火焰的形貌及构成

a）中性焰　b）碳化焰　c）氧化焰

1）中性焰。中性焰是氧气—乙炔充分燃烧的状态。焰芯呈现光亮的蓝白色圆锥形，有明显的轮廓。焰芯外面是淡白色的、微微可见的内焰。外焰由内到外的颜色则从淡蓝色逐渐变为橙黄。中性焰只是在喷嘴出口附近的白色光亮区为中性气氛，外焰部分吸收了周围空气中的氧，仍具氧化气氛。喷涂金属材料宜采用中性焰，能提高喷涂效率，改善涂层质量。

2）碳化焰（还原焰）。碳化焰是乙炔所占的比例相对偏大的燃烧状态。焰芯较长，呈蓝白色，内焰呈淡蓝色，外焰呈橘红色。乙炔比例过多时则冒黑烟。当内焰长度为焰芯的2～3倍时，通常称为二倍碳化焰和三倍碳化焰。碳化焰能提高涂层中的碳含量，但影响喷涂效率。

3）氧化焰。氧化焰是氧气所占的比例相对偏大的燃烧状态。由于氧气的浓度偏大，氧化反应剧烈，因而焰芯、内焰、外焰都缩短了。焰芯短而尖，呈青白色，轮廓不太明显，内焰难以分辨，外焰呈蓝紫色，燃烧时发出嘶嘶的声音。氧化焰的最高温度可达3 500℃。由于氧化焰的氧化性强，易氧化的金属材料不宜采用氧化焰喷涂，而且氧化焰会降低喷涂效率，增加碳和合金元素的烧损。但喷涂陶瓷材料时，适当提高氧气流量有利于材料的熔化。

2. 性质

气体热喷涂，其燃料主要为乙炔气。乙炔的分子式为C_2H_2。乙炔气俗名电石气，是最简单的炔烃。无色气体。工业乙炔因含有杂质（磷化氢）而具有特殊的刺激性气味。乙炔气的密度为1.173 kg/m^3；相对密度为0.91（空气为1）。其液体的相对密度为0.620 8（－82/4℃），熔点－81.8℃，升华点－83.6℃，稍溶于水，溶于乙醇，易溶于丙酮。乙炔能与空气形成爆炸性混合物，当压力超过0.15 MPa时，很易发生爆炸。爆炸极限2.55～80.0%（体积）。乙炔气性能很活泼，在氧中燃烧（氧—乙炔炬）可发生高温（3 500℃）和强光，用于金属喷涂、焊接和切割。

二、助燃剂氧的性质

热喷涂助燃剂为氧。氧的相对原子量为16，无色气体，相对密度为1.429，熔点－218.4℃，沸点－183℃。仅略能溶解于水。在常温时不很活泼，对许多物质不易发生作用。但在高温时则很活泼，能与多种元素直接化合。氧用于金属的喷涂、焊接和切割，使用纯度98.5%～99.2%的氧气与可燃气体（如乙炔）相混合，可获得极高的火焰温度，能使许多金属熔融。

三、线材火焰喷涂原理

线材火焰喷涂是采用氧—乙炔燃烧火焰作热源，喷涂材料为线材的热喷涂方法。

对喷涂材料的加热熔化和雾化是通过线材火焰喷枪（俗称气喷枪）实现的。喷枪通过气阀分别引入乙炔、氧气和压缩空气，乙炔和氧气混合后在喷嘴出口处产生燃烧火焰。喷枪内的驱动机构通过送丝滚轮带动线材连续地通过喷嘴中心孔送入火焰，线材在火焰中被加热熔化。压缩空气通过空气帽后形成锥形的高速气流，使熔化的材料从线材端部脱离，并雾化成细微的颗粒，在火焰及气流的推动下，喷射到经过预处理的基体表面，形成涂层。为适应不同直径和不同材质的线材，应采用不同的喷嘴和空气帽，并调节送丝速度。在特殊场合下，也采用惰性气体作雾化气流。

线材及棒材火焰喷涂原理如图 8—5 所示。

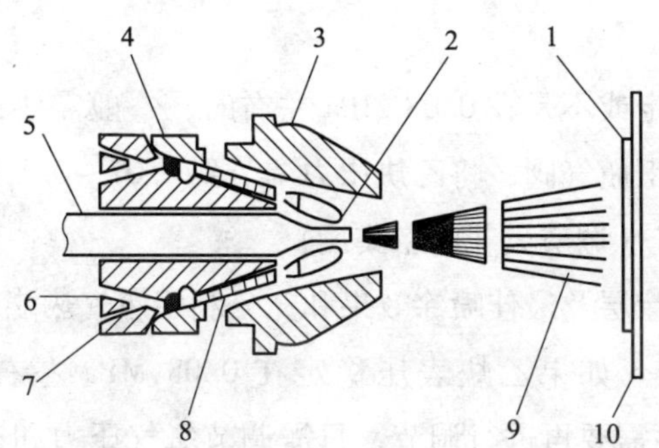

图 8—5 线材及棒材火焰喷涂原理示意图

1—涂层 2—燃烧火焰 3—空气帽 4—气体喷嘴 5—线材或棒材
6—氧气 7—乙炔气 8—压缩空气 9—喷涂射流 10—基体

1. 熔化—雾化过程

线材端部进入火焰后被加热熔化，在单位时间里熔化金属的量取决于火焰功率。线材端部被熔化的状态取决于火焰和线材的性质。在中性焰里产生的氧化物的保护膜，被周期性地破坏和“清洗”，火焰的正确参数能保证无氧化熔化。在氧化焰里，自由的氧会直接进入熔化的金属。在正常情况下，钢丝、黄铜丝、青铜丝熔化末端一般呈变钝了的圆锥形；钼丝、铝丝和锌丝呈针形。喷嘴结构不当或出现故障会改变熔化金属丝末端的形状。

2. 涂层特性

（1）涂层结构。线材火焰喷涂的涂层，其结构为明显的层状结构，涂层中含有明显的气孔和氧化物夹渣。

（2）涂层特性。线材火焰喷涂涂层的特性根据喷涂工艺和喷涂材料而变化。

线材火焰喷涂层特性见表 8—9。

表 8—9　　　　线材火焰喷涂层特性

涂层材料	锌	铝	钼	碳钢（85#）	不锈钢（18—8）
拉升强度（N/mm^2）	11	7	25	26	24
气孔隙	10% ~15%	10% ~15%	10% ~15%	10% ~15%	10% ~15%
密度（g/cm^3）	≈6.4	≈2.4	≈9.0	≈6.4	≈7.0

技能要求

一、喷涂燃气、助燃剂及压缩空气的调节方法

1. 燃气的调节

当乙炔表压不稳定或不是在0.08 MPa左右时，一般需要进行调节，调节的方法是开启或关闭乙炔钢瓶气阀，将乙炔压力调节到0.07～0.1 MPa。

2. 助燃剂的调节（调节火花的密集度）

为了达到理想的涂层及最佳喷涂效果和充分利用燃气热能，就必须进行送丝速度及气体流量的调节。如果乙炔表压稳定在0.08 MPa左右，空气压力不低于0.5 MPa的话，一般不需要再进行调节，只需调节氧气压力和送丝速度。以喷钢火花束为例：钢丝在正常熔化时，其熔化端头应与空气帽出口平面相平，如果熔化端超过空气帽，则说明送丝速度太快，如果熔化端在空气帽里面，则说明送丝速度太慢，应调节调速旋盘（见图8—6），将送丝速度调节到正常。此时如果火花束不浓或火花较散，则应调节氧气压力调节器，使火花束浓而密集。

3. 压缩空气的调节

压缩空气使熔化的金属脱离和雾化，脱离和雾化所必须消耗的空气量是60～90 m^3/h。

若雾化空气压力小于0.5 MPa，会出现熔滴雾化不良、涂层颗粒较粗、熔滴粘枪、与基体附着力差等现象。

由于熔化金属具有黏性，在气流作用下，当表面张力达到最大时熔粒才脱离，因此其脱离一般是周期性地发生。从雾化区出来的粒子，到离喷嘴5～30 mm时，会随同气流被加速，粒子飞行速度一般是60～250 m/s，随着离喷嘴的距离和直径的增加，飞行速度降低。

不同距离下的粒子飞行速度如图8—7所示。

粒子的尺寸取决于燃烧时形成的气体压力、线材输送的速度、喷嘴结构及雾化空气压力。在喷涂钢和铜粒子时，全部粒子中50%的尺寸是50～100 μm，约35%低于50 μm，15%在100 μm以上，接近400 μm。喷涂锌、铝粒子时，30%粒子尺寸是50 μm，70%小于50 μm。飞行的粒子，如钢、铜粒子，具有球形的熔粒形状，锌、铝粒子则呈不规则的形状。

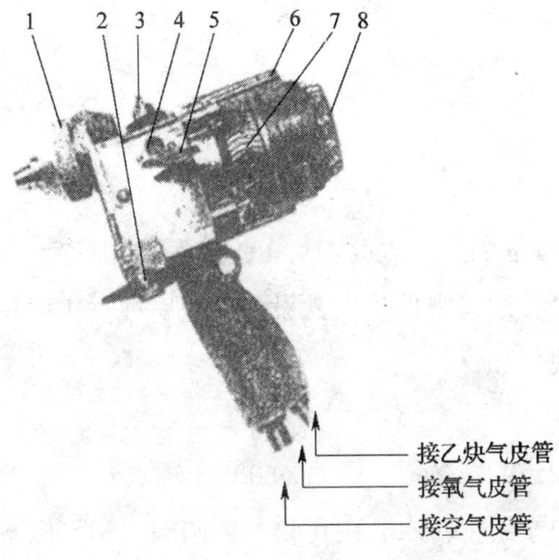

图 8—6　QX—1 型射吸式气体金属喷涂枪

1—空气帽座　2—阀杆手柄　3—送丝滚轮

4—弹簧壳　5—支撑螺杆　6—后导管

7—气轮　8—调速旋盘

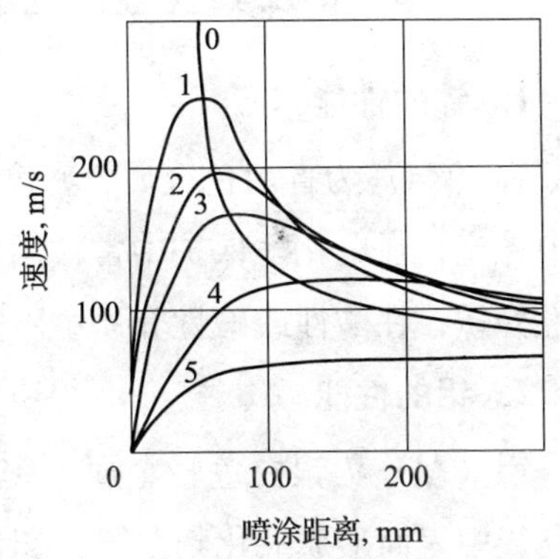

图 8—7　不同距离下的粒子飞行速度

0—气流运动的大概速度

1—极少数粒子的速度

2—直径约为 10 μm 粒子的速度

3—直径约为 40 μm 粒子的速度

4—直径约为 100 μm 粒子的速度

5—直径约为 200 μm 粒子的速度

二、注意事项

燃气、助燃剂及压缩空气调节过程中要注意安全。

学习单元 2　火焰喷涂锌、铝及其合金

学习目标

➢ 了解锌、铝及其合金的性能及喷涂参数对涂层质量的影响。

➢ 掌握火焰喷涂锌、铝及锌铝合金涂层（立式设备外壁及除顶部以外的内壁、卧式设备的全部表面）的作业程序。

知识要求

一、锌、铝及其合金的性能

1. 锌的性能

锌（Zn）为青白色金属，密度7.14 g/cm^3、熔点419.4℃、沸点907℃。在空气中稳定，在电化学保护中常被用作牺牲阳极来保护钢铁设备免遭腐蚀。主要用于中性介质，在酸性或碱性介质中不能使用。

2. 铝的性能

铝（Al）为银白色轻金属，密度2.702 g/cm^3、熔点660℃、沸点约2 200℃。在空气中表面形成氧化物薄膜，起保护作用。对水、硫化物、浓硝酸、50℃以下的任何浓度的醋酸、多数有机酸及有机溶剂都有耐腐蚀性。但在还原性环境中、碱性、强酸（浓硝酸除外）及含氯离子的介质中不耐蚀。由于其无毒、腐蚀产物无色、密度小、热导率和电导率很高、易喷涂，所以在热喷涂中被广泛应用。

3. 锌铝合金的性能

锌铝合金涂层现被大量地应用到对钢结构的保护上。锌铝合金涂层既有锌的牺牲阳极性能，又有铝的优良的耐腐蚀性能。尤以含锌85%、含铝15%的合金应用最为广泛，被大量地应用在风电设备、海洋设备等的钢结构的保护上。

二、喷涂参数对涂层质量的影响

对于任何喷涂方法都有同样的操作参数，除等离子喷焊外，对操作参数虽不是十分严格，但必须控制在一定范围内，否则会影响涂层质量和沉积效率。

喷涂操作参数如图8—8所示。

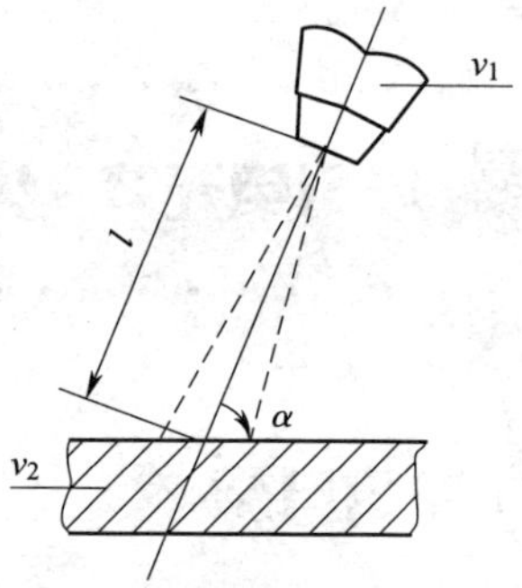

图8—8　喷涂操作参数示意图

l—喷涂距离　α—喷涂角度

v_1—喷枪移动速度

v_2—工件移动速度

1. 喷枪移动速度

喷枪移动速度是指在喷涂过程中喷枪沿基体表面移动的速度。通过喷枪和工件的相对运动，在基体表面沉积涂层。

根据每遍喷涂厚度的要求，选择正确的喷枪和工件相对移动速度，一般为7～18 m/min。应特别注意的是，不要因喷枪移动速度太慢而造成基体表面局部过热。如果要得到厚的涂层，应进行多次喷涂。

对于喷涂圆柱形工件，涉及工件旋转速度和喷枪横向移动速度。工件旋转速度使工件表面的线速度符合喷枪和工件相对移动速度的要求。喷枪横向移动速度应考虑到在一定螺距下涂层搭叠的厚度，使得在圆柱面上涂层厚度是均匀的。

通过控制喷枪移动速度还能控制工件温度。如果工件大，一般可通过合适的喷枪移动速度，使喷涂射流的热分布在整个工件上，不致产生局部热点，而且由于工件自身的热辐射和热传导的散热作用，工件可自身冷却到所要求的温度，从而可以控制整个工件温度。如果工件自身冷却过快，达不到工件所希望的温度，需要用火焰或其他加热措施对工件进行辅助加热。在这种情况下，加温火焰应离喷枪有一定距离。

2. 喷涂角度

喷涂角度是指喷涂射流轴线与基体表面切线之间的夹角。控制喷涂角度是喷涂工艺方向性所要求的。喷涂角度不能小于45°，一般为60°～90°。当喷涂角度小于45°时，会产生所谓的遮蔽效应（见图 8—9），即当喷涂颗粒粘在基体表面上时，这些颗粒阻碍继续喷上去的颗粒，结果在其后面形成一种“掩体”，使涂层结构急剧地发生变化，形成有许多不规则空穴的多孔涂层，大大降低了涂层的结合强度，并使氧化物夹渣的含量增加。

3. 喷涂距离

喷涂距离指喷嘴端面到基体表面的直线距离。喷涂距离是喷涂的颗粒飞行的距离，在行程中，其速度和温度都要发生变化。颗粒飞行速度是先加速而后减速。颗粒温度随着距离增加而降低。当喷涂距离过大时，由于颗粒打击基体表面的温度和动能不够，不能产生足够的变形，降低涂层结合强度，还会造成更多的颗粒反弹散失而降低沉积效率，同时因更多地受周围大气影响，氧化趋于严重，会造成涂层氧化物夹渣增多。当喷涂距离过小时，颗粒在热源中停留时间过短而未能受到充分加热或加速，也影响到涂层质量，而且基体表面会因接触热源的高温区域而过热。因此，喷涂距离要根据喷涂热源、喷涂材料等具体情况，控制在一定范围内，一般为100～150 mm。

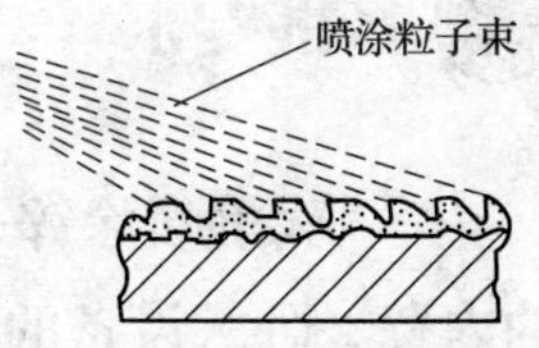

图 8—9　遮蔽效应示意图

4. 送丝速度

送丝速度与涂层质量有着密切的关系，送丝速度太快，涂层颗粒粗大，甚至会出现未完全熔化的一段段丝材堆积在基体表面的现象，使涂层质量变坏。如果熔化端超过空气帽，说明送丝速度太快，若熔化端缩在空气帽里面，则说明送丝速度太慢，送丝速度太快或送丝速度太慢都需调整送丝速度。但喷锌、铝丝时，由于其熔点较低，其熔化交点可伸出空气帽外，其长度根据涂层粒子的粗细而定。

5. 重叠宽度

为了不漏涂，在同一层次上喷涂时，喷枪移动后的喷涂层与前一次喷涂层之间，涂层必须重叠，两次喷涂重叠的宽度称为重叠宽度。

为了保证涂层质量，其重叠宽度应为20～50 mm。

6. 单层厚度

单层厚度是指一次喷涂的涂层厚度。在喷涂速率和沉积效率确定的情况下，喷枪和工件的相对移动速度决定了一次喷涂的涂层厚度。为获得均匀的涂层组织结构，该厚度应控制在一定范围之内，根据喷涂方法和喷涂材料而定。火焰喷涂每遍喷涂厚度为0.02～0.05 mm，电弧喷涂每遍喷涂厚度为0.04～0.07 mm，等离子喷涂每遍喷涂厚度一般小于0.05 mm。

7. 叠喷方向

叠喷方向是指在完成前一层喷涂后，在进行后一层喷涂时喷枪运动的方向。

为了保证涂层质量，后一层喷涂时喷枪运动的方向必须与前一层喷涂喷枪运动的方向成80°～100°。

技能要求

一、火焰喷涂锌、铝及锌铝合金涂层（立式设备外壁及除顶部以外的内壁、卧式设备的全部表面）的作业程序

1. 表面清洁

工件喷砂之后，要用干燥、清洁的压缩空气对喷砂面进行清理，吹净粘在表面的磨料粉尘，如发现有嵌入基体的砂粒，须用洁净的工具除去。

喷砂后所暴露的新鲜表面极易受到外界的污染，因此禁止用手触摸，因为油渍或手印会明显地影响涂层的结合强度。要尽量缩短从喷砂结束到完成喷涂施工的时间，在新鲜表面没有被氧化之前开始喷涂。经过喷砂后的工件如果不能立即进行喷涂，须用清洁的塑料膜覆盖保护。如要搬动，应戴清洁的不脱绒手套或相类似的物品。在搁置期间，所有经过预处理的工件，都应放入清洁的预热过的柜内或箱内，或置于有干燥剂的封闭袋中，加热储藏可减少喷涂预热的困难。

喷砂后的新鲜表面极易吸潮，干净粗糙的表面因存有湿气或凝聚物而损坏预处理质量。如条件许可，在表面预处理和喷涂过程中，应使相对湿度维持在 60% 或更低。在某些情况下，喷砂前须进行轻微的预热。

2. 喷涂操作（以 QX—1 型射吸式气体金属喷涂枪为例）

参见图 8—6 气喷枪外观图。

（1）准备工作

1）开动空气压缩机，让其空运转几分钟，随后放掉滤清器及气包底部的油水废液，关闭放水阀，使压缩空气压力保持在 0.5 ~ 0.6 MPa。

2）将准备好的氧气接在手柄底部的氧气接头上，用手拧紧空气帽座，将阀杆手柄扳到全关位置，随后开启氧气瓶阀，（氧气压力调节到 0.4 ~ 0.5 MPa），将阀杆扳手扳到全开位置，用手指置于手柄底部乙炔接头进气口，测试是否有吸力，感觉有吸力表示喷枪系统正常，如无吸力感觉或倒吹，说明射吸系统不正常，应排除故障后重新调试，正常后将阀杆扳手扳回全关位置。

3）将空气管和乙炔管分别接到手柄下面的接管上，开启滤清器上的空气阀及乙炔钢瓶气阀，将乙炔压力调节到 0.07 ~ 0.1 MPa。

4）点火前的准备工作。顺转支撑螺杆扳手，使一对送丝滚轮分开到一根金属丝通得过为止，随后将所需的喷涂丝从后导管塞入，通过喷嘴，在空气帽前伸出 6 ~ 8 mm，逆转支撑螺杆扳手使一对送丝滚轮夹紧线材，夹紧力的大小靠齿轮箱左右一个弹簧壳来调节，弹簧壳越往内旋，夹紧力越大，反之越小，其夹紧力的大小视喷涂线材硬度而定，一般夹紧到金属丝能顺利均匀地进给为好。

（2）点火。将阀杆手柄顺时针旋转 180°，三路气全开后即刻将阀杆手柄倒转至 90°，此时阀杆壳内的一个钢珠落入阀杆的 V 形槽内（能听到或手感觉到）即点火位置，打火枪或其他安全火种在喷枪前点火，点着火后慢慢将阀杆手柄顺转到 180°即全开位，这时喷枪前就出现熔化了的金属火花（见图 8—10）。

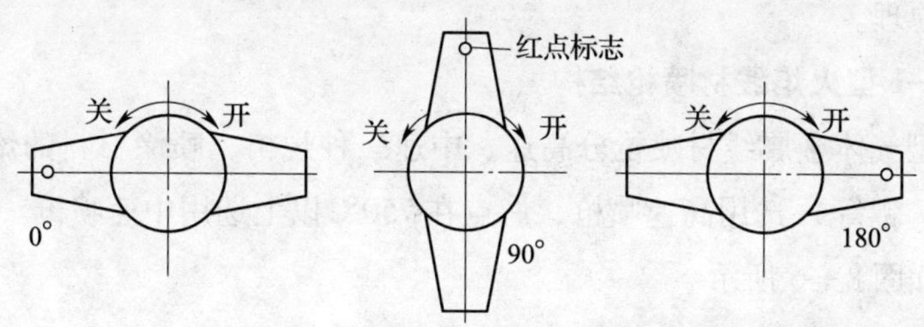

图 8—10　阀杆手柄喷涂前后的位置示意图

二、注意事项

注意喷涂前的被涂物表面状态。

学习单元3　火焰喷涂机具的保养

学习目标

➢ 了解火焰喷涂机具的种类、结构、原理。

➢ 能对火焰喷涂机具进行保养。

知识要求

一、火焰喷涂机具的种类

火焰喷涂机具的主要器材是喷枪，其种类主要按喷涂金属的状态来分。

1. 线材喷枪

其喷涂金属的状态为丝材。

2. 粉末喷枪

其喷涂金属的状态为粉状。

二、火焰喷涂机具的结构、原理

因防腐蚀施工常用的喷涂材料为丝材，所以以 QX—1 型火焰线材喷枪为例介绍其结构、原理。

1. QX—1 型火焰线材喷枪结构

QX—1 型气体金属线材喷枪分高速、中速二种规格，喷涂材料的熔点在 750℃以下（如锌、铝等）选用高速喷枪，熔点在 750℃以上选用中速喷枪。QX—1 型火焰线材喷枪如图 8—6 所示。

QX—1 型火焰线材喷枪的性能和技术数据见表 8—10。

2. QX—1 型火焰线材喷枪原理

QX—1 型火焰线材喷枪传动结构原理图，如图 8—11 所示。

表 8—10　　　　QX—1 型火焰线材喷枪的性能和技术数据

序号	项目		性能和数据				
1	型号		QX—1 型				
2	操作方式		手持固定两用				
3	动力源		压缩空气吹动气轮				
4	调速方式		离心力原理（无级调速）				
5	质量		≤1.9 kg				
6	外形尺寸		90 mm × 180 mm × 215 mm				
7	使用热源		氧—乙炔火焰				
8	气体表压力	氧气	0.4 ~ 0.5 MPa				
		乙炔	0.07 ~ 0.1 MPa				
		压缩空气	0.5 ~ 0.6 MPa				
9	气体消耗量	氧气	≈1.8 m^3/h				
		乙炔	≈1.2 m^3/h				
		压缩空气	1.2 ~ 1.4 m^3/min				
10	线材直径		ϕ2.3 mm（中速）		ϕ3.0 mm（高速）		
11	喷涂效率	钢	ϕ2.3 mm	1.6 kg/h	低碳钢	ϕ3 mm	2 kg/h
		铝	ϕ3.2 mm	2.7 kg/h	不锈钢	ϕ2.3 mm	1.8 kg/h
		锌	ϕ3.0 mm	8.2 kg/h	铜	ϕ3.0 mm	4.3 kg/h
		三氧化二铝	ϕ2.2 mm	0.4 kg/h	钼	ϕ2.3 mm	0.9 kg/h
12	喷射时颗粒直径（钢）		4 ~ 40 μm（喷在水中沉淀测量）				
13	引力		≥65 N				

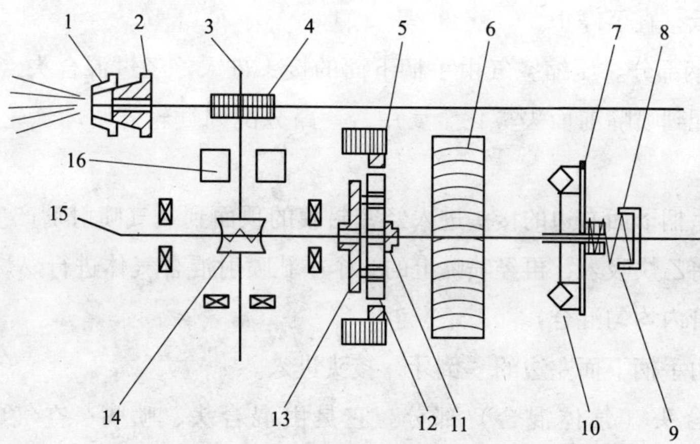

图 8—11　QX—1 型火焰线材喷枪传动结构原理图

1—空气帽　2—喷嘴　3—送丝轮轴　4—送丝滚轮　5—内齿轮
6—气轮　7—刹车片　8—复位弹簧　9—复位弹簧盖　10—惯性锤
11—偏心轴　12—行星齿轮　13—差动输出轴　14—蜗轮（斜齿轮）
15—蜗杆　16—送丝轮轴座

（1）传动部分。金属线材的不断进给是利用压缩空气为动力、吹动一个多片气轮，在气轮的输出轴上采用同轴的差动减速装置，它由行星齿轮、内齿轮、偏心轴组成“二齿差”行星齿轮减速器，传递到蜗杆、带动一对蜗轮、送丝轮轴及送丝滚轮、依靠一对弹簧的压力夹持输送线材。

当压缩空气吹动气轮顺时针方向旋转时，带动偏心轴上的滚珠轴承，使行星齿轮绕轴心与内齿轮啮合作行星运动（作公转又作自转），由于内齿轮的齿是固定的，所以偏心轴回转一周（因行星齿轮与内齿轮相差二齿），则行星齿轮就与偏心轴旋转方向相反转动二齿的自转，行星齿轮为 70 牙，当偏心轴旋转 70 转时，行星齿轮则相反旋转 2 转，随后带动差动输出轴，转递至蜗杆，带动一对蜗轮，经变速使送丝轮轴上面的一对送丝滚轮作相对方向反旋转。最终送丝滚轮的速比为 $1/35 \times 2/18 = 1/315$（高速枪）。中速枪为 1/630。依靠弹簧压力夹住所喷线材，使线材不断进给到喷枪头部。为了使送丝速度稳定，喷枪上装有一套离心掣合调节机构，它由惯性锤、惯性锤簧片、刹车片、摩擦圈所组成。当气轮转动时，由于惯性锤的离心作用，使惯性锤簧片从“弓”形趋向平直，刹车片相应移动位置，与摩擦圈接触，由于弹簧的作用，使刹车片与摩擦圈分开，阻力随之消失，气轮转速又随着上升。

这样，接触时就减慢了转速，分开时转速又增加。摩擦圈与刹车片频频接触，这样就保持气轮所需要的转速。摩擦圈与刹车片的距离越大，金属丝的进给速度越高。反之越低，直至停止。

（2）手柄部分。压缩空气由手柄下面的接头进入，经过混合头、密封膜、阀杆，一路分配到喷嘴前面去雾化金属用，一路分配到气轮壳吹动气轮作为动力源用。

氧气经手柄下面右边的接头进入经密封膜的顶面到氧气喷射嘴产生高速气流，产生负压，将乙炔吸入，再经喷嘴上的 8 个小孔喷射混合气体进行燃烧。（氧气和乙炔在扩散管内均匀混合）。

乙炔是由手柄下面左边的“倒牙”接头进入。

（3）混合头（气体混合）部分。它是由混合头、喷嘴、空气帽（参见图 8—2）、喷嘴座、氧气喷嘴及阀杆壳、阀杆等组成，是控制氧气、乙炔气的混合及空气的开与关的主要机构。

混合头底部是一个阀杆壳，内有阀杆、氧、乙炔、空气顶头，在上面各有一块橡胶密封膜，阀杆对三种气体各有单独的凸轮凹面，用于控制和分配三种气体进入混合头的先后次序，以确保正常点火和开与关，达到喷涂的目的。

当阀杆扳手顺时针方向转到90°时，空气顶头左半片下沉，使一路空气进入气轮壳，吹动气轮，此时喷涂线材开始进给，同时乙炔顶头在弹簧作用下也微量下沉，少量的乙炔进入到喷嘴，而其余气体顶头都在关闭位置，此时具有了点火条件。当点着火后（这时火焰呈红黄色，并带有黑烟），立即慢慢地将阀杆扳手从90°同方向转到180°，此时所有顶头全部下沉，火焰在空气帽前形成白色火焰，空气从喷嘴与空气帽中间喷出，将不断进给的金属线材在火焰中溶解成的一束微细的雾状颗粒（火花）喷射向工件，堆积铺展成涂层。

技能要求

一、火焰喷涂机具的保养

1. 喷枪的保养（以 QX—1 型火焰线材喷枪为例）

（1）喷枪不用时将空气帽座旋松。QX—1 型火焰线材喷枪因采用了丁腈橡胶O 形密封圈和平膜，故排除了漏气和经常要研磨的弊病。只要在不用时将空气帽座（1）旋松和将阀杆手柄（2）旋转 180°位置（即喷射位置）使橡胶件保持弹性就能长期使用。

（2）在圆珠轴承和蜗轮蜗杆上加些含有二硫化钼的稀油脂。喷枪上的圆珠轴承和蜗轮蜗杆加些含有二硫化钼的稀油脂，以保持滑润。

（3）经常保持空气帽内清洁，喷嘴小孔畅通和喷枪清洁。

2. 氧气供给装置的保养

（1）不用时将氧气瓶上的阀门关闭。

（2）保持氧气瓶清洁。

（3）检查压力表。

3. 乙炔供给装置的保养

（1）不用时将乙炔气瓶上的阀门关闭。

（2）保持乙炔气瓶清洁。

（3）检查压力表和安全阀。

二、气喷枪常见故障发生的原因及解决办法

QX—1 型气喷枪常见故障及解决办法见表 8—11。

表 8—11　　**QX—1 型气体喷涂枪常见故障及解决办法**

故障	发生的原因	解决办法
点不着火	1. 氧气压力太高 2. 在点火位置时乙炔流量太小，原因是推开密封膜的 $\phi4$ mm 弹簧疲劳 3. 喷嘴座上的 O 型密封圈压扁失去弹性，三种气体混乱串气	1. 调整到 0.4 ~ 0.5 MPa 2. 更换新的弹簧，注意弹簧要顶在密封膜正中 换上新的 O 型圈
能点着火，但阀门全开时，随着一个小爆声而火焰熄灭	1. 氧气压力太高 2. 金属丝在点火时不走，或全开时走得太慢 3. 阀杆手柄开得太快	1. 调整到 0.4 MPa 2. 在点火时使金属丝进给略快，然后在喷时调节到火花集中 3. 阀杆手柄慢慢旋转到全开位置
点火后，火焰恍惚，火花不集中	1. 氧气压力太低 2. 金属丝走得太慢	1. 调整氧压为 0.4 MPa 或略高 2. 调击手柄，慢慢松开，使火花集中 3. 检查后轴承盖有否松动，及时调紧止紧螺圈
部分火花向后喷射	金属丝与喷嘴套管间隙太大	1. 金属丝太细，采用标准 $\phi2.3$ mm 和 $\phi3$ mm 金属丝 2. 喷嘴套管磨损，换新或重镶套管
火花偏吹	1. 喷嘴套管单边磨损 2. 空气帽内有部分结渣	1. 换新或重镶套管 2. 清除结渣
金属丝进给不畅	1. 送丝轮上油垢太多打滑 2. 送丝齿轮尖磨损 3. 两个压紧弹簧太松或太紧 4. 金属丝锈斑太多或油垢夹尘土，使喷嘴套管堵塞 5. 线材表面有毛刺 6. 刹车片磨成凹槽或断油咬合	1. 清洗 2. 翻转送丝轮或换新 3. 调整 4. 清除金属丝上的锈斑和油垢尘土 5. 清除毛刺和氧化膜，提高表面光洁度 6. 更换新刹车片或在刹车片上涂少量油脂

第 4 节　封闭（孔）处理

学习单元 1　封闭（孔）剂的调配

学习目标

- 了解封闭（孔）剂中各组分的作用。
- 掌握一些封闭（孔）剂的配方。

知识要求

一、封闭（孔）剂中各组分的作用

1. 封闭（孔）剂的组成

封闭（孔）剂的组成和涂料相似，多数封闭（孔）剂也是由成膜物质、固化剂、填料及稀释剂等组分组成。

（1）成膜物质。主要由树脂或油脂组成，起封闭孔隙和粘接作用。封闭（孔）剂耐腐蚀性能主要取决于成膜物质。

（2）固化剂。对于依靠催化型固化的封闭（孔）剂，固化剂是非常重要的组分，它能保证成膜物质固化成型，封闭（孔）剂只有完全固化，才有抵抗腐蚀的能力。

（3）填料。填料与成膜物质共同构成封闭涂膜。一些功能填料具有特殊作用，如对于需要导静电的封闭（孔）剂，可在封闭（孔）剂中加入适量具有导静电功能的填料，像铜粉、铝粉及石墨粉等。

（4）稀释剂。稀释剂可以调整封闭（孔）剂的黏度以便于施工。

2. 封孔剂类别及材料

封孔剂的类别及材料见表 8—12。

3. 一些常见封闭（孔）剂的耐化学品性能

一些常见封闭（孔）剂的耐化学品性能见表 8—13。

表8—12　　封孔剂的类别及材料

类别	封孔剂材料
非干燥型	（1）石蜡（2）油（3）油脂
空气干燥型	（1）油漆、氯化橡胶（2）空气干燥型酚醛、环氧酚醛（3）乙烯基树脂（4）聚酯（5）硅树脂（6）亚麻子油（7）煤焦油（8）聚氨酯
烘烤型	（1）烘烤酚醛（2）环氧酚醛（3）稀的环氧酚醛（4）聚酯（5）聚酰胺树脂
催化型	（1）环氧树脂（2）聚酯（3）聚氨酯
其他	（1）硅酸钠（2）乙基硅酸酯（3）厌氧丙烯酸酯

表8—13　　某些常见封闭（孔）剂的耐化学品性能

性能		酚醛树脂	醇酸树脂	氨基醇酸	乙烯基树脂	丙烯酸树脂	聚酯树脂	胺固化环氧树脂	环氧树脂	环氧酚醛	有机硅	氯化橡胶	氯磺化聚乙烯
抗化学品性能	盐水喷雾	极好	极好	很好	极好	极好	极好	很好	极好	极好	极好	极好	极好
	溶剂汽油	极好	好	极好	好	好	极好	极好	极好	极好	一般	好	好
	烃类	极好	好	极好	直链好；芳香差	一般	极好	极好	很好	极好	好	直链好；芳香差	差 一般
	氯化溶剂	一般	差	差	差	差	差	好	一般	极好	一般	差	差
	盐类	极好	很好	极好	溶液极好	很好	好	极好	极好	极好	好	极好	极好
	氨气	差	差	差	极好	差	差	好	差	一般	差	好	好
	碱类： 20% 浓	差 差	差 差	很好 好	极好 极好	好 一般	差 差	极好 极好	极好 极好	极好 极好	极好 一般	极好 极好	极好 极好

续表

性能		酚醛树脂	醇酸树脂	氨基醇酸	乙烯基树脂	丙烯酸树脂	聚酯树脂	胺固化环氧树脂	环氧树脂	环氧酚醛	有机硅	氯化橡胶	氯磺化聚乙烯
抗化学品性能	多数非氧化性酸： 10% 10% ~30% 浓	好 一般 差	一般 差 差	好 一般 差	极好 极好 好	好 一般 差	极好 极好 极好	极好 一般 好	好 一般 差	极好 极好 极好	好 好 差	极好 极好 极好	极好 极好 好
	氧化性酸： 10% 10% ~30% 浓	好 一般 差	差 差 差	一般 差 差	极好 很好 好	一般 差 差	差 差 差	好 差 差	一般 差 差	极好 很好 好	差 差 差	极好 极好 一般	好 好 一般
	甲酸、乙酸： 10% 10% ~30% 浓	好 一般 差	差 差 差	差 差 差	极好 极好 极好	差 差 差	差 差 差	一般 一般 差	一般 差 差	极好 极好 很好	差 差 差	好 差 差	好 一般 一般
	油酸、硬脂酸等	极好	一般	好	极好	一般	一般	好	极好	极好	好	一般	好
	磷酸	一般	差	差	极好	差	一般	好	差	极好	一般	好	好
	水（盐水；淡水）	极好	一般	好	极好	极好	好	好	很好	极好	极好	极好	极好

4. 配方举例（质量比）

（1）防腐工程中常用的封闭剂——环氧树脂封闭剂。环氧树脂（E－44）：丙酮: T31固化剂: 增塑剂: 铝粉＝56:（22～23）:（10～11）:（5～6）:（5～6）。

固化方式为常温固化。

（2）改性封闭剂（酚醛树脂改性环氧树脂）。环氧树脂（E－44）：丙酮: 2130酚醛树脂: 增塑剂: T31固化剂: 铝粉＝41:（25～26）: 17:（4～5）:（7～8）:（4～5）。

固化方式为常温固化。

二、封闭（孔）剂的调配知识

1. 比例关系

封闭（孔）剂中的几种组分是按比例混合的，它们之间遵循着严格的比例关系，如上面的例1中各种组分的质量之比为：环氧树脂（E－44）：T31固化剂: 铝粉: 丙酮: 增塑剂＝41:（10～11）:（5～6）:（22～23）:（5～6）。

2. 按配方进行称量

一般称固体用秤称取（质量，g），称液体用量筒量取（容积，mL），根据密度换算。

按下列次序称量并倒入搅拌筒内，边倒边搅拌，直至均匀：

（1）称取成膜物质——环氧树脂（E－44）。

（2）称取稀释剂——丙酮。

（3）称取填料——铝粉。

（4）称取增塑剂。

（5）称取固化剂——T31固化剂。

3. 搅拌

将经过称量的上述材料，在搅拌桶内搅拌直至均匀，即可使用。

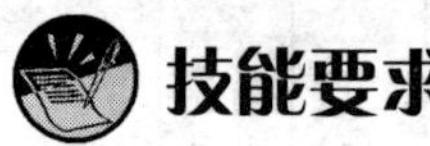

技能要求

一、封闭（孔）剂的调配

调配封闭（孔）剂需准备容器、秤或量筒及搅拌工具等。

1. 调配容器的准备

调配容器须满足下列要求：

（1）调配容器通常为无色大口桶状塑料制品。

（2）要求能耐封闭（孔）剂中的稀释剂的浸蚀，不溶解、不溶胀。

（3）容器的容积大约为 30 min 内封闭（孔）剂使用量的 1.5 ~2 倍，以防止在搅拌的过程中封闭（孔）剂漫出。

（4）数量 2 ~4 只。

2. 秤、量筒的准备

（1）秤。用于固态物质的称量，如粉料等。量程依据施工量的大小决定，一般为 5 ~10 kg；数量 1 台。

（2）量筒。用于液态物质的称量，如环氧树脂、丙酮等。量程依据施工量的大小决定，一般为 1 000 ~5 000 mL；数量 2 ~5 个。

3. 搅拌工具的准备

封闭（孔）剂基本上是由两组分以上的物质组成的（常温下固化至少有基料和固化剂两组分），搅拌工具的作用就是将按比例称量好的组分充分搅匀，保证容器中的封闭（孔）剂的成分到处均匀一致。

搅拌工具的类型有电动、气动和手动三种。

电动、气动搅拌工具搅拌效率高、速度快、封闭（孔）剂均匀等优点，适宜于大面积施工，但电动搅拌工具现场要有电源，气动搅拌工具现场要有气源。

手动搅拌工具较简单，呈棒形，材质为金属、木材或塑料，现场不需要电源和气源，适宜于小面积施工。

4. 各组分的称量

（1）称量基料。基料多为热固性树脂，常温下呈黏流态。可用量筒量取，也可用秤称取。

（2）量取稀释剂。稀释剂为液态，常温下呈液态，用量筒量取。

（3）固化剂。多数热固性树脂的固化剂为液态，可用量筒量取；无机材料作为封闭（孔）剂，其固化剂为固态，可用秤称取。

5. 调配

（1）将称量好的封闭（孔）剂基料（通常为热固性树脂）放到调配容器内。

（2）将按比例称量好的稀释剂慢慢倒入基料（通常为热固性树脂）中，边倒边搅拌，直至完全均匀，成为待用基料。

（3）将按比例称量好的固化剂慢慢倒入待用基料中，边倒边搅拌，直至完全均匀。

二、注意事项

封闭（孔）剂调配过程中注意各组分的比例关系。

学习单元 2 封闭（孔）剂的施工

学习目标

➢ 能够掌握封闭（孔）剂施工程序。

技能要求

一、选择操作工具

根据单件物体的施工面积及复杂程度选择操作工具。

（1）单件物体的施工面积不大，一次封闭（孔）剂施工在 100 m^2 以下的，可选择辊筒或漆刷。

（2）单件物体的施工面积较大，一次封闭（孔）剂施工达 100 m^2 以上且被施工的物体的几何形状又比较简单的，可选择无气喷涂机。

二、封闭操作

封闭操作的主要程序为：去浮灰、封闭。

1. 去浮灰

封闭操作前，必须将已喷涂待封闭的表面的浮灰去除，以保证封闭（孔）剂与喷涂层之间的结合力。去浮灰的方法为：

（1）压缩空气吹扫。用清洁干燥的压缩空气（≈0.3 MPa）自上向下、从左到右依次地吹扫待封闭的表面，包括脚手板上的砂粒、灰尘都要吹扫干净，防止在封闭操作过程中灰尘扬起，污染待封闭的表面和环境。

（2）扫帚或漆刷清扫。压缩空气吹扫后 30 min，待灰尘基本沉淀落下后，再用扫帚或漆刷清扫待封闭的表面，将经压缩空气吹扫后飞起又沉淀落下的灰尘清扫干净，确保待封闭的表面清洁干净。

2. 封闭操作

现有的金属喷涂技术难以做到金属涂层无孔隙，封闭操作的目的就是将金属喷涂层的孔隙用封闭（孔）剂堵上，保证整个涂层无孔隙。封闭操作的方法有：

（1）辊涂或刷涂。对于施工面积不大、一次封闭（孔）剂施工面积在 100 m^2 以下的单件物体，可采用辊涂或刷涂，即用辊筒进行辊涂或用漆刷进行刷涂。封闭操作一般需要 2 ~4 道施工，要求每道施工的封闭（孔）剂的颜色有差异，以便于检查漏涂，下一道施工时辊筒或漆刷的运动方向要与上一道施工时辊筒或漆刷的运动方向垂直，不能平行，确保不漏涂和过度重叠，参见本书第三章。

（2）气喷涂。对于施工面积较大、一次封闭（孔）剂施工达 100 m^2 以上且被施工的物体的几何形状又比较简单的单件物体，可选择气喷涂。气喷涂封闭操作一般需要两道施工，每道施工的封闭（孔）剂的颜色要有差异，以便于检查漏涂，下一道施工时喷枪的运动方向要与上一道施工时喷枪的运动方向垂直，不能平行，确保不漏涂和过度重叠，参见本书第三章。

三、注意事项

下一道施工时辊筒、漆刷或喷枪的运动方向要与上一道施工时的运动方向垂直。

第 5 节　质 量 检 查

学习单元 1　判定喷射除锈质量

学习目标

- 了解喷射除锈质量标准。
- 掌握喷射除锈质量的判定方法。

知识要求

一、清洁度

清洁度是表示被喷涂表面去除油污、油脂、盐分、灰尘及锈的干净程度。金属喷涂要求被喷涂表面的清洁度达 Sa2. 5 级以上，基本做到彻底去除油污、油脂、盐分及锈。

清洁度应采用 GB/T 8923.1—2011 中的图片对照检验。

二、粗糙度

粗糙度是表示被喷涂表面的粗糙程度，其意义为在一定范围内表面最高峰与最低谷间的数值，数值越大，粗糙度越好。一定的粗糙度是金属涂层与基体附着力的保证，金属喷涂要求被喷涂表面的粗糙度达 100 μm，以保证金属涂层与基体的附着力。

粗糙度指标，依据 GB/T 13288.1—2008 中的标准对比板对照检验。

三、表面处理情况填写要求

表面处理情况要求填写下列内容：

1. 工件

工件名称、图号、部位等。

2. 时间

表面处理的日期、开始时间、结束时间、检验时间等。

3. 环境

空气温度、表面温度、露点温度、相对湿度。

4. 表面处理

清洁度、粗糙度。

5. 人员

操作人员、检验人员等。

6. 选择的标准

金属喷涂锌、铝及锌铝合金的标准为《金属和其他无机覆盖层热喷涂锌、铝及其合金》（GB 9793—1997）。

金属喷涂碳钢、不锈钢的标准为《线材喷涂碳钢及不锈钢》（JB/T 6974—1993）。

技能要求

一、喷射除锈质量的判定

（1）清洁度判定。

（2）粗糙度判定。

二、填写表面处理情况

表面处理情况表见表 8—14。

表 8—14　　　　**表面处理施工记录表**

设备/工程名称		施工单位	
		施工员	
		检验员	
图号		日期	
施工文件号		施工部位	

相对湿度（%）：　　　；环境温度（℃）：　　　；表面温度（℃）：　　　；

露点（℃）：　　　；开始时间：　　　；结束时间：

检查点	外观颜色	清洁度	粗糙度	备注

三、注意事项

填写表面处理施工记录表时，不能漏填相对湿度、环境温度、表面温度、露点、开始时间、结束时间等。

学习单元 2　涂层表观质量检查

学习目标

➢ 了解金属涂层、封闭（孔）剂涂层表观质量的要求。

➢ 能掌握金属涂层、封闭（孔）剂涂层表观质量检查方法及记录内容。

知识要求

一、涂层表观质量的要求

涂层表观质量主要有金属喷涂层表观质量和封闭（孔）剂涂层表观质量。

1. 金属喷涂层表观质量

涂层外观应均匀一致，无气孔或底材裸露的斑点，不允许有未完全熔化的金属丝段，没有未附着或附着不牢固的金属熔融颗粒和影响涂层使用寿命及应用的一切缺陷。

2. 封闭（孔）剂涂层表观质量

涂层外观颜色应均匀一致，无明显气泡、翘皮、咬底、漏涂、开裂、假固化等现象。

二、涂层表观质量检查及记录内容

1. 金属喷涂层

（1）外观均匀一致性。

（2）气孔或底材裸露的斑点。

（3）未完全熔化的金属丝段。

（4）未附着或附着不牢固的金属熔融颗粒。

（5）其他缺陷。

2. 封闭（孔）剂涂层

（1）外观颜色。封闭（孔）剂涂层外观颜色应基本一致，无明显色差。

（2）气泡及针孔。封闭（孔）剂涂层外观无明显气泡及针孔。

（3）翘皮。封闭（孔）剂涂层外观无翘皮现象。

（4）咬底。刷后道封闭（孔）剂时不能有将上道封闭（孔）剂溶解、溶胀或混溶的现象。

（5）漏涂。每道封闭（孔）剂都不能漏涂，否则喷涂层中将会有孔隙不能被完全封闭。

（6）开裂。封闭（孔）剂涂层不能有明显的开裂现象。

（7）假固化。封闭（孔）剂涂层必须固化后才能投入使用，不能有假固化现象发生。假固化通常发生在气温较低的冬季。

技能要求

一、目测涂层表观质量

先检查外观颜色，再依次检查气泡及针孔、翘皮、咬底、漏涂、开裂、假固化。

二、填写涂层表观质量记录表

涂层表观质量记录表见表 8—15。

表 8—15　　涂层表观质量记录表

<table>
<tr><td colspan="2" rowspan="3">设备/工程名称</td><td>施工单位</td><td colspan="2"></td></tr>
<tr><td>施工员</td><td colspan="2"></td></tr>
<tr><td>检验员</td><td colspan="2"></td></tr>
<tr><td>图号</td><td></td><td>日期</td><td colspan="2"></td></tr>
<tr><td>施工文件号</td><td></td><td>施工部位</td><td colspan="2"></td></tr>
<tr><td colspan="5">封闭剂材料：；型号/批号：；
生产厂商/品牌：；色号/光泽度：</td></tr>
<tr><td colspan="5">相对湿度（%）：；环境温度（℃）：；表面温度（℃）：；
露点（℃）：；开始时间：；结束时间：</td></tr>
<tr><td>检查点</td><td>外观颜色</td><td>气泡及针孔</td><td>翘皮　咬底　漏涂</td><td>开裂　假固化</td></tr>
<tr><td></td><td rowspan="8"></td><td rowspan="8"></td><td></td><td></td></tr>
<tr><td></td><td></td><td></td></tr>
<tr><td></td><td></td><td></td></tr>
<tr><td></td><td></td><td></td></tr>
<tr><td></td><td></td><td></td></tr>
<tr><td></td><td></td><td></td></tr>
<tr><td></td><td></td><td></td></tr>
<tr><td></td><td></td><td></td></tr>
</table>

三、注意事项

目测主要凭经验，经验在于积累，要在实践中细心体会，慢慢积淀。

思　考　题

1. 试述识读施工方案及操作规程程序。

2. 试述施工工件原始数据的测量及记录内容。

3. 试述原、辅材料的领取程序。

4. 试述常用机具的保养知识。

5. 试述检查施工安全及环保措施的程序。

6. 试述立式设备（除顶内部以外的）外壁及内壁喷射除锈操作程序。

7. 试述卧式设备的全部表面喷射除锈操作程序。

8. 试述喷涂时燃气、助燃剂的调节方法。

9. 试述喷涂压缩空气的调节方法。

10. 试述火焰喷涂锌、铝及锌铝合金涂层（立式设备外壁及除顶部以外的内壁、卧式设备的全部表面）的作业程序。

11. 试述 QX—1 型气喷枪常见故障及解决办法。

12. 试述封闭（孔）剂的调配方法。

13. 试述封闭（孔）剂的操作方法。

14. 试述除锈质量的判定程序。

15. 试述目测涂层表观质量的检测项目。

第9章

非金属喷涂防腐蚀作业

第1节　喷　涂　操　作

学习单元1　静电喷涂

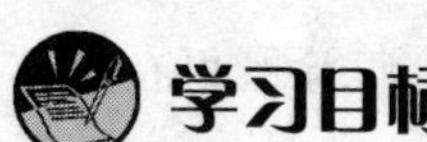

学习目标

➤ 掌握非金属喷涂的概念、非金属喷涂用材料、非金属喷涂的特点以及静电喷涂的原理等方面的知识。

➤ 能进行静电喷涂的操作。

知识要求

一、非金属喷涂的概念

非金属喷涂是指应用各种喷涂技术，使用特殊工具或装备将各种类型的非金属材料喷涂在基体表面（主要是金属基体），经过一系列的特殊处理使基体表面具有耐腐蚀等特殊性能的涂层的过程。

二、非金属喷涂用材料

非金属喷涂用材料主要有陶瓷和塑料。

1. 陶瓷

陶瓷是金属氧化物、碳化物、硼化物、硅化物等的总称。常用于喷涂的陶瓷材料有氧化物和碳化物。陶瓷的特点是硬度高、熔点高、脆性强。

（1）氧化物陶瓷。是使用最广的高温材料。氧化物陶瓷粉末涂层与其他耐热材料涂层相比，具有绝缘性能好、导热率低、高温强度高的特性，特别适宜做热屏蔽和电绝缘涂层。

（2）碳化物陶瓷。包括碳化钨、碳化铬、碳化硅等，它们很少单独使用，往往采用钴包碳化钨或镍包碳化钨，碳化铬、碳化硅也可用做耐磨或耐热涂层。

2. 塑料

塑料分热塑性塑料和热固性塑料。

三、非金属喷涂的特点

1. 使用范围广

涂层材料可以是各种陶瓷、塑料。被喷涂的基体可以是金属也可以是非金属，如陶瓷、塑料、石膏、水泥、木材、纸张等。

2. 工艺灵活

施工对象小到 10 mm 的内孔，大到铁塔、桥梁等大型结构。喷涂既可在整体表面上进行，也可在指定区域内喷涂。

3. 喷涂层的厚度可调范围大

涂层厚度可从几十微米到几毫米，表面光滑，加工量少。用特细粉末喷涂时，表面不加工研磨即可使用。

4. 工件受热程度可以控制

热喷涂工艺，例如氧—乙炔喷涂、等离子弧喷涂、爆炸喷涂，工件受热温度均不超过 250℃，不会改变工件的金相组织。

5. 生产率高

大多数工艺方法的生产率可达到每小时数千克，最高可达到 50 kg/h 以上。

四、静电喷涂的原理

工件通过输送链进入喷粉房的喷枪位置，准备喷涂作业。静电发生器通过喷枪枪口的电极针向工件方向的空间释放高压静电（负极），该高压静电使从喷枪口喷出的粉末和压缩空气的混合物以及电极周围的空气电离（带负电荷）。工件经过挂具通过输送链接地（接地极形成正极），这样就在喷枪和工件之间形成一个电场，粉末在电场力和压缩空气压力的双重推动下到达工件表面（运送载体为压缩空气），依靠静电吸附在工件表面，形成一层均匀、连续、平滑的涂层。

五、静电喷涂设备

静电喷涂设备由喷枪及控制器、供粉系统、回收系统、喷粉室和辅助系统组成。

1. 喷枪和静电控制器

喷枪除了传统的内藏式电极针，外部还设置了环形电晕而使静电场更加均匀，以保持粉末涂层的厚度均匀。静电控制器产生需要的静电高压并维持其稳定，波动范围小于 10% 。

2. 供粉系统

供粉系统由新粉桶、旋转筛和供粉桶组成。粉末涂料先加入到新粉桶，压缩空气通过新粉桶底部流化板上的微孔使粉末预流化，再经过粉泵输送到旋转筛。旋转筛分离出粒径过大的粉末粒子（100 μm 以上），剩余粉末下落到供粉桶。供粉桶将粉末流化到规定程度后通过粉泵和送粉管供给喷枪喷涂工件。

3. 回收系统

喷枪喷出的粉末除一部分吸附到工件表面上外，其余部分自然沉降。沉降过程中的粉末一部分被喷粉棚侧壁的旋风回收器收集，利用离心分离原理使粒径较大的粉末粒子分离出来并送回旋转筛重新利用。粒径较小的粉末粒子被送到滤芯回收器内。其余粉末被脉冲压缩空气振落到滤芯底部收集斗内，这部分粉末定期清理装箱等待出售。分离出粉末的洁净空气排放到喷粉室内以维持喷粉室内的微负压。

4. 喷粉室

顶板和壁板采用透光聚丙烯塑料材质，以最大限度减少粉末粘附量、防止静电荷累积干扰静电场。底板和基座采用不锈钢材质，既方便清洁，又具有足够的机械强度。

5. 辅助系统

包括空调器、除湿机。空调器的作用 是保持喷粉温度在 35℃ 以下，以防止粉末结块，二是通过空气循环保持喷粉室的微负压。除湿机的作用是保持喷粉室相对湿度为45%～55%。湿度过大空气容易产生放电，击穿粉末涂层；湿度过小空气导电性差，不易电离。

六、静电喷涂的工艺参数

1．静电高压70～80 kV

电压过高容易造成粉末反弹和边缘麻点；电压过低则上粉率低。

2．静电电流10～20 μA

电流过高容易产生放电击穿粉末涂层；电流过低则上粉率低。

3．流速压力0.30～0.55 MPa

流速压力越高则粉末的沉积速度越快，有利于快速获得预定厚度的涂层，但过高就会增加粉末用量和喷枪的磨损速度。

4．雾化压力0.30～0.45 MPa

适当增大雾化压力能够保持粉末涂层的厚度均匀，但雾化压力过高会使送粉部件快速磨损。适当降低雾化压力能够提高粉末的覆盖能力，但雾化压力过低容易使送粉部件堵塞。

5．清枪压力0.5 MPa

清枪压力过高会加速枪头磨损，过低容易造成枪头堵塞。

6．供粉桶流化压力0.04～0.10 MPa

供粉桶流化压力过高会降低粉末密度使生产效率下降，过低容易出现供粉不足或者使粉末结团。

7．喷枪口至工件的距离小于200 mm

喷枪口至工件的距离过近容易产生放电击穿粉末涂层，过远会增加粉末用量和降低生产效率。

8．输送链速度4.5～5.5 m/min

输送链速度过快会引起粉末涂层厚度不够，过慢则降低生产效率。

9．压缩空气压力0.6～0.7 MPa

10．送粉量40～10kg/h

11．喷涂粉末细度80～100 μm

七、粉末塑料

静电喷涂用粉末塑料分为热塑性粉末塑料和热固性粉末塑料。一般由特制树脂、填料、固化剂按一定比例混合，再通过热挤塑、粉碎、过筛等工艺制成，其特点如下：

（1）环保。不含溶剂、不含挥发性物质，无毒性，故无中毒、无火灾、无三废排放。

（2）原料利用率高，回收率可达 99%。

（3）被涂物前处理后，一次性施工，不须底漆，可得到较厚的涂层。易实现自动化操作，效率高。

（4）涂层致密、附着力强、抗冲击强度和韧性优越。具有良好的耐腐蚀性能。

（5）储存、运输安全、方便。

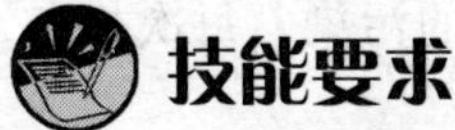

技能要求

一、操作程序

表面处理（脱脂脱油）→刮腻子（工件表面缺陷处，干燥后砂布打磨）→屏蔽不需要喷涂的部位→预热（一般不需要，涂层要求较厚时加热到 180 ~ 200℃）→喷涂→固化→清理（取下保护物，修平毛刺）→检验→缺陷处理→成品。

二、喷涂操作

（1）工作前检查并疏通各条供粉线路及喷枪。清理喷枪时一定要注意喷枪电源线是否与喷嘴接触良好，供粉线路是否与喷嘴疏通，并清理干净喷粉室及供粉桶。

（2）合上电源开关，打开静电电源，开通喷粉室风机。接通压缩空气。接地线正常。

（3）打开静电发生器开关，检查各部分仪表工作是否正常。把高压调到所规定的工艺数值，再打开喷枪供粉、喷涂。工作进程中，根据工件的不同调整喷枪的出粉量。

（4）喷粉操作人员必须赤手握枪，以保证皮肤与金属的直接接触。

（5）作业结束后，检查设备，关闭电源及气源，将喷枪挂好，并清理粉房。

三、注意事项

（1）由于静电喷涂操作环境属于高电压、易燃、易爆的环境，在该环境中工作的安全工艺尤为重要，所有安全措施应符合《涂装作业安全规程　粉末静电喷涂工艺安全》（GB 15607—2008）

（2）必须在排风启动至少3 min后，方可开启高压静电发生器和喷粉装置。停止作业时，必须先停止高压静电发生器和喷粉装置，3 min后再关闭风机。

（3）为保证涂膜的使用寿命，涂装前应进行严格的表面处理。

（4）喷涂时，被涂物须完全接地，以增加粉末涂装的喷着效率。

（5）对有较大表面缺陷的被涂物，应刮导电腻子，以保证涂层的平整和光滑感。

（6）喷粉后，应立即检查，发现缺陷应立即修复。

（7）回收粉须经过筛除杂质后，按一定比例与新粉混合使用。

（8）供粉桶、喷粉室及回收系统应避免其他不同颜色粉末的污染，每次换色时一定要吹扫干净。

学习单元2　涂层流平、固化

学习目标

➢ 掌握静电喷涂流平、固化处理的基本原理、工序、设备以及工艺参数等相关知识。

➢ 能进行涂层的流平、固化处理。

知识要求

一、涂层的流平、固化原理

以喷涂环氧聚酯粉末为例，固化是环氧树脂中的环氧基、聚酯树脂中的羧基与固化剂中的胺基发生缩聚、加成反应，交联成大分子网状体，同时释放出小分子气体（副产物）。该过程分为熔融、流平、胶化和固化四个阶段。

1. 熔融

温度升高到熔点后工件上的表层粉末开始熔化，并逐渐与内部粉末形成旋涡直至全部熔化。

2. 流平

粉末全部熔化后开始缓慢流动，在工件表面形成薄而平整的一层，此阶段称流平。

3. 胶化

温度继续升高，到达胶点后有几分钟短暂的胶化状态（温度保持不变），称为胶化。

4. 固化

粉末胶化之后温度继续升高，粉末发生化学反应而固化。

二、固化工序

1. 工艺介绍

将喷涂好的工件推入固化炉，加热到预定温度，并保温相应的时间，然后打开炉门冷却后，得到成品。粉末的固化温度为 180 ~ 200℃，保温烘烤时间 10 ~ 20 min。

固化操作工艺参数的确定：实际固化操作中，需要控制的参数是炉温和输送链的速度。设备最初调试时，可以通过用炉温跟踪仪测量最大工件的上、中、下 3 点的表面温度和累积时间，并根据测量结果来调整固化炉设定温度和输送速度。

2. 固化设备

固化操作在固化炉中完成，固化炉由加热系统和保温箱体两部分构成，其中加热系统包含控制系统。加热系统的加热方式有燃煤加热、电加热、燃气加热和燃油加热四种。

技能要求

一、固化操作

（1）检查固化炉加热系统的控制系统、加热装置是否工作正常。

（2）将喷涂好的工件推入固化炉。

（3）加热到预定的固化温度 180 ~ 200℃，并保温 10 ~ 20 min。

（4）打开炉门冷却至常温，得到制成品。

二、注意事项

固化温度是指工件的实际温度，固化时间是指维持不低于这一温度的累积时间，而不是固化炉的设定温度和工件在炉膛内的行走时间。

第2节 质量检查

学习单元1 基体表面角向磨光机除锈、磷化的质量检测

学习目标

➢ 掌握基体表面手工角向磨光机除锈处理、磷化质量的评价标准。

➢ 能对手工角向磨光机除锈、磷化的质量进行检查。

知识要求

一、手工角向磨光机除锈等级介绍

《涂覆涂料前钢材表面处理　表面清洁度的目视评定　第1部分：未涂覆过的钢材表面和全面清除原有涂层后的钢材表面的锈蚀等级和处理等级》（GB/T 8923.1—2011）规定了手工和动力工具除锈的除锈等级，共两级，即St2和St3级。

二、磷化的质量要求

用于涂装前打底的磷化处理质量要求的内容包括外观、磷化膜厚度或膜重、磷化膜或后处理以后的耐蚀性以及磷化与涂层的配合性。

1. 磷化膜外观

应为结晶致密、连续均匀的浅灰到深灰色膜，对于轻铁系磷化应为连续彩色膜。允许出现下述缺陷：轻微的水迹，铬酸盐痕迹、轻微挂灰现象，由于热处理焊接及加工等表面状态不同造成的磷化膜缺陷。下述是不允许出现的缺陷：磷化膜出现泛黄生锈、磷化膜疏松、磷化露底、局部无膜、严重挂灰。

2. 涂漆用磷化膜重

应低于7.5 g/m^2。

3. 磷化膜的耐蚀性

采用盐水浸泡法，磷化工件在 3% 盐水溶液中，在 15 ~ 25℃温度下，浸泡 1 h 不应出现锈蚀。

4. 磷化与漆膜配合

将磷化工件涂覆 25 ~ 35 μm 的 A04—9 白氨基漆，划痕后按《色漆和清漆耐中性盐雾性能的测定》（GB/T 1771—2007）进行盐雾试验，漆膜应无起泡、生锈、脱落现象。

技能要求

一、基体表面手工和动力工具除锈质量检验

依据《涂覆涂料前钢材表面处理　表面清洁度的目视评定　第 1 部分：未涂覆过的钢材表面和全面清除原有涂层后的钢材表面的锈蚀等级和处理等级》（GB/T 8923. 1—2011）将经手工和动力工具除锈的基体表面与标准上的标准图片比较，从而确定其相应的除锈等级。

二、基体表面磷化质量检验

1. 外观检验

肉眼观察磷化膜应是均匀、连续、致密的晶体结构，表面不应有未磷化残余空白或锈渍。由于前处理的方法及效果的不同，允许出现色泽不一的磷化膜，但不允许出现褐色。

2. 漆膜厚度的检测

膜重测量采用重量法，可依照《钢铁工件涂漆前磷化处理技术条件》（GB 6807—2001）或《金属材料上的转化膜单位面积上膜层质量的测定》（GB/T 9792—2003）。

3. 耐蚀性检查

（1）浸入法。将磷化后的样板浸入 3% 的氯化钠溶液中，经 2 h 后取出，表面无锈渍为合格。出现锈渍的时间越晚，说明磷化膜的耐蚀性越好。

（2）点滴法。室温下，将蓝点试剂滴在磷化膜上，观察其变色时间。磷化膜厚度不同，变色时间不同。厚膜应大于 5 min，中等膜应大于 2 min，薄膜应大于 1 min。

4. 与后涂层的配合检验

将磷化工件涂覆 25 ~ 35 μm 的 A04—9 白氨基漆，划痕后按《色漆和清漆　耐中性盐雾性能的测定》（GB/T 1771—2007）进行 24 h 盐雾试验。

学习单元2 涂层表观质量检查

学习目标

➢ 掌握粉末对涂层质量的影响，涂层表观质量的要求。

➢ 能对涂层表观质量进行检验。

相关知识

一、粉末涂料对涂层质量的影响

1. 颗粒细度

适合静电喷涂的粉末涂料，其颗粒度最好在10～90 μm（即大于170目）。粒度小于10 μm的粉末称超细粉末，超细粉的含量不能太多。粉末的颗粒度超过90 μm时，在静电喷涂时，颗粒所带的电荷与质量之比很小，大颗粒粉末的重力很快超过空气动力和静电力，因此，大颗粒粉末具有较大的动能，不容易吸附到工件上去。

2. 电阻率和介电常数

应尽可能用高介电常数的，它将使粉末吸附力大大提高，涂膜更均匀。使用高电阻率的粉末可以得到合适的涂膜。

3. 含水量（吸湿）

含水量除了影响粉末的带电性能外，还将降低粉末的流动性和成膜性，从而使涂膜不平滑甚至难以在工件上吸附，并且得到的涂膜会产生气泡和针孔。如果粉末严重吸湿则将结团，无法进行静电喷涂。

4. 稳定性

稳定性差的粉末在储存或使用中会发生粉末结块，从而使流平特性变差，带电效果变差，涂膜的橘纹明显，光泽减弱，针孔气泡发生等。

二、涂层表观质量的要求

（1）钢构件的涂层外观应平整和光洁

（2）钢构件涂层有下列情况之一者，均为允许缺陷

1）轻微的橘皮。

2）不明显的针孔和缩孔。

3）不明显的色差。

（3）钢构件涂层有下列情况之一者，均为不允许缺陷

1）严重的橘皮。

2）明显的针孔和缩孔。

3）严重色差、重要表面露底或有划痕。

4）鼓泡。

5）局部脱落。

（4）涂层的颜色应与选定的样板或色板基本一致

技能要求

一、粉末涂层表观质量的检验

1. 外观检验

粉末固化后的工件，日常主要检查外观和厚度，即外观是否平整光亮、有无颗粒、缩孔等缺陷；厚度控制在 55 ~90 μm。

2. 色差、光泽度的检测

在每批喷涂的零件中随意抽取几件，其涂层厚度应在 40 ~70 μm，颜色与色标板差值应不大于 1.8%，光泽度大于等于 90%。

3. 气泡检测

100% 的涂层外观检查，在表面 100 cm^2的面积内，0.3 ~0.8 mm^2的气泡不得多于 2 处，不允许出现 1 mm^2大的气泡。

二、涂层的质量检验操作

1. 试板的制备

试板采用尺寸为 120 mm ×60 mm ×（0.3 ~1.0）mm 的钢板，其表面处理按《化学试剂　分子吸收分光光度法通则（紫外和可见光部分）》（GB 9271—2006）的规定进行，然后在与形成被测工件涂层的相同条件下，在试板上形成涂层，挑选涂层厚度为 60 μm ±30 μm 的试板待测。

2. 外观

用正常的或经过矫正的视力，在天然散射光下，眼睛与试板距离 30 cm 左右、成 120° ~140°，进行检查。

3. 颜色

将试板与选定的标准色板重叠1/4面积，用正常的或经过矫正的视力，在天然散射光下，眼睛与试板距离30 cm左右、成120°~140°，进行检查。

4. 厚度

按《色漆和清漆　漆膜厚度的测定》（GB/T 13452.2—2008）在待测钢件上选定具有代表性的6点进行测量。

思　考　题

1. 简述静电喷涂的原理、设备组成。
2. 简述静电喷涂涂层流平、固化的原理及工序。
3. 简述角向磨光机除锈的等级及检验方法。
4. 简述磷化处理的质量要求及检验。

第 10 章

化学清洗防腐蚀作业

第 1 节　准 备 工 作

学习目标

➤ 了解化学清洗常用施工工具。

➤ 能够按照清洗施工方案准备清洗施工设备、机具，核对、识别化学清洗剂、助剂等原材料，并按照要求存储。

知识要求

一、施工工具

1. 设备拆装机具

化学清洗常用设备拆装机具见表 10—1。

表 10—1　　化学清洗常用设备拆装机具

名称	规格	主要材质
万用表		
欧姆表		
钳型电流表		
电钻		
其他电工用具		

续表

名称	规格	主要材质
扳手	各种规格	工具钢
旋具	各种规格	工具钢
管钳	各种规格	工具钢
锤子	各种规格	工具钢
钳子	各种规格	工具钢

2. 化学清洗施工机具

化学清洗常用施工机具见表10—2。

表10—2　　化学清洗常用施工机具

名称	规格	主要材质
清洗泵站	大型、中型、小型	碳钢、不锈钢
清洗液箱	大、中、小	碳钢、不锈钢、聚乙烯塑料
加料泵	3 ~ 10 m^3/h	不锈钢、聚四氟乙烯塑料等
小型高压清洗机	5 ~ 15 MPa	泵为铜材料制备
清洗泵配件	与原泵匹配	铸钢、碳钢、不锈钢、非金属
配电柜及电缆	与电机匹配	
滤网	5 mm × 5 mm、3 mm × 3 mm	不锈钢
阀门、管道及管件	与清洗泵站及工艺匹配	铸钢、碳钢、不锈钢、非金属
压力表	0.8 ~ 1.6 MPa	碳钢、铜
流量计	0 ~ 8 m/s	玻璃、碳钢、不锈钢
温度计	0 ~ 100℃、0 ~ 200℃	玻璃、不锈钢

二、清洗剂、助剂材料

清洗剂由清洗主剂、缓蚀剂和助剂组成。清洗剂的选择是清洗工作中的关键一环，它直接影响设备的清洗效果、除垢率、腐蚀速度及工艺条件、经济效果等。按清洗剂的性质，可将清洗剂分为碱清洗剂和酸清洗剂两大类。助剂包括还原剂、掩蔽剂和助溶剂。在选择时要注意各组分的性质及其相互作用的配合，发挥各组分的协同效应。

1. 清洗主剂

化学清洗主剂的作用是溶解污垢，故亦称除垢剂。按清洗主剂的性质可将清洗主剂分为碱清洗剂和酸清洗剂两大类。

碱清洗剂主要用于清除油脂垢、金属防护涂层等，常用碱清洗剂主要有氢氧化钠、磷酸三钠、磷酸氢二钠、三聚磷酸钠和碳酸钠等。

酸清洗剂主要用于清除水垢、氧化铁皮和腐蚀产物等，酸清洗剂中的酸可分为无机酸和有机酸两大类。常用的无机酸主要有盐酸、硫酸、硝酸、氨基磺酸、磷酸和氢氟酸等。无机酸清洗剂溶解力强、溶解快、效果明显、费用低，但即使有缓蚀剂存在，对金属的腐蚀仍很大，易产生氢脆和应力腐蚀，并在清洗过程中产生大量酸雾，造成环境污染。常用的有机酸有柠檬酸、甲酸、乙酸、羟基乙酸和乙二胺四乙酸（EDTA）等。有机酸多为弱酸，不含有害的氯离子成分，对设备本体腐蚀性小。但有机酸对垢的溶解速度较慢，清洗温度相对较高，清洗时间要长一些，成本高，适用于清洗贵重设备。

2. 缓蚀剂

在腐蚀性介质中，加入少量的一种或几种物质，能使金属的腐蚀速度大大降低，这种物质或复合物质就称缓蚀剂。缓蚀剂的种类繁多，其针对性、选择性很强。根据不同的清洗介质、不同的设备材质，应选用不同的缓蚀剂。在化学清洗过程中，对设备进行除污垢的同时也会对设备本体产生腐蚀。为此，需要加入适当的缓蚀剂保护设备不被腐蚀或减少腐蚀。

3. 清洗助剂

为了提高化学清洗效果、防止清洗过程中清洗液中含有某些化学成分（或其他原因）可能引起被清洗金属腐蚀等问题的发生或改善清洗环境，需要向清洗液中添加某些化学药剂，这些药剂被称为清洗助剂。根据清洗助剂作用机理的不同，可将清洗助剂分为还原剂、隐蔽剂、助溶剂、表面活性剂、消泡剂等。

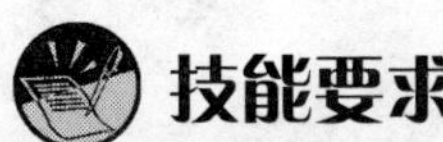

技能要求

一、工具准备

1. 设备拆装机具的准备

依据化学清洗施工技术方案要求，准备化学清洗设备拆装机具。要做到准备的型号、规格齐全。

2. 化学清洗施工机具的准备

根据化学清洗工艺与施工组织方案要求，准备化学清洗施工机具，其材质符合所选定的化学清洗的工艺要求。

二、清洗剂、助剂材料的准备

按清洗工艺技术方案要求，准备清洗剂和助剂材料，所需药品应经纯度检验准确无误，并保证足够的药品用量。

三、注意事项

（1）原材料应存放于通风、干燥、阴凉处。

（2）原材料应分类摆放在模板上，做到摆放整齐，防止倒塌，化学危险品应单独存放。

（3）分类摆放后，盖上防雨布，并加以固定，防止被风吹散。

（4）对分类好的原材料加标志（如材料名称、危险品勿动等）。

（5）对见光、受热易分解或易挥发的原材料应存放于通风、阴凉处。

（6）对易潮解、吸水性较强的原材料应存放于通风、干燥处。

（7）对相互间能发生化学反应的原材料，应做到远离、隔开存放。

（8）灭火方法相抵触的化学药品不准同室存放。

（9）液体桶装原料应码放平稳，并且不超过液体桶装标志所示的码放层数。

第2节　安装清洗设备

学习目标

➢ 掌握泵、阀门、管材、法兰等的安装与拆卸方法。

➢ 能够正确安装、拆卸清洗设备和临时管线。

➢ 能够按照要求穿戴劳动保护用品。

知识要求

一、工具的使用常识和安全操作规程

1. 常用清洗设备的安装方法

（1）清洗循环机泵的设置与安装。选择安装地点要求靠近被清洗的设备及水源，离排污点不太远，远离电气设备。施工场地要明亮干燥，便于检修、拆装。泵站的摆放地要求地面平整、坚实。泵轴和电机转轴要严格控制好水平，并加装防护罩。吸入管路安装时应严格控制好安装高度，并尽量减少弯头、阀门等局部阻力，吸入管的直径不应小于泵进口的直径。

(2) 阀门的安装操作。安装前，阀门内应洁净，阀芯及其密封面应正常，填料及其压盖应有足够的调节裕量。法兰或螺纹连接的阀门应在关闭状态下安装，并注意将阀门两端的保护盖去掉后，按介质流向确定其安装方向，再安装。水平管道上的阀门，其阀杆一般应安装在上半周范围内。阀门传动杆轴线的夹角不应大于30°，其接头应转动灵活。阀门的操作机构和传动装置应进行必要的调整，使之动作灵活，指示准确。

(3) 管件的安装操作。管件的连接方式有螺纹连接、法兰连接、插套连接、焊接连接等。管件安装时，应对法兰密封面及密封垫片进行外观检查，不得有影响密封性能的划痕、斑点等缺陷。法兰连接时应保持平行、同轴，偏差应不大于法兰外径的 1.5%，且不大于 2 mm。不得用强紧螺栓的方法消除歪斜。其螺栓孔中心偏差一般应不超过孔径的5%，并保证螺栓自由穿入。垫片安装时一般是根据需要涂上涂剂。

(4) 密封填料的安装。应选择耐腐蚀、耐磨的密封材料。在制作填料时，每根接口要呈楔形。安装时，先要将加填料的设备部位处理干净，再一根根加，要注意每根填料的接口都要错开。填料加装完后，在紧压盖时，应检查密封部位的松紧度。

(5) 临时管路的配置。临时管路的配置应考虑安装、维修、操作方便、有利于清洗，并尽可能减少费用。

(6) 碳钢管路的配置。配管安装铺设时尽量走直线，少拐弯、少交叉，力求整齐美观，节省管材，减少阻力。同时为了便于操作和维修、平行管路上的管件，阀门位置应相互错开。应注意管与管、管与墙壁间的间隙，以能进行维护为宜，尽量不高于人体的膝部。较长管路要有管架支撑，以防振动。水平铺设的临时管路朝排水方向倾斜度不小于3‰。

(7) 普通软管管路的安装。应避免急弯。外径大于 30 mm 的软管，其最小弯曲半径不小于管子外径的 9 倍；外径小于 30 mm 的软管，其最小弯曲半径不小于管子外径的 7 倍。在管接头的连接处，应有一段直线过渡部分，其长度不应小于管子外径的 6 倍。当自重过大有可能引起变形时，应设支托或自垂位置安装。软管相互间及软管同其他物件间不得摩擦，靠近热源时应有隔热措施。

2. 常用清洗设备的操作方法

（1）阀门。先要识别阀门的开闭方向。一般规定手轮顺时针方向为闭，逆时针方向为开。对于设有旁通阀的大口径阀门，应先开启旁通阀充气和预热，然后再开启大口径主阀。开启蒸汽阀门时，应先微开，以缓热设备和管路，并排出冷凝水，然后再缓缓开启阀门，以防止产生水锤现象和造成爆破事故。

对于电动和气液动阀门，操作人员应懂得阀门的结构原理和特性，了解工艺管路的来龙去脉才能操作。按动电钮时要慎重，不可发生错误。一般按下电源电钮、白色指示灯亮，表示电源接通；按下启动电钮、绿灯亮，表示阀门打开；按下关闭电钮、红灯亮，表示关闭。如指示灯该亮不亮，说明发生故障，应让有关人员检修。

（2）离心泵。开泵之前检查轴承有无润滑油，关闭出口阀门，打开排气芯，向泵内输送液体，检查轴转动是否灵活。启动泵后，观察压力大小是否达到规定值，运转正常后，缓慢地开大出口阀门，使压力平稳上升。

二、安装化学清洗系统的安全操作规程

（1）清洗系统一般由设备运行管路的固定系统和清洗时的临时系统（管道、阀门、箱体）组成。安装用的临时管道，不论采用钢管还是承压橡胶管，都要经过检查和试压，确认无问题后方可使用。禁止将已经老化开裂或废旧腐蚀严重的钢管装入清洗系统。

（2）清洗系统中所用阀门的质量要安全可靠，安装前要检查所用阀门。然后，对阀门进行水压试验，如发现不合格应予以更换。清洗系统中不宜用闸阀，最好采用球阀和防腐隔膜阀。

（3）泵体安装前应做检查，如有缺陷应予消除。靠背轮的连接要保持同一轴心，要避免泵启动后产生振动等情况。

（4）配液循环箱安装高度及箱内药液位应能保证循环清洗泵有足够的吸入高度，以防循环泵抽空。箱体内加装蒸汽加热器时，加热器应尽量布置在箱体的下半部，加热器的蒸汽进口管段上应安装便于操作的蒸汽流量调节阀。安装表面式蒸汽加热器时，在总汽管段上应加装疏水排放管及阀门，以便及时排掉疏水。

（5）清洗系统与排清洗液系统应有可靠的隔离措施，以防清洗液污染其他系统，造成不必要的损失，甚至产生严重的后果。

（6）清洗系统要有助于清洗液在设备内的分散与流动，尽量避免清洗液流动

时产生滞留区。

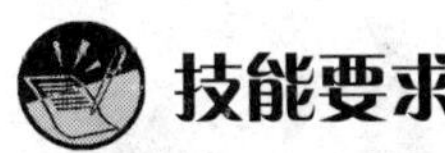

技能要求

一、拆卸被清洗设备的部件

1. 被清洗设备拆卸部件的确定

在清洗系统中存在一些不参加或不适宜清洗的部件，清洗前应予以隔离或拆除，比如系统中的仪表、自动控制系统、不适宜于盐酸清洗的铜芯阀门、奥氏体钢、渗氮钢部件及影响清洗工艺工程的部件等。一般情况下，压力表、采样管、锅炉过热器等可采用隔离方法，而温度计、铜芯阀门、奥氏体钢、渗氮钢及锅炉汽包中的汽水分离装置则应予以拆除。

2. 拆卸管道、阀门处临时清洗管道的安装与盲板设置

应根据临时清洗管道的需要，选择规格型号相匹配、数量足够的各种管件、阀门等，制定拆卸管道、阀门处临时清洗管道的安装方案。此外，针对本次清洗不使用的法兰口、螺纹口等，应配置规格型号相适应的盲板、丝堵。

二、安装清洗设备

将被清洗设备和清洗设备牢固连接，构成良好循环，并按临时清洗管道的安装方案安装临时清洗管线。

三、注意事项

（1）启动离心泵前必须使泵内灌满被输送液体，直至泵壳顶部排气冒液为止。停车时，在关闭电源开关后，要迅速关闭出口阀，以防止停车时出口管路中液体倒流而使泵液轮倒转，引起叶轮螺母松脱、叶轮与泵轴松脱等现象。

（2）安装铸铁、硅铁阀门时，应避免因强力连接或受力不均引起的损坏。法兰连接应使用同一规格螺栓，安装方向要一致。紧固后外露长度应不大于 2 倍螺距。螺栓紧固后，应与法兰紧贴，不得有楔缝。需加垫圈时，每个螺栓一个。

（3）电动、气液动装置失灵时，应及时改为手动，并通知有关人员修理。

第3节 配制清洗剂

学习单元1 常用清洗材料的性质与质量检查

学习目标

- 了解常见清洗药剂的物理性质。
- 掌握有机溶剂、酸、碱、气体、有毒物质的安全使用方法。
- 掌握常用清洗材料外观检查项目及检查方法。
- 能够检查清洗材料的外观。

知识要求

一、一般清洗药剂的物理性质与安全使用注意事项

1. 常用清洗药剂的物理性质

（1）盐酸。盐酸是清洗中最常用的药品，用量较大。它是氯化氢（HCl）的水溶液。氯化氢是无色气体，具有剧烈的臭味，沸点－85℃，熔点－110℃，相对密度1.268（空气为1），在空气中形成白色的氢氯酸烟雾，极易溶于水。

盐酸的主要危害是氯化氢与空气中的水蒸气作用而产生的盐酸烟雾对上呼吸道会产生剧烈的刺激作用。同时，还具有一定的腐蚀性。当浓盐酸稀释至较低浓度时基本无明显危害．刺激性和腐蚀性都很小。

在操作浓盐酸时，一方面要戴口罩，防止盐酸烟雾对呼吸道的刺激和危害，另一方面要戴橡皮手套，避免其与皮肤接触。操作时要注意防止盐酸溅到皮肤、眼睛和衣物上。

（2）氢氧化钠。氢氧化钠（NaOH）又称苛性钠、烧碱或火碱，白色固体，熔点318.4℃，沸点1 390℃，0℃时在水中的溶解度为42%，具有强烈的吸水性。氢氧化钠能够溶解蛋白质而形成碱性蛋白化合物，对人体组织有明显的腐蚀作用，所以接触皮肤时会引起烧伤。碱液的浓度越大、温度越高，其烧伤能力越强。它对眼睛的危害很大，即使少量的氢氧化钠进入眼睛，也会产生很大的危害。它不仅危害眼睛的表面部分（如使眼角膜浑浊），还会深入内部使虹膜受损。因此，在使用氢氧化钠时一定要注意防护。

（3）亚硝酸钠。亚硝酸钠（$NaNO_2$）为无色斜方棱柱晶体，熔点 276.9℃，易溶于水，其水溶液遇酸则放出黄色烟雾状的氮氧化物。亚硝酸钠对人体组织并不表现出强烈的急性损伤，因而其危害性往往容易被忽略。但误食一定的量后可引起血管扩张、脉搏加快、血压降低。亚硝酸钠的毒性在于它遇到次级胺类化合物时，在一定的条件下能产生致癌的亚硝胺，这是环境保护中严格控制亚硝酸钠排放浓度的主要原因。

用亚硝酸钠作钝化剂时，其操作防护规程按一般化学操作规程即可。但对排放有严格的要求，严禁不作任何处理就直接排放，更不允许其废液与酸液接触，否则会放出对环境有严重污染的氮氧化物。

（4）磷酸钠。磷酸钠又称磷酸三钠，通常含有 12 个结晶水（$Na_3PO_4 \cdot 12H_2O$）而成为无色晶体，密度 1.62 g/cm^3，熔点 73.4℃，在干燥空气中易风化，加热到 100℃时失去结晶水而成为无水物。磷酸钠溶于水，在水溶液中几乎完全分解为磷酸氢二钠和氢氧化钠，溶液呈碱性。

磷酸钠的毒性作用只有在剂量很大时才可能发生。因此，可按一般化学药品的操作规程进行操作，不必特别加以注意。

（5）碳酸钠。碳酸钠（Na_2CO_3）俗名纯碱或苏打，为白色粉末，密度 2.53 g/cm^3，熔点 851℃，在空气中易吸水和二氧化碳而成为碳酸氢钠，属于一种无毒化学药品，在使用操作中无特殊要求。

（6）联氨。联氨属无机碱性腐蚀品，有毒，长时间暴露于空气中或受高温作用可致爆炸。操作人员应注意保护呼吸道和皮肤。

（7）六偏磷酸钠。六偏磷酸钠吸湿性强，露置空气中能吸收水分而呈粘胶状物。游离六偏磷酸钠粉尘对眼、鼻、口腔有刺激作用，吸入后可引起气管炎及支气管炎症状，溅入眼内会引起结膜充血等。

（8）氨水。氨水属无机碱性腐蚀品，有强烈的刺激性和腐蚀性。氨对人体的伤害有三个途径，即皮肤黏膜、呼吸道和消化道。氨水的刺激性会使人不敢睁眼、咳嗽、打喷嚏、声带水肿、声音嘶哑。少量吸入可产生疼痛、头晕，重者出现抽搐、昏迷等症状。

（9）缓蚀剂。目前，市场上的缓蚀剂品种很多，其毒性各不相同，要根据其成分及商品使用说明书判别其毒性，再采取相应的防护安全措施。例如，某些缓蚀剂含有剧毒的苯胺和甲醛等物质，必须对其制定严格的操作规程，采取严密的防护措施，对其废液也应采取有效的处理措施。而有的缓蚀剂较为安全，在使用时可不作特殊的规定。

2. 化学清洗药剂安全使用注意事项

清洗中经常使用各种化学药品和气体。其中有些是易燃品、易爆品、有毒品以及酸、碱等腐蚀品。如果使用不当，会发生事故。要避免事故发生，而万一出了事故，也不要惊慌失措，要及时采取正确措施，排除故障。

（1）有机溶剂的安全使用。常用的有机溶剂有甲苯、丙酮、乙醇、丁酮、三氯乙烯、四氯化碳等。这些有机溶剂大多易燃，遇高温或明火时会燃烧，要储存在阴凉处，不要靠近火源。使用时不要直接放在电炉上加热。若需加热，一般采用水浴加热。如果万一着火，最好用二氧化碳、四氯化碳灭火器或泡沫灭火器灭火，也可用湿布或细砂扑灭，不要用水浇或用含水的酸碱灭火器喷射。这些有机溶剂易挥发，并有不同程度的毒性。因此，使用时应在通风橱中操作，加强排气。

（2）酸、碱的安全使用。常用的有硫酸、硝酸、盐酸、氢氟酸和王水等强酸溶液及氢氧化钠、氢氧化钾等强碱溶液，对人体及衣物有强烈的腐蚀作用，因此必须注意安全使用。有酸、碱蒸汽的地方要安装良好的通风设施。操作者要穿戴适当的防护服（如橡皮手套、口罩等）。搬运时要谨慎，防止酸、碱瓶倾倒或破裂，起封时瓶口应对着无人的地方。稀释硫酸时必须将硫酸慢慢注入水中，切勿把水倒入硫酸中。中和浓酸或浓碱时，必须先将它们倒入水中稀释，然后再用碱或酸溶液进行中和。

如果受到酸、碱灼伤，要用大量水冲洗。万一有酸、碱溅入眼内时，应立刻用大量自来水冲洗眼睛。不管严重灼伤还是溅入眼中，冲洗后，应立即到医院治疗。

（3）气体的安全使用。使用的气体一般用钢瓶存放运输或用输气管道输送。有些气体混合时，容易引起燃烧或爆炸。为便于识别，气瓶外常用不同颜色和字样来标注。气瓶内的气体通常具有较高的气压，新装的气瓶内的气压约15 MPa左右，因此存放和使用时应注意安全。

二、常用清洗材料外观检查项目

1. 颜色

无论是固体还是溶液，都有其固有的特定颜色。颜色是纯态物质的特性之一，颜色的变化，往往标志着物质质量的变化。观察其颜色是否变化，是判断该物质是否变质的基本方法之一。

2. 气味

每种化学物质都有特定的气味，成分和浓度的变化会引起气味的改变。

3. 形态

标签上对形态已有说明，应认真观察固体是否结块、潮解、风化、发霉等，还应注意观察液体透明度，是否有混浊、杂质、沉淀等异常情况。

4. 包装

无论什么剂型和剂量的试剂，都应包装完好，封口严密，标签完整，内容清晰，包装质量符合要求。

技能要求

一、清洗材料外观检查

清洗使用前，必须仔细检查清洗所用药品的形状、颜色、透明度、有无沉淀等异常情况，以判断药品是否变质。必须检查药品的包装及其包装说明，特别关注药品的纯度、保质期和使用方法等事项。变质试剂不得使用。

二、注意事项

嗅闻化学品气味时，要用手扇闻，不要直接对着容器口闻；不得品尝试剂的味道。

在药品检查过程中，注意不要将酸碱物质、氧化性和还原性药品混合堆放，必须把酸碱性物质、氧化性和还原性药品分开存放。注意一些固体药品的防潮，并且做好各类药品的堆放标志，确保标志清晰、明确。

学习单元 2　清洗剂的配制

学习目标

- 掌握量浓度、质量分数、密度公式。
- 了解一般清洗剂的配制工艺。

➢ 掌握一般清洗剂浓度的检测方法。

一、浓度表示方法

1. 物质的量浓度

以单位体积溶液里所含溶质的物质的量来表示溶液组成的物质量，用 c_B 表示：

$$c_B = \frac{n_B}{V}$$

式中　n_B——溶质 B 的量，SI 基本单位：mol；

V——溶液的体积，SI 基本单位：m^3。

在国际单位制（SI）中物质的量浓度以 mol/m^3 作单位，常用单位是 mol/L 或 mol/dm^3。

2. 质量分数

质量分数是指物质中某组分的质量与物质总质量之比，用 w_B 表示：

$$w_B = \frac{m_B}{m_{总}}$$

式中　m_B——溶液中某组分 B 的质量，SI 基本单位：kg；

$m_{总}$——溶液的总质量，SI 基本单位：kg。

显然，$\sum w_B = 1$，有时质量分数也常用质量百分数表示。习惯上，质量分数常用百分数表示。

二、体积、密度与质量的关系

在物理学中，把某种物质单位体积的质量叫做这种物质的密度，用 ρ 表示：

$$\rho = \frac{m}{V}$$

式中　m——物质的质量，SI 基本单位：kg；

V——物质的体积，SI 基本单位：m^3。

密度的 SI 基本单位是 kg/m^3，常用单位是 kg/dm^3（或 kg/L）、g/cm^3（或 g/mL）。

技能要求

一、一般清洗剂的配制工艺

1. 一般清洗剂的配制

一般清洗剂的配制有逐槽配制和循环配制两种方法。下面以酸清洗液的配制为例说明这两种配制工艺的加料顺序。

（1）逐槽配制。首先，在配液槽中计量加入清洗用水。其次，加入推荐量的缓蚀剂并混合均匀。最后，计量加入酸并搅拌均匀。

（2）循环配制。在清洗箱内注入清水，启动清洗泵，在清洗系统内循环，用水总量应扣除欲加入的酸和估计加热用的蒸汽冷凝液所占的体积。在循环状态下一次或分次加入定量的缓蚀剂。当缓蚀剂混合均匀后，再逐渐加入计量的酸，最后补加不足部分的清水，循环均匀。

2. 漂洗液的配制

漂洗的目的是利用柠檬酸铵或其他漂洗剂与被清洗设备系统内残留的铁离子结合，并除去系统内在水冲过程中形成的浮锈，使系统总铁离子的浓度降低，以保证钝化的效果。漂洗液的配制顺序如下：

首先，在系统中加入计量的清水，升温至 60℃左右。其次，在循环状态下在配液槽中加入定量的缓蚀剂，循环均匀。再次，在循环状态下，逐量加入漂洗剂，充分溶解，循环均匀。最后，用氨水调 pH 值至 3 ~ 4。同时，补足清水，循环均匀，升温至漂洗所需温度。

3. 钝化液的配制

化学清洗后的金属表面，特别是酸洗后的金属表面，其化学性质是相当活泼的，非常容易重新与氧结合而返锈。因此，金属表面经化学清洗后必须尽快采取钝化措施进行处理，以防止返锈。当漂洗结束后，若溶液中总铁离子浓度小于 300 mg/L，则可直接用氨水或其他碱性物质将漂洗液的 pH 值调至 9 ~ 10 后，再加入钝化剂进行钝化。若溶液中总铁离子浓度大于 300 mg/L，则应更换漂洗液至溶液中总铁离子浓度不大于 300 mg/L，再加入氨水或其他碱性物质将漂洗液的 pH 值调至 9 ~ 10 后，再加入钝化剂进行钝化。如果无漂洗步骤，当冲洗水的 pH 值为 3.5 ~ 4、总铁离子浓度大于 300 mg/L 时，即可进行中和、钝化。

二、配制清洗剂浓度的检测

清洗剂配制完成后需对其浓度进行检测，酸清洗液和碱清洗液要分别检测酸、碱浓度。

1. 酸清洗液浓度的测定

用盐酸、硝酸、氨基磺酸进行清洗时，可用中和法测量酸液浓度。视所配酸度浓度范围，可取2~5 mL试样，置于锥形瓶中，稀释到100 mL，加2~3滴甲基橙指示剂，用0.1 mol/L的氢氧化钠溶液滴定至由红色转为橙色，记下所用的氢氧化钠的体积a（mL），浓度计算如下：

$$酸度 = \frac{0.1 \times a \times K}{V \times 1\ 000} \times 100\%$$

式中 K——系数，盐酸为36.5，硝酸为63，氨基磺酸为97.1；

V——取样毫升数。

2. 氢氧化钠与磷酸三钠清洗液浓度的测定

氢氧化钠与磷酸三钠混合液有多种作用，它既可以用作通用的除油清洗液，又可用作钝化液和保护液。其测量方法为：视所配溶液浓度，可取5~10 mL，该混合碱液的体积记作V，将其置于锥形瓶中，用水稀释到100 mL，加入2滴酚酞指示剂，用0.05 mol/L硫酸溶液滴定至红色消退，记下消耗的酸液体积V_1（mL），再向锥形瓶中加入2~3滴甲基橙，用酸滴定至溶液由黄色变为橙红，记下这部分的体积V_2（mL），浓度计算如下：

$$NaOH = \frac{0.05 \times 2(V_1 - V_2) \times 40}{V \times 1\ 000} \times 100\%$$

$$Na_3PO_4 = \frac{0.05 \times 2 \times V_2 \times 164}{V \times 1\ 000} \times 100\%$$

三、注意事项

（1）严格按工艺目标配液和加药。配制清洗剂或稀释化学药品时，应缓慢加入药剂并搅拌。浓酸稀释时应在不加温及通风良好的情况下，将浓酸缓慢地倒入水中，边倒边搅拌。然后，将温度调节到所需温度。严禁将水直接倒入浓酸中进行稀释。

（2）开启固体苛性碱桶时，应戴防护面罩以防苛性碱的细块溅到脸部及其他皮肤裸露处。破碎大块苛性碱时，需要用布等将其包住或在大桶内进行。溶解块状苛性碱时，应放在有盖的槽内进行并定时用木棒搅拌。溶解金属桶内的苛性碱时，也可以先打开金属桶的盖子，用桶倒置于溶液箱的支架上，用蒸汽直接冲溶液桶内的苛性碱。

（3）配制酸性清洗液时，操作人员应佩戴防护用具。若酸性清洗剂漏到地面上应用石灰水中和。若酸液溅到皮肤上，先用大量水冲洗，再用 2% ~3% 的碳酸氢钠溶液清洗，最后涂上一层凡士林。若酸液溅入眼睛里，立即用清水冲洗，再用 0.5% 的碳酸氢钠溶液冲洗并立即送往医务室急救。

第 4 节　化学清洗操作

学习目标

- 了解各种化学清洗方法的特点。
- 能够按照规定程序进行化学清洗操作。

知识要求

化学清洗常用的酸洗包括盐酸清洗、柠檬酸清洗、氢氟酸清洗、EDTA 清洗、甲酸与羟基乙酸的混酸清洗等。

一、不同酸洗的适用范围

1. 盐酸清洗

盐酸清洗是应用最广的除垢方法，尤其适合于去除锅炉、热交换器的碳酸钙垢。根据不同的垢种和不同的设备，可以采取静态浸泡清洗、静态浸泡加氮气鼓泡搅动冲击和循环清洗等不同工艺。在有经验的专业清洗人员的精心控制下，也可用盐酸清洗铜和铜合金设备或部件，如汽轮机凝汽器。

2. 柠檬酸清洗

柠檬酸清洗常用于新建锅炉的给水系统清洗和过热器、再热器清洗，也用于运转锅炉的过热器超温水蒸气氧化腐蚀产物（磁性氧化铁）的清洗。这是由于它是以络合溶解的方式清洗，能够避免磁性氧化铁鳞皮脱落，堵塞管道。

柠檬酸对铁的络合以柠檬酸单铵的形式起作用。因此，必须严格控制清洗液的 pH 值在 3.5 左右。柠檬酸单铵对铁离子的络合有一定限度，铁离子浓度不宜超过 0.6%。柠檬酸清洗时温度应尽量保持在 80℃以上，不可使其低于 80℃，以免产生柠檬酸铁沉淀。

由于柠檬酸清洗多用于过热器管，为防止在立式的过热器下弯头积存杂质造成堵塞，清洗流速可为0.5～0.8 m/s。清洗时间以5 h以内为宜，过久有局部出现柠檬酸铁过饱和的危险。

由于柠檬酸清洗成本较高，所以它只用于有奥氏体钢材料或单纯是铁的氧化物的清洗，不作为运转锅炉的常规除垢清洗手段。

3. 氢氟酸清洗

氢氟酸以其对铁的氧化物溶解能力强而用于锅炉启动前的防锈和去氧化铁皮。氟化钙是难溶化合物，而运转锅炉的垢中总难免含钙的成分。因此，它不单独用于运转锅炉的除垢清洗。

如果锅炉所结的垢中，二氧化硅含量超过15%，使用碱处理转化也难奏效时，可采用在盐酸中加氢氟酸铵（氟化氢铵）的方法助溶，甚至采取盐酸中加少量氢氟酸的方法配成混酸清洗。

在用柠檬酸清洗时，也可加入氟化氢铵助溶，或加入少量氢氟酸助溶。所用的氟化氢铵浓度不超过0.5%，氢氟酸用量可为0.3%～0.5%。

4. EDTA钠盐清洗

EDTA钠盐可用于新建锅炉投产前的清洗，也可用于运转锅炉的腐蚀产物清洗。由于EDTA钠盐价格昂贵，因此，如非必要，不建议采用。

EDTA钠盐清洗是可以在清洗中实现钝化防止锈蚀的。如果在清洗钝化剂中加入表面活性剂，利用其润湿和渗透作用，潜入油污与锈层之间，使油污与锈层分离，并利用其束缚作用防止油污再沉淀，则可实现除油、清洗、钝化一步完成。这是其他清洗方法难以做到的。

EDTA钠盐清洗适用于对铁的低价氧化物的清洗。但如果垢中铁的氧化物低于65%（约2/3），就不如采用其他清洗方法效果好。垢中二氧化硅超过5%时，清洗效果显著降低。氧化铁垢中往往含有铜，铜的含量低于5%时可与EDTA钠盐络合，过高则发生镀铜，因此应在清洗之后用1%～1.5%氨水加0.2%过硫酸铵除铜。

EDTA钠盐的溶垢速度与温度有关。在不使其分解的情况下，可尽量将温度提高到135～140℃清洗。EDTA钠盐清洗时由pH值为5～5.5开始为宜，pH值过高则除垢能力下降。pH值为8.5时应停止清洗，否则会产生氢氧化铁沉淀。

5. 甲酸与羟基乙酸的混酸清洗

对于已严重结垢并且大面积产生晶间腐蚀的亚临界参数锅炉来说，使用EDTA钠盐清洗、柠檬酸清洗都无法使除垢率达90%以上，使用盐酸必然会加重晶间腐蚀，并可产生闭塞区内的酸腐蚀。此种情况下，可供选择的是使用有机酸清洗。

有机膦酸，如羟基乙叉二膦酸 HEDP、氨基三甲叉膦酸 ATMP、乙二胺四甲叉膦酸 EDT 等均可用于酸溶液清洗和络合，经小试醋酸也是合适的选择。但是由于无成功的先例可援引，而大容量锅炉化学清洗的责任又很重大，因此，通常采用国外应用较多的甲酸与羟基乙酸进行清洗。

对于坚硬而附着牢固的腐蚀产物，主要依靠酸溶液除去。甲酸和羟基乙酸清洗以溶垢为主，兼有使垢剥脱的作用。由于它们是有机酸，为提高其除垢能力，应在较高温度下清洗，并采取循环清洗的方法。

国外使用甲酸与羟基乙酸清洗时，多采用的浓度是各为 1.5% ~2.5%，所清洗的附着物厚度不超过 1 mm，附着物成分主要是铁的氧化物。

二、酸洗方式

1. 静态浸泡清洗

茶浴锅炉、采暖热水锅炉和低压小容量蒸汽锅炉所结的垢均为碳酸钙垢。当用盐酸清洗时，垢中会产生大量的二氧化碳，有使垢松散崩解的效果。因此采取静态浸泡清洗也能取得较高的除垢率。

静态清洗省去了循环系统的安装工作和循环泵、阀门等的设备费用，是最经济廉价的清洗工艺。

2. 氮气鼓泡清洗

当水垢成分中磷酸盐或铁的氧化物含量较多时，用盐酸浸泡溶垢速度慢，而且缺少碳酸钙垢溶解时的二氧化碳鼓泡搅动和使垢松动崩解的作用，清洗效果将受影响。为此，可采用氮气鼓泡静态清洗工艺。本法适于碳酸钙、磷酸盐和铁铜垢混杂的水垢。

对于中压及高压锅炉来说，所结的水垢中碳酸盐含量较低，使用静态浸泡清洗效果差，除垢率有时不足 70%。用循环清洗可使除垢率达 95% 以上。但是，安装循环清洗系统的工作量大，需用的管道、阀门多，而且直径大，循环泵的流量也大，延长检修工期的电量减产及清洗系统的费用也较高。为此，在 70 年代中期研究了用氮气鼓泡清洗代替循环清洗的工艺。在半工业性试验中，向带垢的试验管中通入氮气，用转子流量计控制氮气流量，当氮气流量达 300 mL/min 时，有较好的冲击搅动助溶作用，使除垢速度与除垢率较静态浸泡有明显提高。

3. 循环清洗

以铁的氧化物为主的水垢，即使用氮气鼓泡清洗也很难收到预期效果，而且垢中高价铁的比例越高越难清洗。为此，应采用循环清洗工艺。

三、清洗机具的选择

（1）一定要根据被清洗设备的大小及化学清洗剂的用量，选择合适的清洗循环槽。

（2）一定要根据被清洗设备的高低位置及被清洗设备容积的大小，选好清洗循环泵的扬程和流量。

（3）根据上述已经确定的循环泵和循环槽的大小，铺设合适的清洗临时管线。

技能要求

一、化学清洗前临时清洗系统的水试操作

在临时系统冲洗时，同时进行水压试验，检查系统的泄漏情况。另外，结合水冲洗可进行清洗泵和清洗回路试运行，让参加化学清洗的人员练习操作，是整个清洗系统清洗前的预演。

二、化学清洗操作顺序

水冲洗→ 升温预热→碱洗→ 碱洗后水冲洗→ 升温预热→酸洗→ 酸洗后水冲洗→ 漂洗→ 调 pH 值→ 钝化→ 排放。

在水冲洗过程中，一般根据进口水与冲洗出口水比较，判断水冲洗是否可以停止。

对于碱洗后的水冲洗，一般冲洗出口水的 pH 值在 7 ~ 9 即可停止。同样，酸洗后的水冲洗，其冲洗出口水的 pH 值在 6 ~ 8 即可停止。

在钝化过程中，保持钝化液碱性是确保钝化膜质量的关键。所以，控制钝化液的 pH 值至关重要，一般要控制在 10 ~ 12。

三、注意事项

（1）在配制酸性清洗液时，一定是在水中首先加入缓蚀剂，然后再慢慢地加入酸液。特别是在配制硝酸清洗液时，一定要缓慢地加入硝酸。否则，硝酸将会把已经加入水中的缓蚀剂氧化、分解，产生黄烟而使配制清洗剂无法使用。

（2）在使用氢氧化钠配制碱性清洗液时，一定要少量、缓慢、分次加入固体氢氧化钠。只有当前次加入的氢氧化钠溶解后才能加入第二批。否则，将造成清洗液温度迅速升高，产生爆沸。

第 5 节　质 量 检 查

学习目标

➢ 掌握化学清洗质量外观检查标准。

➢ 了解化学清洗质量的定量检测。

➢ 能够正确填写化学清洗施工记录。

知识要求

一、化学清洗表观质量的要求

（1）清洗后的金属表面应清洁，基本上无残留的氧化物和焊渣。

（2）清洗后的金属表面应形成致密、均匀、完整的钝化膜，不出现二次腐蚀，无点蚀。

（3）清洗后的金属表面无明显金属粗晶析出的过洗现象，不允许有镀铜现象。

（4）清洗结束后，将腐蚀指示片取出，用放大镜或金相显微镜，对试片的表面形态进行检查，判定腐蚀类型，确定腐蚀程度。

（5）固定设备上的阀门不能受到损伤。

二、化学清洗定量检测要求

工业设备化学清洗的质量评定标准应按《工业设备化学清洗质量标准》（HG/T 2387—2007）来执行。工业设备清洗的除垢率和洗净率标准见表 10—3，工业设备清洗的腐蚀速率和腐蚀量标准见表 10—4。

表 10—3　　　　除垢率和洗净率指标

结垢类型	除垢率 N	洗净率 B
碳酸盐型水垢	90%	85%
非碳酸盐型水垢	70%	65%
锈垢	95%	95%
油垢	95%	95%
其他垢型	双方协商	双方协商

表 10—4　　腐蚀速率及腐蚀量指标

设备材料	腐蚀速率 K（10 $g \cdot m^{-2} \cdot h^{-1}$）	腐蚀量 A（$g \cdot m^{-2}$）
铁及铁合金	6	20
铜及铜合金	2	10
铝及铝合金	2	10

三、化学清洗质量的定量检测指标

1. 除垢率

除垢率是指已清除的沉积物垢量占总沉积物垢量的百分率。除垢率是衡量锅炉化学清洗效果的一个重要指标。化学清洗效果好，被清洗锅炉的沉积物垢去除率就高；反之，如化学清洗效果不好，被清洗锅炉的沉积物垢去除率就低。

2. 洗净率

洗净率是指清洗设备原来被污垢覆盖的表面，经化学清洗后除掉污垢的面积与清洗前原覆盖面积之比的百分数。

3. 腐蚀速度

腐蚀速度又称腐蚀率，是描述金属均匀腐蚀程度的一种定量指标，通常表示的是单位时间的平均值。

4. 腐蚀量

腐蚀量是指化学清洗过程中，标准腐蚀试片单位面积上的材料减少量。

技能要求

一、化学清洗表观质量检查

化学清洗结束后应立即按照化学清洗表观质量的要求，参照《工业设备化学清洗质量标准》（HG/T 2387—2007）进行清洗表观质量、除垢效果和腐蚀情况的检查。

二、化学清洗质量的定量检测

1. 除垢率的测量

由于清洗剂不同，清洗的沉积物垢成分不同，被清洗锅炉的除垢率也不尽相同。在清洗实践上，工业设备除垢率采用对监视管段清洗前后体积的测量来计算

（容积法）。

用蒸馏水和量筒精确测量清洗前后监视管的体积 V_1、V_2，根据已知无垢监视管内径 D（或用游标卡尺测量），按下式计算污垢监视管的体积 V_0：

$$V_0 = \frac{3.14}{4\,000} \times D^2 \times L$$

再用下式计算除垢率 N：

$$N = \frac{V_2 - V_1}{V_0 - V_1} \times 100\%$$

式中　V_0——无垢监视管段体积，mL；

D——无垢监视管内径，mm；

L——监视管长度，mm；

V_1——清洗前监视管段体积，mL；

V_2——清洗后监视管段体积，mL。

除垢率标准可参见表 10—4。

2. 洗净率的测量

当指定面确定后得污垢覆盖面的面积 S_0，待清洗结束后，用直角坐标纸和复写纸在指定面上拓印残留污垢面积得 S_1，按下式计算洗净率 B：

$$B = \frac{S_0 - S_1}{S_0} \times 100\%$$

式中　S_0——清洗前指定面中污垢覆盖的面积，mm^2；

S_1——清洗后指定面中污垢覆盖的面积，mm^2。

3. 腐蚀速度的测定

金属腐蚀试片应符合《冷却水化学处理标准腐蚀试片技术条件》（HG/T3523－2008）的规定，处理方法如下：先将试片用 320# 水砂布在平面玻璃板上前后方向打磨，并仔细磨去棱边的小毛刺，然后用丙酮浸泡去掉油污（注意擦洗试片挂孔内污物），用纱布擦干后放入无水乙醇中浸泡 1～2 min，取出后热风吹干放入干燥器中，1 h 后将试片称重备用。使用精度分析天平（称量精确度为 ±0.000 1）分别进行称重，称得重量为 G_1；在计算表面积时，用游标卡尺测量其长、宽、厚度，以此计算表面积，测得表面积为 S；使用时，将试片置于清洗系统的指定位置，待清洗结束后立即取出用清水淋洗，用滤纸吸去水分，放入无水乙醇中浸泡 1～2 min，取出后快速吹干放置入干燥器中，1 h 后用分析天平称重，称得重量为 G_2；同时记录下清洗时间 t。根据下式计算腐蚀速率 K：

$$K = \frac{G_1 - G_2}{S \cdot t}$$

式中　G_1——试验前试片质量，g；

G_2——试验后试片质量，g；

S——试片腐蚀总表面积，m^2；

t——试验浸泡时间，h。

4．腐蚀量的测量

腐蚀量 A 的测量方法同腐蚀速率测试方法，计算式如下：

$$A = \frac{G_1 - G_2}{S}$$

式中　G_1——试验前试片质量，g；

G_2——试验后试片质量，g；

S——试片腐蚀总表面积，m^2。

三、化学清洗质量检查记录

清洗结束后应仔细记录清洗质量检查的各种数据，具体内容见表 10—5。

表 10—5　　化学清洗质量检查记录

工程名称						清洗时间			
清洗范围						检查时间			
检查部位									
检查结果									
参加检查人员签字									
挂片腐蚀结果	编号	材质	安装位置	清洗前重量（g）	清洗后重量（g）	失重（g）	时间	腐蚀量（$g \cdot m^{-2}$）	腐蚀速率（$g \cdot m^{-2} \cdot h^{-1}$）

四、注意事项

以上定量检测必须重复 3 次，并将每次所得结果用算术平均法计算的数据作为最终结果。

思　考　题

1. 简述清洗主剂、缓蚀剂和清洗助剂的种类、功能及其使用的基本原则。
2. 简述化学清洗系统的构成与安全操作规程。
3. 简述酸洗清洗液的配制及其检测。
4. 清洗剂配制过程中的安全注意事项有哪些？
5. 化学清洗的操作顺序及其主要事项有哪些？
6. 化学清洗质量检测要求与指标有哪些？

第 11 章

耐蚀混凝土防腐蚀作业

第 1 节　施工工具的准备

学习目标

- 掌握配料工具、运输工具、混凝土手工施工工具的种类和用途。
- 能选用和检查施工工具。

知识要求

一、配料工具的种类和用途

1．容器

常用配料的容器种类比较多，有各种铁桶、塑料桶、泥桶等，它们的主要用途是盛装各种树脂、粘接料等物料。容器要求干净清洁，不得污染物料。

2．计量器具

常用配料的计量器具也很多，有台秤、磅秤、量筒、量杯。台秤、磅秤用于称量物料的质量，如粉料、粗细骨料、树脂、水玻璃等物料的质量。量筒、量杯是测量体积的，一般用于测量固化剂、引发剂、促进剂的体积，进而换算它们的质量，用于配制施工用料。

3. 铁锹

常用的铁锹有平头、尖头两种，主要用于铲取物料，翻拌物料。

二、运输工具的种类和用途

1. 泥桶

建筑泥桶的规格主要有：大号 36 mm × 60 mm × 30 mm（下底 × 上口 × 高）；中号 30 mm × 50 mm × 28 mm（下底 × 上口 × 高）；小号 25 mm × 44 mm × 26 mm（下底 × 上口 × 高）；小桶 18 mm × 27 mm × 23 mm（下底 × 上口 × 高）四种。泥桶用于盛装施工用料，可以用铁丝提着运送到现场。

2. 斗车

常用的斗车主要是建筑斗车，它是一种手推斗车，有两个车轮，其车轮有充气式和不充气式两种。其主要用途是运输混凝土等物料。

三、混凝土手工施工工具的种类和用途

1. 摊铺工具

混凝土摊铺工具主要有平头铁锹、铝合金条、钉耙。其主要用途是将混凝土摊铺均匀、平整、厚度基本一致。

2. 表面收光工具

混凝土表面收光工具主要有木搓板、大铁板。木搓板的主要用途是将混凝土表面搓平、搓浆；大铁板的主要用途是将混凝土抹平、抹光。

3. 灌缝工具

混凝土灌缝工具主要有带尖口的塑料水瓢、水壶等，利于倾倒灌缝胶泥。其主要用途是盛装灌缝胶泥，进行灌缝操作。

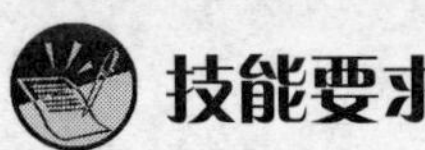

技能要求

一、选用和检查配料工具

1. 工具选用

（1）容器大小。选用容器时要考虑容器的用途和大小。容器太大，搬运不方便，不能长时间连续作业；容器太小，称量次数太多，效率太低。一般说来，配制混凝土料盛装树脂、水玻璃等通常采用铁桶或塑料桶，容量是 20 L 的，一次称量 18 ~ 20 kg；配制粘接料、胶泥等通常采用建筑泥桶，一次 5 ~ 6 kg。

（2）计量器具的规格、种类。选用计量器具时要考虑计量器具的规格、种类。TGT—100型磅秤一般称量粉料、粗细骨料的质量，因这类物料量多，多次称量影响效率；TGT—50型磅秤一般称量树脂、水玻璃等胶结料的质量，一次称量20 kg左右，较方便；而固化剂、引发剂、促进剂等量较少，且要求数量精确，因其精确度较高，通常用量筒、量杯量取。

（3）铁锹的规格。选用铁锹时要考虑其规格，不能太大，也不能太小，通常选用中号铁锹，并用坚实木柄，平头的。

2. 检查工具状况

（1）外观检查。要对容器、铁锹的外观进行检查，不能破损、开裂、里面有杂物，要求容器内干净、清洁、无污染物。

（2）校核计量器具。对计量器具的准确性要进行校核，检查是否有技术监督部门的计量校核证书和检定合格标签，也可自己进行简单校核，采用标准重量的物体来称量，调整挂铊、游铊等，使其准确。

二、选用和检查运输工具

1. 选用运输工具

混凝土运输工具的选用要根据混凝土的数量和施工现场情况而定。如果混凝土量较多，斗车行走方便，应选用斗车，一次运输量较大。如果混凝土量较小，或斗车行走不方便，可选用泥桶，一次运输量小些，少量多次进行运输。

2. 检查工具状况

使用前要对混凝土运输工具进行检查。工具不能破损、开裂、渗漏、里面有杂物，要求运输工具内干净清洁无污染物。如果是充气式斗车还要检查车胎是否有气、车轮与车斗是否有摩擦。

三、选用和检查混凝土手工施工工具

1. 摊铺工具

摊铺工具的选用要根据现场实际情况而定。当摊铺面积大、表面无阻碍物时，选用的铝合金条可长些，以4～6 m为宜，当摊铺面积小、表面有设备基础等阻碍物时，选用的铝合金条可短些，以1～2 m为宜。铝合金条应平且直。

2. 表面收光工具

搓板和铁板选用中号的，不宜太大或太小。选用搓板和铁板时主要检查其手柄与板面连接是否牢固。

3. 灌缝工具

在工地上使用最多的灌缝工具是塑料水瓢，应选用有一定硬度和韧性的，不能太脆。

第 2 节　施工用料的处理

学习目标

- 掌握施工用料的配料组成、强制式搅拌机安全操作规程等知识。
- 能配制施工用料。

知识要求

一、施工用料的配料组成

1. 隔离层类涂料

常用的有环氧树脂涂料、PSQ 涂料等。

环氧树脂涂料由环氧树脂、固化剂、稀释剂、填料等组成。环氧树脂类胶料由环氧树脂、固化剂、稀释剂、耐蚀粉料组成。环氧树脂的固化剂应优先选用低毒固化剂 T31，也可采用乙二胺等各种胺类固化剂。环氧树脂的稀释剂宜采用丙酮、无水乙醇、二甲苯等非活性稀释剂，也可采用正丁基缩水甘油醚、苯基缩水甘油醚等活性稀释剂。耐蚀粉料常用石英粉、长石粉、瓷粉等。

PSQ 涂料是一种单一组分的新型防水、防腐涂料。

2. 树脂类施工用料

（1）呋喃树脂类。呋喃树脂胶结料和胶泥料由呋喃树脂液、呋喃胶泥粉组成；呋喃树脂砂浆料由呋喃树脂液、呋喃砂浆粉组成；呋喃树脂混凝土料由呋喃树脂液、呋喃混凝土粉、粗细骨料组成，粗细骨料常用石英砂、石英石。

（2）乙烯基酯树脂类。乙烯基酯树脂类胶结料由乙烯基酯树脂、引发剂、促进剂组成。乙烯基酯树脂的引发剂可选用过氧化甲乙酮二甲酯溶液、过氧化环已酮二丁酯糊、过氧化二苯甲酰二丁酯糊。乙烯基酯树脂的促进剂可选用环烷酸钴苯乙烯溶液、N，N 二甲基苯胺苯乙烯溶液；乙烯基酯树脂类胶泥由乙烯基酯树脂、引发剂、促进剂、耐蚀粉料组成。引发剂、促进剂同上，耐蚀粉料常用石英粉、长石粉、瓷粉等；乙烯基酯树脂类砂浆由乙烯基酯树脂、引发剂、促进剂、耐蚀粉料、细骨料组成。引发剂、促进剂、耐蚀粉料同上，细骨料常用石英砂；乙烯基酯树脂类混凝土料由乙烯基酯树脂、引发剂、促进剂、耐蚀粉料、细骨料、粗骨料组成。引发剂、促进剂、耐蚀粉料、细骨料同上，粗骨料常用石英石。

3. 水玻璃类施工用料

（1）钾水玻璃类。钾水玻璃胶结料和胶泥料由钾水玻璃液、KP—1 胶泥粉组成；钾水玻璃砂浆料由钾水玻璃液、KP—1 砂浆粉组成；钾水玻璃混凝土料由钾水玻璃液、KP—1 混凝土粉、粗骨料组成，粗骨料常用石英石。

（2）钠水玻璃类。钠水玻璃类胶结料由钠水玻璃液、固化剂组成。钠水玻璃的固化剂常使用氟硅酸钠；钠水玻璃类胶泥由钠水玻璃液、固化剂、耐蚀粉料组成。耐蚀粉料常用石英粉、铸石粉或两者的混合等；钠水玻璃类砂浆由钠水玻璃液、固化剂、耐蚀粉料、细骨料组成。固化剂、耐蚀粉料同上，细骨料常用石英砂；钠水玻璃类混凝土料由钠水玻璃液、固化剂、外加剂、耐蚀粉料、细骨料、粗骨料组成。固化剂、耐蚀粉料、细骨料同上，外加剂可选用糠醇单体、糠酮单体、多羟醚化三聚氰胺等，粗骨料常用石英石。

4. 沥青类施工用料

沥青的胶结料通常采用冷底子油，沥青胶泥由石油沥青、6 级温石棉、耐蚀粉料组成。耐蚀粉料常用石英粉、长石粉等；沥青砂浆和沥青混凝土由石油沥青、6 级温石棉、耐蚀粉料、粗细骨料组成。粗细骨料可选用石英砂、石英石。

二、强制式搅拌机安全操作规程

（1）移动式搅拌机的停放位置应选择平整坚实的场地，并固定好，与地面间距适当。

（2）作业前重点检查项目应符合的要求

1）电源电压升降幅度不超过额定值的 5%。

2）电动机和电器元件的接线牢固；电动机及金属构架应按有关规定，作保护接零或保护接地。

3）各传动机构、工作装置、制动器等均紧固可靠，开式齿轮、皮带轮等均有防护罩。

4）齿轮箱的油质、油量符合规定。

（3）作业前，应先启动搅拌机空载运转。确认电机接线是否正常（拌叶应顺时针方向旋转，不准反转），各部位的螺栓是否拧紧，叶片工作间隙是否正常（与筒底、筒壁的工作间隙 3～5 mm）。如运转正常，即可开始正常工作。

（4）拌和时，应先开动机器，然后依次将一定比例的砂、粉、石子和胶结料倒入筒内，按需要时间进行搅拌（一般在物料全部倒入筒内后，拌 2～3 min）。

（5）加入强制式搅拌机的骨料的最大粒径不得超过允许值，并应防止卡料。每次搅拌时，加入搅拌筒的物料不应超过规定的进料容量。

（6）搅拌时，不准将铁锹等工具伸入筒内。

（7）搅拌时，应防止铁块和过大粒径的石子夹带进筒内，如已进入筒内，在出料时应注意在料门口与拌和箱处是否卡死，如卡死应立即关机停转，设法消除故障。

（8）搅拌作业完成后，应及时对搅拌机进行全面清理。

三、注意事项

（1）强制式搅拌机使用完毕或中途停电时，应将拌合物人工卸出，并用清水把筒内冲洗干净。

（2）拌合物不得超过规定容量的 1/3，以免超载运转损坏机器。

（3）强制式搅拌机使用前，应检查蜗轮减速箱内是否加足润滑油，一般加到油察孔的中心位置，用油为 20# 机油。

（4）进料时，严禁将头或手伸入料斗与机架之间。运转中，严禁将手或工具伸入搅拌筒内扒料、出料。

（5）强制式搅拌机的搅拌叶片与搅拌筒底及侧壁的间隙，应经常检查并确认符合规定，当间隙超过标准时，应及时调整，当搅拌叶片磨损超过标准时，应及时修补或更换。

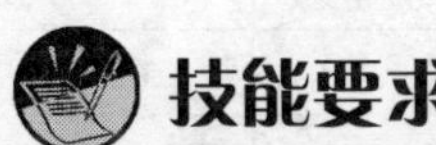

技能要求

一、准备配料器具

先准备好配料工器具，如：台秤（TGT—100 型）、磅秤（TGT—500 型）、容器、量具（100 mL、250 mL 各两只）、手持电动搅拌机、木制搅拌棒、输送工具。配料场地和器具的不清洁不仅影响所配制的施工用料的外观，还直接影响其内在质量。因此，在施工过程中，必须保持配料现场和配料器具的清洁。

二、准备原材料

将各种胶结料、耐蚀粉料、粗细骨料等原材料转运到配料现场，放好备用。

三、配制施工用料

1. 配合比的确定

（1）环氧树脂涂料。环氧树脂涂料施工配合比（质量比）为：环氧树脂: 丙酮: T31 = 100:（10～20）:（10～25）。

（2）呋喃树脂类。呋喃树脂施工用料的配合比（质量比）见表11—1。

表11—1　　呋喃树脂施工用料的配合比（质量比）

用途 \ 材料名称		呋喃树脂	玻璃钢粉	胶泥粉	砂浆粉	混凝土粉	石英砂	石英石
树脂胶料		100	30～50					
树脂胶泥	砌筑或勾缝	100		250～350				
	灌缝	100		200～300				
	封面	100		100～150				
树脂砂浆		100			300～400			
树脂混凝土		100				250～270	100～150	400～500

（3）乙烯基酯树脂类。乙烯基酯树脂施工用料的配合比见表11—2。

表11—2　　乙烯基酯树脂施工用料的配合比（质量比）

用途 \ 材料名称	树脂	引发剂	促进剂	耐蚀粉料	石英砂	石英石
树脂胶料	100	2～4	0.5～4	0～15	—	—
树脂胶泥（砌筑或勾缝）				200～300	—	—
树脂砂浆				150～200	300～400	—
树脂混凝土				100～150	200～300	400～500

（4）钾水玻璃。钾水玻璃施工用料的配合比（质量比）见表11—3。

表11—3　　钾水玻璃施工用料的配合比（质量比）

用途 \ 材料名称	钾水玻璃	KP—1 胶泥粉	KP—1 砂浆粉	KP—1 混凝土粉	石英石
钾水玻璃胶接料	100	100～150			
钾水玻璃胶泥	100	200～300			
钾水玻璃砂浆	100		300～500		
钾水玻璃混凝土	100			300～350	250～300

（5）钠水玻璃。钠水玻璃施工用料的配合比（质量比）见表 11—4。

表 11—4　　钠水玻璃施工用料的配合比（质量比）

用途 \ 材料名称		钠水玻璃	氟硅酸钠	粉料		粗细骨料	
				铸石粉	铸石粉: 石英粉 = 1:1	细骨料	粗骨料
胶泥	1	100	15 ~ 18	250 ~ 270	—	—	—
	2			—	220 ~ 240	—	—
砂浆	1	100	15 ~ 17	260 ~ 220	—	250 ~ 270	—
	2			—	200 ~ 220	250 ~ 260	—
混凝土	1	100	15 ~ 16	200 ~ 220	—	230	320
	2			—	180 ~ 200	240 ~ 250	320 ~ 330

（6）沥青类。沥青混凝土的粉料和骨料的颗粒级配见表 11—5。

表 11—5　　沥青混凝土的粉料和骨料的颗粒级配

用途 \ 材料名称	混合物在下列筛孔的累计筛余量								
	25 mm	15 mm	5 mm	2.5 mm	1.25 mm	0.63 mm	0.315 mm	0.16 mm	0.08 mm
细粒式沥青混凝土	—	0	22% ~ 37%	37% ~ 60%	47% ~ 70%	55% ~ 78%	65% ~ 88%	70% ~ 88%	75% ~ 90%
中粒式沥青混凝土	0	10% ~ 20%	30% ~ 50%	43% ~ 67%	52% ~ 75%	60% ~ 82%	68% ~ 87%	72% ~ 92%	77% ~ 92%

2. 配制涂料类隔离层胶料

（1）环氧树脂胶料的配制。将环氧树脂用非明火预热至 40℃左右，与稀释剂按比例加入容器中，搅拌均匀并冷却至室温，配制成环氧树脂液备用。使用时，根据需要量称取定量的环氧树脂液，按比例加入固化剂搅拌均匀，即制成环氧树脂胶料。

（2）PSQ 涂料。将 PSQ 涂料的包装桶打开，用搅拌棒将涂料搅拌一下，以防涂料的成分沉淀引起不均匀，然后称取需要量备用。

3. 配制胶接料、胶泥、砂浆

（1）呋喃树脂胶接料、胶泥、砂浆的配制。呋喃树脂类施工用料配合比见表 11—1。先准确称量呋喃树脂、呋喃玻璃钢粉，将呋喃玻璃钢粉按比例与呋喃树脂混合，搅拌均匀，即制成呋喃树脂胶接料；将呋喃树脂按比例与呋喃胶泥粉混合，搅拌均匀，即制成呋喃胶泥料；将呋喃树脂按比例与呋喃砂浆粉混合，搅拌均匀，即制成呋喃砂浆料。

（2）乙烯基酯树脂胶接料、胶泥、砂浆的配制。乙烯基酯树脂胶接料、胶泥、砂浆配合比参照表11—2。将乙烯基酯树脂按需要量称取并加入容器内，按比例与促进剂混匀，再加入引发剂混匀，即配制成乙烯基酯树脂胶接料。也可以调整顺序先加入引发剂，再加入促进剂，但引发剂和促进剂不得直接混合，也不能同时加入，以免引起爆炸。当有颜色要求时，应将色浆或用稀释剂调匀的矿物颜料浆加入到乙烯基酯树脂中，混合均匀；称取一定量的乙烯基酯树脂胶接料，按比例加入粉料进行搅拌即制成乙烯基酯树脂胶泥料；在配制成的树脂胶接料中加入粉料和石英砂，搅拌均匀即制成乙烯基酯树脂砂浆料。需作彩色面层时，再在面层胶泥中加入一定量的无机颜料、染料。但是不能加对树脂有阻聚作用或促进作用的颜料、染料等。有时环境温度过高，容易引起固化速度快，此时，可采用最后加引发剂的方法。

配制过程的注意事项在第7章第2节中有详细介绍，此处不再赘述。

（3）钾水玻璃胶接料、胶泥、砂浆的配制。钾水玻璃类施工用料配合比见表11—3。先准确称量钾水玻璃液、钾水玻璃胶泥粉，将钾水玻璃胶泥粉按比例与钾水玻璃液混合，搅拌均匀，即制成钾水玻璃胶接料、胶泥；将钾水玻璃液按比例与钾水玻璃砂浆粉混合，搅拌均匀，即制成钾水玻璃砂浆料。

（4）钠水玻璃胶接料、胶泥、砂浆的配制。钠水玻璃类施工用料配合比参见表11—4。钠水玻璃胶接料、胶泥、砂浆的配制方法如下：

1）机械搅拌。先将粉料、细骨料与固化剂加入搅拌机内，干拌均匀，然后加入钠水玻璃湿拌，湿拌时间不应少于2 min；当配制钠水玻璃胶泥时，不加入细骨料。

2）人工搅拌。先将粉料、细骨料与固化剂混合，过筛2遍后，加入细骨料干拌均匀，然后逐渐加入钠水玻璃湿拌，直至均匀；当配制钠水玻璃胶泥时，不加入细骨料。

（5）沥青胶泥、砂浆的配制

1）沥青胶泥的配制。沥青应破成碎块，均匀加热至160～180℃，不断搅拌、脱水，直至不再起泡沫，并除去杂物。当建筑石油沥青升温至200～230℃时，按施工配合比，将预热至120～140℃的干燥粉料逐步加入，并不断搅拌，直至均匀。当施工环境温度低于5℃时，应取最高值。

2）沥青砂浆的配制：沥青的加热同上。按施工配合比量，将预热至140℃的干燥粉料和细骨料混合均匀，随即将加热至200～230℃的沥青逐渐加入，不断翻拌至全部粉料和细骨料被沥青覆盖为止。拌制温度宜为180～210℃。

4. 配制耐蚀混凝土料

各种耐蚀混凝土料的配制方法基本相同。耐蚀混凝土料可采用机械（强制式）搅拌机拌制。拌制时按配合比先将粉料和粗、细骨料倒入搅拌机内，干拌 1 min，然后再加入胶结料（树脂、水玻璃等）湿拌 2 ~ 3 min，使粉料和粗细骨料全部被胶结料（树脂、水玻璃等）液浸透即可放料。配制少量混凝土料时，可采用人工拌制，每次 30 ~ 50 kg 为宜，拌制时先将胶结料（树脂、水玻璃等）和粉料拌制均匀，再加入粗细骨料拌制均匀，使石英石全部被胶结料（树脂、水玻璃等）浸透。

四、注意事项

（1）做好树脂类材料的防火、防爆工作。

（2）配制好的施工用料要在规定的时间内用完。

第 3 节　施　工　操　作

学习单元 1　涂刷底漆

学习目标

➢ 掌握底漆的配料组成。

➢ 能涂刷钢筋底料。

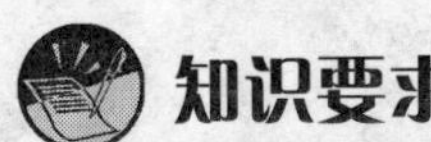

知识要求

对钢筋表面检查和处理后，应涂刷底漆。底漆要求与钢筋黏结力强，也能与混凝土进行粘接。当使用水玻璃混凝土或呋喃树脂混凝土时，因固化剂是酸性固化剂，对金属有腐蚀作用，必须涂刷无酸性固化剂底漆。一般采用环氧树脂底漆。

环氧树脂底漆由环氧树脂、固化剂、稀释剂、耐蚀粉料组成。环氧树脂的固化剂应优先选用低毒的 T31 固化剂，也可采用乙二胺等各种胺类固化剂。环氧树脂的稀释剂宜采用丙酮、无水乙醇、二甲苯等非活性稀释剂，也可采用正丁基缩水甘油醚、苯基缩水甘油醚等活性稀释剂。耐蚀粉料常用石英粉、长石粉、瓷粉等。

环氧树脂底漆施工配合比（质量比）为：环氧树脂: 丙酮: T31: 填料 = 100:（30 ~ 50）:（10 ~ 25）:（0 ~ 20）。

技能要求

一、钢筋除锈

将 ϕ100 mm 钢丝轮安装在手持式角向磨光机上，通电试运转正常后即可进行除锈操作。除锈时，用角向磨光机在钢筋表面缓慢移动，除去表面铁锈，并用抹布擦去灰尘。

二、涂刷两遍底漆

钢筋除锈完成后，须涂刷环氧树脂底漆 2 遍。第一遍底漆应在钢筋除锈完毕后 8 h内涂刷，第二遍底漆应在第一遍底漆固化后进行涂刷，每遍底漆的固化时间不少于 24 h。环氧树脂底漆配合比见上述知识要求。打底时，用毛刷、抹布饱蘸环氧树脂底漆在钢筋上均匀涂刷 2 次，每次厚度约 0.1 mm。底漆必须涂刷均匀，表面应平整，不得有漏刷、流挂、起皱、漏底等现象。

学习单元 2　涂料类隔离层施工

学习目标

➢ 掌握腻子的配料组成和涂料类隔离层施工操作规程。

➢ 能涂刷涂料类隔离层。

知识要求

一、腻子的配料组成

腻子的配料组成在第 7 章第 3 节中有详细介绍，此处不再赘述。

二、涂料类隔离层施工工艺

涂料类隔离层施工工艺流程如图 11—1 所示。

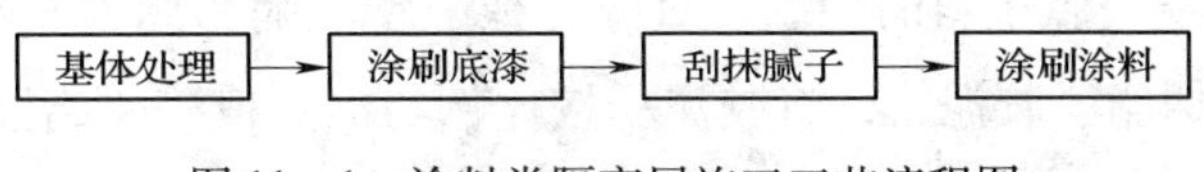

图 11—1　涂料类隔离层施工工艺流程图

技能要求

一、配制并刮抹腻子

1. 配制腻子

各种树脂类腻子的参考配合比见本节知识要求。

（1）环氧树脂腻子料的配制。将环氧树脂用非明火预热至 40℃左右，与稀释剂按比例加入容器中，搅拌均匀并冷却至室温，配制成环氧树脂液备用。使用时，根据需要量称取定量的环氧树脂液，按比例加入固化剂搅拌均匀，即制成环氧树脂胶料。然后在环氧树脂胶料中加入耐酸填料，搅拌均匀，制成腻子料。

注意事项：

1）环氧树脂和固化剂之间发生的作用是放热反应，配制量过大时不易散热，从而引起固化太快。因此，胶料不要大量配制，每次依施工进度随配随用，在初凝期（一般为 30 ~ 45 min）内用完。

2）固化剂要逐渐倾入，不断搅拌，如发现胶料温度过高，可将配料桶放入装有冷水的容器中冷却，防止局部过热固化。

3）由于树脂类原材料是易燃、易爆物品，因此，配制时应做好安全防范措施，注意防火、防爆、防中毒。

（2）不饱和聚酯树脂腻子料的配制。将不饱和聚酯树脂按需要量称取并加入容器内，按比例与促进剂混匀，再加入引发剂混匀，即配制成不饱和聚酯树脂胶料。配制封底料时，可先在树脂中加入交联剂，再按上述步骤操作。也可以调整顺序，先加入引发剂，再加入促进剂，但引发剂和促进剂不得直接混合，也不能同时加入，以免引起爆炸。

称取一定量的不饱和聚酯树脂胶料，按比例加入粉料进行搅拌即制成不饱和聚酯树脂腻子料。有时环境温度过高，容易引起固化速度快，此时，可采用最后加引发剂的方法。

（3）乙烯基酯树脂类腻子料的配制。配制乙烯基酯树脂类腻子料与配制不饱和聚酯树脂类腻子料相同。

（4）呋喃树脂类腻子料的配制。对糠醇糠醛型呋喃树脂腻子料：先准确称量糠醇糠醛型呋喃树脂、胶泥粉，将胶泥粉按比例与糠醇糠醛树脂混合，搅拌均匀，即制成呋喃树脂类腻子料；对糠酮糠醛型呋喃树脂腻子料：先准确称量糠酮糠醛型呋喃树脂、固化剂、填料，将糠酮糠醛型呋喃树脂与苯磺酸类固化剂混合，搅拌均匀，制成糠酮糠醛型呋喃树脂胶料。在配制成的糠酮糠醛型呋喃树脂胶料中加入粉料，搅拌均匀，制成腻子料。

（5）配制酚醛树脂类腻子料。称取定量的酚醛树脂，加入无水乙醇稀释剂搅拌均匀，再加入萘磺酸类固化剂搅拌均匀，制成树脂胶料。在配制成的树脂胶料中，加入粉料搅拌均匀，制成腻子料。

配制好的各种树脂腻子料应迅速送到施工现场，并保证在初凝期内用完。由于树脂类原材料都是易燃、易爆物品，因此，配制时应做好安全防范措施，注意防火、防爆、防中毒。

2. 刮抹腻子

底漆完全固化后，对基体表面或焊缝处的不平整凸凹处，应用刮刀嵌刮腻子，予以刮平或抹成圆弧过渡。对基体阴角处也抹成圆弧过渡，其曲率半径 R 为 5～10 mm。腻子不宜嵌刮太厚，否则易出现龟裂。

3. 修理腻子

腻子固化后应平整光滑，不应有毛刺、瘤结。否则，应予以修理，用砂布打平。

二、涂刷涂料

1. 按要求涂刷至规定的遍数

用毛刷或辊筒蘸取涂料，在基体上涂刷，涂料必须涂刷均匀，表面应平整，不得有漏刷、流挂、起皱、漏底等现象。待第一层表干后再涂刷第二层，直至规定的遍数。用涂料涂刷隔离层时可用增强材料增强。

2. 固化养护

按涂料的技术要求进行固化养护后，再进行面层的施工。

学习单元 3 摊铺耐蚀混凝土料

学习目标

- 掌握耐蚀混凝土的固化特性。
- 能摊铺耐蚀混凝土料。

知识要求

耐蚀混凝土通常都是由胶结料、固化剂、粉料、粗细骨料组成的，耐蚀混凝土的固化也主要是通过胶结料和固化剂反应来实现，其固化主要受环境温度和固化剂用量的影响。一般说来，当环境温度高时，固化较快；固化剂用量大时，固化也较快。

耐蚀混凝土的固化有初凝、终凝、硬化三个阶段。初凝阶段是指耐蚀混凝土的各种原材料开始混合、至耐蚀混凝土开始失去塑性的阶段，这时，耐蚀混凝土的流动性，和易性逐渐降低，施工、振捣性能也逐渐下降。终凝阶段是指耐蚀混凝土从初凝阶段开始、至耐蚀混凝土完全失去塑性的阶段，这时，耐蚀混凝土用手指按压，感觉指硬，按不动。硬化阶段是指耐蚀混凝土从终凝阶段开始、至耐蚀混凝土完全固化（硬化）的阶段，这时，耐蚀混凝土完全凝固，进行固化养护。

耐蚀混凝土在拌制好后，应迅速运至施工现场摊铺和振捣，从拌制好至施工现场摊铺和振捣完应在其初凝阶段完成，否则耐蚀混凝土的流动性、和易性降低，失去可塑性，难以振捣。一般说来，耐蚀混凝土的初凝时间应大于 2 h。

技能要求

一、涂刷胶接料

在摊铺耐蚀混凝土料前，应涂刷胶接料。胶接料的配方、配制方法同前。涂刷胶接料时，用辊筒饱蘸胶接料，在隔离层上均匀涂刷，胶接料涂刷不宜太厚，也不得有漏刷、流挂、漏底等现象。

二、摊铺耐蚀混凝土料

用油桶、斗车等运输工具将耐蚀混凝土料倾倒在隔离层上，用铁锹将耐蚀混凝土料分布均匀，再用铝合金条将表面刮平整。这时肉眼目测一下，如发现局部部位有凹陷处，应加布耐蚀混凝土料填平。耐蚀混凝土料的摊铺厚度应稍大于设计厚度，因混凝土振捣时变得密实，混凝土料的厚度会变薄。

第4节　后　处　理

➢ 能清洗施工工具。

常用清洗剂的种类和特性在第2章第2节中有详细介绍，此处不再赘述。

一、选择清洗剂

根据树脂的性质和清洗剂的特点选用稀释剂，一般选用有机溶剂和碱液一起清洗。丙酮的溶解能力强，但价格贵；二甲苯的溶解能力中等，但价格便宜。

二、浸泡、清洗工具

将工具放入有机溶剂中浸泡、摇动，用有机溶剂将其洗干净，再用肥皂水、刷子揉搓，并用清水多次漂洗干净。

三、工具干燥处理

工具洗净后置于阴凉处风干。

四、注意事项

由于树脂类原材料和有机溶剂都是易燃易爆物品，因此，清洗时应做好安全防范措施，注意防火、防爆、防中毒。

第 5 节　质量检查

质量检查与第 7 章第 5 节一致，可参见上述章节。

思　考　题

1. 树脂混凝土配料工具有哪几类?
2. 树脂混凝土配料容器有何要求?
3. 树脂混凝土表面收光时怎样选用工具?
4. 三类耐蚀混凝土的配料组成分别是什么?
5. 操作强制式搅拌机时应注意哪些安全事项?
6. 配制耐蚀混凝土的操作顺序是什么?
7. 配制乙烯基酯树脂胶料时应注意什么?
8. 涂料类隔离层的施工顺序是什么?
9. 耐蚀混凝土的固化分哪三个阶段?
10. 怎样摊铺耐蚀混凝土料?

第12章

石墨浸渍、粘接

第1节 准备工作

学习单元1 原、辅材料及设备准备

学习目标

- 了解石墨材料的优缺点。
- 了解石墨浸渍、粘接的目的。
- 了解原、辅材料的主要特性。
- 了解关键设备、工装的主要作用。
- 能够做好石墨浸渍、粘接作业的准备工作。

知识要求

一、原、辅材料准备

石墨浸渍、粘接所需使用的石墨材料准备以及初级工所涉及的酚醛树脂的原材料准备。

1. 石墨材料

(1) 石墨的优点。石墨是化学稳定性最好的材料之一，除强氧化性物质及部分卤素之外，在一般温度下，在绝大多数化学介质中均稳定。它在空气中的使用温度为 400℃。石墨还是一种理想的非金属导热材料。人造石墨材料具有和脆性金属相似的机械加工性能。因此，石墨材料成为理想的化工设备结构材料之一。

石墨有天然石墨与人造石墨之分。天然石墨是一种非金属矿物，分鳞片状和片状两种。由于天然石墨纯度较低，含杂质一般多，组织松散发滑，工业上多用于冶金电极糊、坩埚铸造模型、电视机显像管等，目前尚未在化工石墨设备方面使用。

人造石墨是由石油焦、沥青焦作原料经粉碎、筛分、配料混捏（其间加入熔融煤沥青）压制成型、在窑炉中隔绝空气高温焙烧，在 1 000℃下保持 20 天左右，成为碳素，然后再在 2 400 ~3 000℃高温下石墨化处理而制得的。

(2) 人造石墨的主要缺点

1) 裂纹、孔洞。人造石墨在焙烧及石墨化过程中，由于有机物质的分解而有气体逸出使石墨材料形成多孔性，其孔隙率可以在 10% ~30%。人造石墨的孔隙有开孔、闭孔、孔与孔相连接的通孔，有时还可产生内部开裂。孔洞结构造成介质渗透，影响了将其作为化工石墨设备使用的目的。

为克服上述缺点，可对其进行不透性处理，例如浸渍，以尽可能有效地填塞孔隙，清除通孔程度，使其不会因介质的温度、压力和化学腐蚀等影响而渗漏。浸渍的同时亦提高了石墨的机械强度。当然其耐化学腐蚀性能、使用温度及使用压力取决于浸渍剂的成分以及浸渍工艺。

2) 杂质。在碳素原材料组分中，例如石油焦、沥青焦、沥青等会含有灰分，经石墨化形成人造石墨后在结构中仍含有约 0.5% 的灰分，从而给石墨造成缺陷。随着原材料品位的提高，生产工艺控制管理的加强，杂质会减少，人造石墨的各项性能亦会提高。而不合规范的制造则会增加杂质。

3) 粉尘、油污、破损。人造石墨表面会附带粉尘，有时有油污，甚至破损。经加工制成石墨元件供浸渍前，必须先清除粉尘，除去油污，修补破损的石墨元件，以减少浸渍、粘接作业的不合格件。

在石墨材料的准备工作中避免使用有裂纹与孔洞的石墨材料是很重要的。

2. 酚醛树脂

本教材所述酚醛树脂是由苯酚和甲醛在碳酸钠或氢氧化铵（俗称氨水）作催

化剂的情况下缩聚而成的热固性树脂。根据配方、反应条件和催化剂的种类的不同，缩聚合成的树脂性能不完全相同。

（1）作浸渍用的酚醛树脂。多是以氢氧化铵作催化剂经缩聚而得的热固性酚醛树脂，由于其黏度低、对石墨的渗透作用明显并可经多次重复浸渍使用，因此被广泛采用。

1）黏度。采用漏斗法测定时孔径 $\phi 4$ mm，黏度应达到 20～40 s（各企业可以有自己的指标）。一般都控制黏度在低值范围，便于树脂浸渍作业时渗透石墨的深度能有所提高，同时便于调整已反复使用多次后的旧树脂的黏度。

2）水分。水分应小于20%。当浸渍树脂的水分含量高时，会使浸渍后的石墨不透性能降低。

3）游离酚、游离醛。游离酚小于21%；游离醛小于4%。

4）聚合时间。聚合时间为4～5 min。

（2）作黏结剂用的酚醛树脂。是指在碱性催化剂催化下经缩聚而得的热固性酚醛树脂。作黏结剂使用的酚醛树脂普遍以碳酸钠作为催化剂，此种树脂牌号2130，其固化物的韧性较佳。而以氢氧化钠作催化剂的树脂，其固化收缩率及脆性均较大。

1）黏度。使用落球法，钢珠 $\phi 8$ mm，重2.1 g，黏度应达到2～10 min。

如果黏度指标过小，必须加入过多的石墨粉填料，从而影响到与石墨元件的黏结强度，如果黏度指标过大，会影响填料的加入，从而造成固化物的收缩率增大，这对石墨元件的粘接是不利的。

2）水分。水分指标控制在小于12%。

3）游离酚、游离醛。游离酚小于等于19%；游离醛小于等于2.5%。

4）聚合时间。聚合时间为3～4 min。

作为黏结剂用的酚醛树脂，其聚合时间随着黏度的增大而减小是正常的，因为黏度大的酚醛树脂的缩聚反应的时间已经增大了。

3. 石墨粉、固化剂准备

（1）石墨粉的常识。石墨粉是由人造石墨材料经粉碎筛选后取得的粉料，作为石墨元件的黏结剂配方中的填料使用。因此，它的耐腐蚀性能，导热性能都与石墨元件相同，同时黏结缝部位的导热性能和黏结强度等各项性能都较使用其他种类的填料有改善。所以作为石墨设备制造的黏结剂中的填料，石墨粉是首选。石墨粉在使用前应作烘干处理。

作黏结剂用的石墨粉的质量要求见表12—1。

表 12—1　　　作黏结剂用的石墨粉的质量要求

粒度	含碳量	水分
过筛 100 目	≥95%	<12%

（2）固化剂的常识。石墨设备制造行业中黏结剂使用的固化剂主要是苯磺酰氯。苯磺酰氯在常温下大于 15℃时为液体油状物，与酚醛树脂能均匀混合，酸度适中，在常温下固化速度适合施工要求，粘接质量好，所以被广泛采纳，但苯磺酰氯毒性大，其挥发物对人的眼睛及呼吸道黏膜有强烈的刺激性，个别施工人员在接触后可能会发生皮肤过敏，因此，应注意施工环境的良好通风与个人的安全防护。苯磺酰氯在小于 14. 5℃时会有结晶，在施工作业时应注意之。

也可使用对甲苯磺酰氯，其在常温下为固体，可配在填料中使用，与苯磺酰氯相比，对人的毒性与刺激小，但固化速度慢，成品易受潮，施工加入量控制较麻烦，故目前使用较少。在砖板衬里设备中，还可以使用 NL 固化剂，由于它的毒性小，对人体无刺激，在酚醛黏结剂中作为固化剂使用已逐渐增多。

二、设备、工机具准备

1. 烘箱

采用电热丝或蒸汽管路加热的加温设备，可调节温度控制在 100℃以上，用于石墨材料的干燥处理，或高温热处理。

2. 浸渍釜、热处理釜

通常是两台专用于浸渍、热处理的设备，也允许互换使用，系钢制压力容器，夹套加热（电热棒油浴加热或蒸汽加热均可）设备应附温度、压力测量仪表，防爆安全阀以及浸渍树脂的进出口接管与放空管。釜内可承受不小于 0. 6 MPa 的压力或 1×10^{-3} Pa 的真空，夹套加热温度宜大于等于 150℃（各厂可自行规定），可按酚醛树脂的浸渍与热处理工艺要求完成酚醛浸渍石墨工艺达到不透性目的。

3. 真空泵、空气压缩机

（1）真空泵。真空度不大于 400 Pa，负压越低越好。用于浸渍釜内的抽真空及浸渍剂的抽吸入釜作业。

（2）空气压缩机。压缩空气的压力可达 0. 6 MPa 以上，用于对浸渍釜内的浸渍剂施压作业或热处理釜内的加压热处理作业。

4. 粘接用工装夹具

为了保证粘接时黏结缝严密及黏结剂的满缝，除了遵守接缝宽度的加工精度要求，采用碳钢或塑料材料制成的工夹具，它的夹紧使用能保证上述要求的实现。

（1）工夹具通常使用于以下地方

1）石墨单层平板的连接拼接。

2）石墨多层的粘接。

3）石墨筒体拼接。

4）石墨接管与筒体粘接。

5）石墨管子与管件的粘接。

（2）工夹具的固定。工夹具除能做到对黏结面处黏结剂施加压力外，还能保证工件及黏结面的安定稳固，防止发生位移。

技能要求

一、原辅材料的记录、核对准备

1. 记录石墨元件的原始状况，汇报或处理发现的异常状况

（1）记录石墨元件的加工尺寸，检查黏结缝的加工精度是否达到图样要求。

（2）记录石墨元件的外表现状，例如表面是否有水、油污、灰尘等污染物。

（3）记录待浸渍或粘接石墨元件的数量是否与下达任务单相符。

2. 核对识别所用原辅材料

（1）酚醛浸渍剂

1）区别酚醛浸渍剂与其他浸渍剂。

2）核对酚醛浸渍树脂黏度、水分及游离酚、游离醛质量指标。

3）当酚醛浸渍树脂系外购时，应核对生产厂商提供的树脂牌号、质量指标。有疑问及时汇报。

（2）酚醛黏结剂。首次使用时核对黏结树脂的黏度、水分及游离酚、游离醛的质量指标。

（3）石墨材料。对浸渍石墨外观进行检查，观察毛坯质量、表面状况，重要的是有无破损、裂纹等，若发现问题应立即汇报。

（4）石墨粉。核对粒度指标是否达标，有无肉眼可辨的杂质。

（5）苯磺酰氯。核对纯度指标与含水量。苯磺酰氯具备特有的黄色油状液体以及它的刺鼻臭味。

当环境温度低于14.5℃时，苯磺酰氯会出现结晶，更是易于识别的特征之一。

二、工机具的检查及操作前准备

1. 检查烘箱电路、温度指标是否正常

2. 放净浸渍釜内浸渍剂

检查釜盖上的树脂进出管路与放空管路测压管是否有堵塞，并检查紧固螺栓是否有滑牙，螺栓、垫片、紧固螺母是否齐全。

3. 真空泵、空压机

检查传动皮带的正常盘动、运转，每班都需排放积水。

4. 仪表准备

（1）安全阀应经过合格校验，连接管必须畅通。

（2）温度、压力测量仪表必须完好、可靠。

三、浸渍操作前的准备程序

1. 浸渍剂存放于原料釜内

把合格的酚醛浸渍剂倒入干净无杂质的原料釜内然后合盖待用。

2. 石墨元件堆放浸渍釜

把经过干燥处理的石墨元件堆放入釜内，其堆放高度应低于抽吸入釜的酚醛树脂的液面高度。

3. 浸渍釜合盖

在石墨元件堆放完后，合上釜盖，并均匀用力旋紧釜盖螺栓。

4. 真空泵准备

油杯满注、传动系统运转正常，真空系统阀门开启正常。

5. 空气压缩机准备

油杯满注，传动系统运转正常，压缩空气系统阀门开启正常。

四、注意事项

1. 入热处理釜的石墨元件分隔堆放的原因

浸渍树脂未加热时不会固化，如果在入热处理釜后，石墨元件之间不用铁丝网或铁条等隔离堆放，那么经热处理后，石墨元件间的酚醛树脂会固化而把相接触的石墨元件牢固地粘接在一起，若强行分开，会使石墨元件接触面的两面出现损坏缺陷。因此必须用金属件隔离。

2. 浸渍剂入原料釜前的检查工作

原料釜内应干净，无杂质、水分及杂物，以免在抽吸浸渍剂入浸渍釜时把杂质、水分带入，而残留的破碎物会堵塞抽吸树脂管路。同时还应检查原料釜的抽吸树脂管路内是否有堵塞现象，否则应及时更换。

3. 浸渍釜、热处理釜及仪表准备最需关心的问题

首要是安全问题。必须由仪表（温度计、压力表、尤其是安全阀）和釜体（包括螺栓）的可靠性来保证。

学习单元2 安全防护

学习目标

- 了解本工序主要安全注意事项和主要对策。
- 能够学会操作准备工作的程序。

知识要求

操作工在上岗前应掌握涉及安全防护的操作准备工作知识，才能确保安全操作。

一、压力容器的基本知识

（1）浸渍场所的浸渍釜、热处理釜及配套的有关容器，均属压力容器，一般属于低压容器（气相压力 $0.1 \leqslant P < 1.6$ MPa），而个别压力大于等于 1.6 MPa 的浸渍釜、热处理釜则属于中压容器。均应遵守国家颁布的有关压力容器的法律、法规，由具有许可证的单位进行设计、制造、检验亦应定期作安全监督检查。

（2）岗位操作人员均需经过培训。

二、关键仪表基本知识

1. 热电偶温度计

热电偶温度计用于显示容器管道内部的温度数值。

可把釜温度传输到仪表中显示。可直接与数字显示仪和电子电位计等配套供提示、记录和自动调节温度，通常选用普通热电偶，在有爆炸危险的场所，可选用防爆型热电偶。

2. 真空、压力表

压力又称压强，它是垂直均匀地作用于单位面积上的力。而真空是指低于 1 个大气压的绝对压力的测量值，常用压缩式真空压力表以及单笔压力表测量。真空压力表显示压力容器管路内部的压力数值，单位可以是 Pa 或 MPa。

3. 安全阀

用于容器或系统的泄压装置，所有的压力容器都需设置常用通用式安全阀。安全阀分全启式和微启式两种，本工序选全启式。

4. 电器显示

可现场显示亦可远程显示。常用在浸渍、热处理釜的工艺操作，电器显示的温度自动记录仪，便于长期保留存档。热电偶与显示仪表配用即可用于自动记录、控制或报警。

5. 控制仪表

其中关键的是真空压力表、压力表、温度自动记录仪，应定期进行计量检定、调整和修理，保证仪表使用期间的计量器具处于合格状态。

三、作业现场防爆、防毒规定，消防器材的使用要求

1. 作业现场防爆、防毒

浸渍与热处理作业现场存在可燃物质游离酚、游离醛，甲醛蒸气与空气可形成爆炸性混合物，而且苯酚与甲醛有毒，有腐蚀性，也需防护。

本工序场所防爆原则为：

（1）场地应通风良好，避免达到爆炸极限。

（2）未经许可，禁止明火。

（3）防止摩擦、撞击及静电产生火花。

（4）本工序操作人员禁止穿戴化纤、丝绸类衣物，应穿戴防静电工作服、鞋、手套。

2. 消防器材使用要求

尽量使用二氧化碳、干粉灭火器材。鉴于甲醛易溶于水，紧急时也可用水灭火。

四、劳动保护用品的使用知识

（1）作业环境应配备良好的通风设施。

（2）个人劳保用品应佩戴防毒口罩，穿戴长袖工作服、裤子、手套，浸渍场

所不穿化纤、丝绸衣服。

（3）石墨粉的搬运、过筛、配料过程中，操作工应处于上风，并应有防尘、吸尘措施。

五、石墨浸渍、粘接安全操作知识

1. 石墨浸渍安全操作知识

（1）酚醛树脂应放于专门的避免日光照射的通风良好的危险品仓库；浸渍使用时，应按作业量运至指定场所。合盖存放，尽量减少游离酚、游离醛的逸出。

（2）遵守浸渍与热处理操作规程。

（3）浸渍场所保持良好通风，未经批准不得使用明火。

（4）电气、仪表设备应防静电、防尘，可能时采用防爆电动机。

（5）操作人员应穿戴规定的个人劳保用品作业，在酚醛树脂的抽吸作业中，应避免接触人体，减少对呼吸系统及皮肤的危害。

2. 石墨粘接安全操作知识

（1）用石墨粉拌和黏结剂时，应防止石墨粉对电气设备的污染，注意尽量减少粉尘飞扬，远离电气设备或作好对粉尘的防护。

（2）作业场所应通风良好。

（3）操作人员应穿戴规定的个人劳保用品。

（4）固定式机械胶泥搅拌锅上方要有通风装置，能收集飞扬的石墨粉尘；或加盖减少飞尘。

（5）在配料作业中，操作人员应处于上风加入石墨粉或固化剂，避免人体呼吸道系统直接与苯磺酰氯接触。

技能要求

一、安全防护的操作准备

1. 通风设备、防火器材的检查及准备

（1）通风设备的检查及准备

1）通风设备置于污染源的上方，即置于原料釜，苯酚、甲醛集中堆放点，浸渍釜，热处理釜的上方。

2）通风作业场所选择适宜风量的轴流通风机以及排气扇，做好防尘处理，可能时采用防爆电动机。

3）利用自然通风，作业场地应事先清除垃圾、灰尘。

（2）防火器材的检查及准备

1）器材应设置于明显和便于取用的地点。

2）配备二氧化碳灭火器材可供选用。

3）带水灭火器材扑灭带电火灾。

4）灭火器应设置稳定，铭牌必须朝外。

2. 劳动保护用品的穿戴

（1）浸渍作业。穿戴长袖非化纤织物的工作衣、裤、手套、帽子，通风不良时佩戴防护眼镜、防毒口罩。

（2）粘接作业。穿戴长袖非化纤织的工作衣裤、手套、帽子。在通风不良的情况下配制黏结剂时必须佩戴防毒口罩与防护眼镜。

二、准备工作的操作程序

1. 开启通风设施

（1）清洁作业场地，除去垃圾、灰尘。

（2）通风设备置于污染源上方。

（3）有条件的，打开污染源上方的门窗。

（4）作业开始时开启通风设施。

2. 防火器材放在指定部位

（1）手提式灭火器宜设置于挂钩托架上或灭火箱内。

（2）灭火器材应置于干燥、不雨淋、不被日晒的部位。

（3）查看铭牌，检查灭火器是否在有效期内。

3. 开启空气压缩机，正常后备用

（1）开车前检查各防护装置和安全附件是否处于完好状态。

（2）检查各处润滑油面是否符合标准。

（3）压力表、安全阀应在有效期内。

（4）管线上阀门的开、闭应按工艺要求调整。如需检查空气压缩机及阀门、管道的密封性能，可关闭相关阀门进行试机。

（5）试机或运行中需检查压力表指针是否正常，禁止超压运行。

（6）运行中如有异常响声、气味、振动或其他故障，立即停机汇报。

（7）水冷式空气压缩机应先开冷却水阀门，再开电动机；无冷却水或停水时应停机。

（8）工作完毕排放储气罐内的余气及罐底冷凝水。

三、注意事项

1. 安全阀、压力表、温度计的检查

（1）安全阀的检查

1）检查安全阀的定压。阀的定压是指安全阀入口处的静压达到该值时安全阀就立即动作的压力，即当浸渍釜、热处理釜超过该压力时，安全阀要能动作。

2）检查最大允许工作压力。最大允许工作压力是指在设计温度下容器顶部所允许承受的最大压力。它是安全阀保压设备的基础，即安全阀必须保证能在指定的定压值动作。

3）必须保证安全阀与容器连通管道的畅通。

（2）压力表的检查

1）检查压力表的选用。设备（本工序为浸渍釜、热处理釜）的最高工作压力应为选用压力表最大量程的 1/3～3/4。

2）检查压力表精度。应选用工业用压力表精度。

3）检查压力表的安装。应尽量避免安装于受振动或高温影响的部位。

（3）热电偶温度计的检查

1）其安装位置应最有利于对工件温度的测量，故应保证它的最大插入深度。

2）应保证热电偶安装位置的密封性，避免冷空气的吸入，故应该采用耐火泥或石棉绳堵塞孔隙。

2. 保证阀门、仪表连通管道的畅通

如果容器内的介质（本工序为浸渍剂的逸出物与空气的混合介质）不能直接接触安全阀、压力表，就会导致仪表测定的数值出现错误，从而影响操作工的正确控制、产生质量及安全事故。故应随时确保连通管道的畅通。

第 2 节　基体材料表面处理

- 了解浸渍、粘接用石墨材料的表面处理要求。
- 能够正确实施石墨材料表面处理。

一、石墨材料表面油污的去除

材料表面油污会影响浸渍剂的渗透及与石墨表面的粘接，甚至会在热处理阶段造成树脂固化后的表面起泡，因此油污必须去除干净。

1. 油污的分类

油污分两大类，一类是动、植物油类的油污，可以用碱性物质皂化去除；另一类是矿物油，如各种机油，不能用碱性物质皂化去除。

石墨材料表面的油污多为矿物油，可以用有机溶剂在常温条件下方便地去除，常用有机溶剂为汽油、丙酮类。

2. 溶剂的主要作用

溶剂是一种挥发性液体，它具有溶解能力及一定的活性，溶剂的溶解能力越高，即被溶于其中的物质浓度越大，其活性也越高。常用于制作涂料与油漆，防腐蚀施工中，溶剂主要用于去污。

二、压缩空气的质量要求

石墨材料表面的灰尘会影响浸渍或粘接质量，必须去除，采用压缩空气吹除是一种简便可行的方法。但从空气压缩机出来的压缩空气在到达石墨材料表面前，必须经过油水分离和水分吸附处理。

1. 油水分离器

分离器内置挡板与玻璃纤维棉，以去除油和水。

2. 水分吸附器

进一步除去压缩空气中的残留水分，吸附器内置隔离层，内放活性炭或焦炭。

三、空气压缩机的操作规程

（1）油杯中加满油。

（2）放尽油水分离器与水分吸附器中的残留油、水，然后关闭底部的放油水阀。

（3）打开放空阀，关闭空气压缩机出口阀，然后启动空气压缩机，待运转正常后逐渐关闭放空阀、打开出口阀。

（4）调整空气压缩机至正常使用压力，供使用。

四、烘干处理的目的

（1）石墨材料在运输、存放期间，由于石墨内部存在孔隙，外来水分会存在其中。

（2）石墨材料内部的水分会阻止浸渍剂的渗入，并影响浸渍剂与石墨材料的粘接。

（3）在浸渍热处理时，石墨内的残留水分会在100℃以上时气化，使浸渍石墨表面出现气泡，内部存在气孔，影响浸渍质量。

（4）石墨元件粘接面的表面水分会影响黏结强度。

（5）高于100℃的烘干处理，可以除净石墨内部或表面的残留水分。

技能要求

一、操作准备

1. 溶剂的合理存放

（1）外购溶剂入危险品仓库存放。

（2）使用时按需凭单领取，并妥善保管。

2. 空气压缩机及管线检查

开通空气压缩机与油水分离器、水分吸附器的连接管路。

3. 烘房及测压测温系统检查

电热烘房应预先检查电源及测温系统是否正常。

蒸汽烘房应预先检查蒸汽管路阀门及蒸汽压力，以确保烘房温度达100℃以上。

二、操作程序

1. 石墨元件表面油污清除

（1）把溶剂倒入容器内。

（2）用漆刷或棉纱布蘸溶剂，清除油污。

（3）油污去尽后再用热水冲洗干净后待烘干。

2. 启动空气压缩机，检查压力表

（1）启动空气压缩机，出口应无油、水。如有油、水，应等其排净才

关闭。

（2）控制出口压缩空气在设定值以内。

3. 石墨元件表面灰尘清除

4. 按操作规程规定调控烘房烘干温度与时间

（1）烘房温度大于 100℃。

（2）烘干时间按石墨元件大小、厚薄与含水量及烘房温度不同，控制在 8 ~24 h。

三、注意事项

1. 溶剂的爆炸极限知识

（1）本工序使用的溶剂属可燃性有机化合物，极易燃烧，当它挥发于空气（助燃物质）中达一定浓度范围时，如果存在点火源，即会发生爆燃甚至爆炸，后果十分严重。

（2）按储存物品的火焰危险性分类，汽油和丙酮均属甲类物品（最易燃物品）。

2. 使用溶剂现场通风的重要性

加强作业现场的通风，有助于减小空气中的溶剂浓度，避免爆炸危险，同时减轻了溶剂对人体的伤害。

第 3 节　浸　渍　作　业

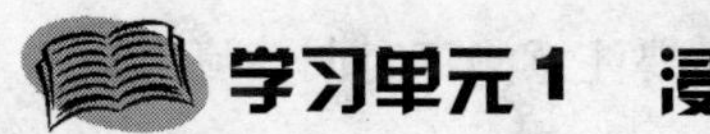

学习单元 1　浸渍

学习目标

- 掌握酚醛浸渍操作规程，包括对机、泵、阀门的操作及仪表的监控。
- 能够正确存放工件，正确记录原、辅材料。
- 能用涂—4 杯测黏度，会调配酚醛树脂黏度。

一、酚醛浸渍石墨的物化性能

人造石墨及酚醛浸渍石墨的物理力学性能见表12—2。酚醛树脂耐非氧化性酸腐蚀性好，但不耐强氧化性酸（如硝酸、浓硫酸等），不耐碱。

表12—2　　人造石墨及酚醛树脂浸渍石墨物理力学性能

项目	人造石墨	浸渍石墨
密度（g/m^3）	2.18	2.03
体积密度（g/m^3）	≥1.52	≥1.80
抗拉强度（MPa）	≥3.5	≥14
抗压强度（MPa）	≥17.6	≥60
抗弯强度（MPa）	≥7	≥27
许用温度（℃）	—	170
温差急变性（150℃急冷至20℃的次数）		20
抗渗性	浸渍石墨在1.5~2倍设计压力下水压检验不渗漏	

酚醛树脂呈棕红色液体，无论是新的或是已用过的旧浸渍树脂，或者是二者的混合树脂，其关键控制指标是黏度，如果黏度过大，在浸渍作业中就限制了树脂渗入深度。当然，有经验的操作者亦会从另外三个指标（水分、游离酚、游离醛）来判断其影响浸渍质量的程度。

凭目测来判断浸渍树脂的黏度大小是不够的，由于受到环境温度的影响，对初级的操作者，可靠的做法还是用涂—4杯来测定，但是要注意测定时漏斗流出口的孔径与被测树脂的温度是否符合规定。

二、浸渍操作中的抽真空与加压目的

（1）浸渍时釜内真空度越高越好，利于树脂的渗入。如果真空度低，会使石墨元件局部残留气泡，热处理时残留气泡会被封闭在石墨内部，或造成石墨表面的气泡，影响石墨的浸渍质量。

（2）浸渍操作中加压的目的，是为了帮助已入釜的浸渍树脂尽可能地在压力条件下渗透至石墨的孔隙中。所施加的压力越大，其渗入的深度就越深，有利于浸渍质量的提高，所施加的压力一般应不低于 0.5 MPa（各厂可自行规定）。

（3）酚醛树脂浸渍石墨，如果是普通颗粒的石墨材料，通常要浸三次。其第一次的浸渍质量是保证质量的关键。最重要的是必须保证浸渍时的真空度、压力和时间（指抽真空和加压的时间）。

三、酚醛浸渍通用操作规程

酚醛树脂浸渍石墨浸渍工艺流程如图 12—1 所示。

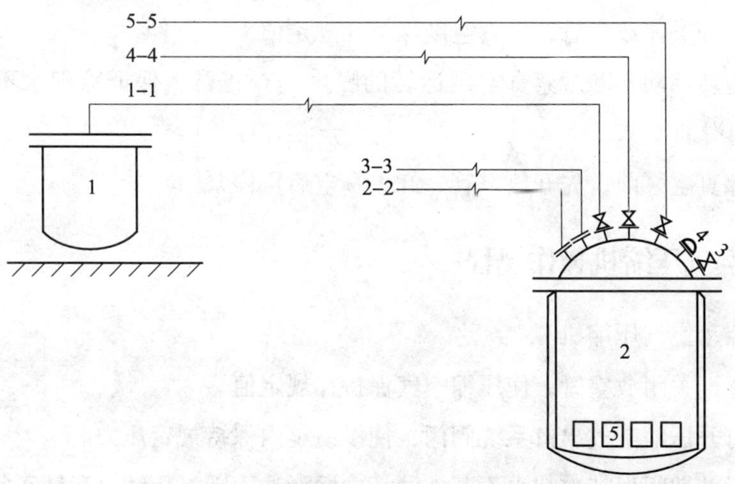

图 12—1 酚醛树脂浸渍石墨浸渍工艺流程

1—原料釜（常压） 2—浸渍釜（带夹套、承压） 3—安全阀 4—泄压阀 5—待浸渍石墨制品

1—1 可移动式原料抽吸管系（PE） 2—2 自动温度记录及水银温度计

3—3 自动压力记录及压力表 4—4 真空泵管系 5—5 空气压缩管系

（1）将已洗去油污的待浸石墨在烘房中烘去水分后取出，用压缩空气吹去表面灰尘。

（2）浸渍用酚醛树脂黏度符合涂—4 杯 10 ~ 40 s（各企业也可按制定的企业指标执行）。

（3）在待浸石墨元件间隔存放于浸渍釜后，紧盖，维持夹套温度在 20 ~ 45℃，抽真空至规定值维持 1 ~ 2 h。

（4）利用真空把原料釜内树脂抽吸入浸渍釜，使釜内树脂液面超过石墨元件一定高度，以便补充树脂在渗入石墨内部时的液面高度的下降。为了加速树脂进入浸渍釜，亦可同时采用原料釜内的加压系统。

（5）树脂加好后，关闭真空系统阀门，使浸渍釜处于常压，然后打开压缩空气系统保持釜内压力到规定值，时间3～6 h。

（6）浸渍完毕后，利用釜内压力压出多余树脂至原料釜。

（7）釜内降至常压后打开浸渍釜，吊出石墨工件，刮去表面多余树脂。

（8）把石墨工件间隔放在室内，静置一定时间以便流淌表面多余树脂。

（9）需要时浸渍前将石墨工件称重，以便作浸渍增重记录。

四、真空泵操作规程

（1）启动真空泵。

（2）逐渐关闭放空管，使真空度保持在规定值。

（3）运转期间不断观察真空泵运转的噪声是否正常，保证冷却水不断，油杯内应注满润滑油。

（4）停真空泵前，先开放空管，卸去真空后再停泵。

五、空气压缩机操作规程

（1）启动空气压缩机。

（2）逐渐关闭放空管，使压缩空气保持在规定值。

（3）打开压缩空气出口系统阀门，使浸渍釜内保持规定压力。

（4）运转期间保持冷却水不断，油杯内润滑油不断，压缩机运转正常。

（5）停压缩机前，先开放空管卸压然后停机。

六、浸渍后剩余酚醛树脂的存放知识

（1）酚醛树脂是一种热固性树脂，它不加酸性固化剂时，长期存放于室温条件下，自己亦会逐步缩聚、黏度加大，甚至固化。外来的酸性介质会加速酚醛树脂的缩聚。

（2）低黏度的浸渍树脂要比中或高黏度的树脂存放时间长。

（3）低黏度树脂处于加热条件下就会逐步缩聚，即树脂黏度就会逐渐变厚，直至固化。

（4）要使剩余树脂能保持较长时间的低黏度或使其黏度变厚进程减缓，唯一的条件只能是避开日光曝晒和保持室内低温条件，并避免酸性物质的混入。

技能要求

一、操作准备

1. 测定浸渍剂的黏度

浸渍树脂受制造后的置放条件的影响（例如日晒或高室温条件），即使当时测定的黏度是合格的，在供浸渍使用前黏度仍有会增大的可能，所以必须复核。

2. 配制酚醛树脂浸渍剂

按复核后的存放树脂黏度另加新制的低黏度树脂，配制合格黏度的浸渍树脂储于原料釜内待用。

二、操作程序

（1）石墨元件入浸渍釜内分隔堆放。吊放釜盖并拧紧螺栓。

（2）开启真空泵，使浸渍釜保持高真空。

（3）将原料釜内已计量的树脂利用真空吸入浸渍釜，或由釜盖上视镜核实树脂深度是否已达到要求，操作时避免空气漏入浸渍釜内。

（4）按操作规程对浸渍釜施压，并保压一段时间，期间保持釜夹套温度。

（5）达到工艺时间后将剩余树脂利用釜内压力压出釜外存放，然后卸压。

（6）石墨元件出釜，间隔存放，经流淌并刮去工件表面多余树脂。

三、注意事项

1. 保证浸渍后石墨工件室温存放条件的重要性

（1）刮去石墨工件表面的剩余树脂，有助于提高石墨的导热性。

（2）当室温存放期间的相对湿度过高或环境温度过低，就应该延长存放时间，或采取提高温度、降低湿度的措施，以利工件内树脂的游离酚、游离醛、水分等及时逸出，减少气泡等发生。

2. 剩余酚醛树脂重复使用的注意事项

（1）剩余树脂避免与酸性物质直接接触或混入水分。

（2）存放环境应避免光照，室内存放，温度应保持低温条件。

（3）定期测定存放树脂的黏度，以便及时重复使用。

学习单元2 热处理

学习目标

➢ 掌握酚醛树脂热固化操作技能。

➢ 能够正确完成热处理操作。

知识要求

一、酚醛树脂的固化条件

1. 酚醛树脂的固化过程

热固性的酚醛树脂可以在室温酸性条件下固化，或在中性条件下加热固化。浸渍用酚醛树脂通过加热促进树脂固化。而工业应用中为提高树脂性能和提高工效，又采取了加压热固化措施。

2. 酚醛树脂热固化特点

（1）热固化时加压的目的。为了保证已浸石墨的不透性，渗入石墨深部孔隙的树脂不因升温黏度变小时溢出，以及防止树脂中水分因沸腾而起泡，可行的办法就是从外部用压缩空气施压。

树脂的溢出不但破坏石墨的不透性，同时使树脂流淌在石墨表面，降低浸渍石墨的导热性。

（2）热固化时加压的要求。在升温固化开始前即应最少加压至0.5～0.6 MPa。

目前各企业的热处理升温曲线均处于加压条件下进行。升温曲线随对工件的要求而异，各厂有自己行之有效的升温曲线。但应经过工艺评定。

二、热处理操作规程

酚醛树脂浸渍石墨热处理工艺流程如图12—2所示。

（1）把已室温存放的石墨浸渍件间隔放入热处理釜内，不可相互堆积。

（2）釜内施压不小于0.5 MPa。

（3）按升温曲线升温。

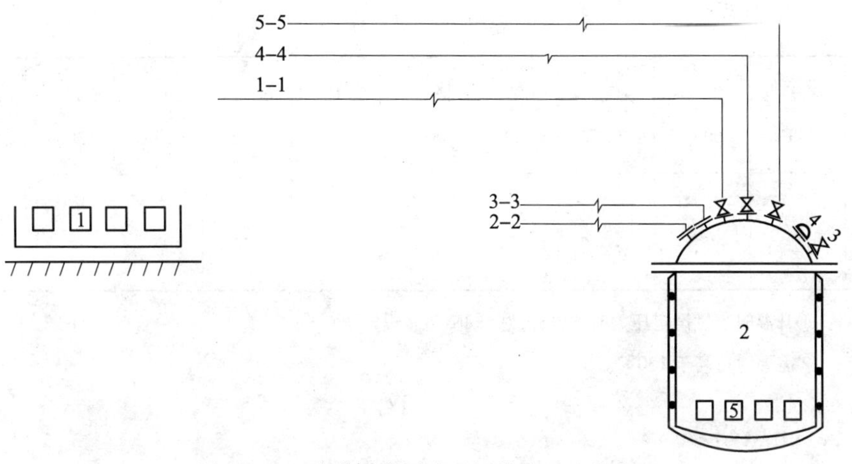

图 12—2　酚醛树脂浸渍石墨热处理工艺流程

1—已浸渍石墨制品堆放于室内场地 24 h 后等待热处理　2—热处理釜（夹套加热、承压）　3—安全阀　4—泄压阀　5—间隔堆放的待热处理浸渍石墨制品

1—1　原料抽吸管系（用于浸渍釜时，备用）　2—2　自动温度记录及水银温度计　3—3　自动压力记录及压力表　4—4　真空泵管系　5—5　空气压缩管系

热处理作业时必须升温至最高温度并保温，不然树脂虽然不流动了，但仍会有部分树脂未完全固化而影响耐腐蚀性能。

（4）需要时热处理前后对工件称重。

技能要求

一、操作准备

（1）分隔堆放石墨浸渍件于热处理釜内。

（2）合盖并均匀拧紧螺栓。

（3）关闭热处理釜放空阀。

（4）开启空气压缩机。

二、操作程序

（1）釜内加压至规定压力不小于 0.5 MPa 后保压。

（2）按升温曲线升温。

（3）至最高温度保温结束后，卸压后自然降温。

（4）至常温后，工件出釜。

常规的升温曲线见表 12—3，各厂可有不同升温曲线。

表12—3　　常规的升温曲线

温度	室温→50℃	50℃→60℃	60℃→70℃	70℃→80℃	80℃→90℃	90℃→100℃	100℃→110℃	110℃→120℃	120℃→130℃	130℃→室温
时间（h）	5	3	3	3	2	1	1	1	4	缓慢

说明：①升温时超过设定压力时须打开放空阀降压至设定值。

②需要时可高于130℃。

三、注意事项

由于密闭容器加热时可自行增压，故需注意观察压力表。当安全阀失灵，压力超过设定值时，就需手动降压，并及时汇报。

第4节　粘接作业

学习目标

➢ 了解安全防护知识。

能选择合格的树脂及辅料，检查并处理好基体材料及粘接表面，正确调整树脂黏度，并调配黏结剂。

知识要求

一、酚醛胶泥树脂影响粘接质量的控制

（1）质量指标在第一节的学习单元1中已有叙述。

（2）酚醛胶泥树脂的关键控制指标是黏度，如果黏度过小，势必加入过多的填料，否则胶泥在粘接过程中会发生黏结缝的胶泥流淌现象，同时影响胶泥的黏结强度。如果酚醛胶泥的黏度过大、与填料混合困难，则会限制配料规定的填料量的加入，对胶泥固化物的力学性能（例如强度）产生不利影响。

（3）凭目测来判断粘接树脂的黏度大小是不够的，对初级的操作者来说，可靠的做法还是采用落球法测定为好（但应注意：钢珠的质量为2.1 g、直径为

8.0 mm)，同时注意被测定树脂的温度应符合规定。

二、机具清理的目的

（1）在配料前除去机具内所含水分、油污、垃圾及上次配料后的残留胶泥固化物。

（2）如果有水分、油污带至配料胶泥中，会使黏结缝产生气孔及影响黏结强度。

（3）如果有垃圾与残留固化物带至配料胶泥中，会造成粘接不密缝，影响黏结强度或渗漏。

三、酚醛树脂及其配比对胶泥粘接质量的影响

可以用不同碱性催化剂制成酚醛树脂，在力学性能方面以采用碳酸钠做催化剂制得的树脂最佳，所以普遍采用碳酸钠做催化剂以制造石墨酚醛胶泥。使用时需加固化剂才能在常温下固化。固化剂有苯磺酰氯、对甲苯磺酰氯或其他酸性物质。普遍使用的是苯磺酰氯。

酚醛胶泥的配比见表 12—4。

表 12—4　　酚醛胶泥的配比（重量比）

项　目	配　比
2130 酚醛树脂	100
石墨粉	60 ~ 80
苯磺酰氯	5 ~ 8（视环境条件）

四、胶泥的混合及施工温度对胶泥粘接质量的影响

1. 酚醛胶泥的混合

（1）混合的配料量不宜过多，过多量的混合会产生过早的初凝放热，而影响粘接质量。

（2）配料时应先将树脂与苯磺酰氯混合均匀后再加石墨粉混合均匀，可避免固化剂的混合不匀而影响粘接。

2. 作业环境温度

（1）当环境温度低于 14.5℃时，苯磺酰氯会出现结晶，无法与石墨粉拌匀，影响黏结强度。

（2）当环境温度高时，需减少固化剂的加入量，就更需注意将树脂混匀，以避免固化不匀，影响黏结强度。

五、酚醛胶泥的初凝与固化知识

1. 初凝

是指树脂由第一阶段的流动态转为凝滞的中间状态（即第二阶段），胶泥表面有弹性，但不黏手，加热时能变软，在溶剂中能被溶胀或部分溶解。

2. 固化

是指树脂进一步缩合为体型网状结构，它已成为不溶、不熔的固态物质，用溶剂抽提时表面不发黏、不呈现颜色变化，此时的固化物已具备该树脂应有的耐腐蚀性能了。

技能要求

一、操作准备

1. 搅拌机或胶泥锅的清理

残留的胶泥固化物、垃圾及水分必须预先清除。

2. 原材料的质量校核及称量

（1）核对胶泥树脂黏度等质量指标。

（2）按操作规程规定的配比称量。

（3）配方规定的苯磺酰氯加入量应根据环境温度做调整，缺乏经验时应制作小样后确定。

二、操作程序

（1）用锉刀等清除黏结面浸渍后留下的树脂瘤，同时清除灰尘、水分。

（2）检查黏结缝的紧密贴合程度，做必要修整。

（3）对黏结面均匀抹胶泥。

（4）粘接后用工夹具收紧

1）拧紧工夹具的螺栓，使缝合面有胶泥溢出。

2）保证缝合面在初凝与硬化期间不移动。

（5）胶泥固化操作

1）室温内存放到胶泥初凝，不黏手。

2）连同夹具或拆除夹具（视常温固化程度确定）进烘房加热固化。

三、注意事项

1. 工件表面状况对黏结强度的影响

（1）黏结面的紧密贴合十分重要。

（2）不可忽略黏结面的水分、灰尘、树脂瘤的清除。

2. 胶泥配方中填料细度的重要性

配方中的填料必须过筛，按规定过筛 100 目，如果填料未经过筛、混入粗颗粒，就会造成黏结面的不密缝，从而降低黏结强度，甚至泄漏。

3. 工夹具使用的几点注意事项

（1）在黏结面均匀刮满胶泥后使用工夹具，不可夹后再松开补刮胶泥，会影响黏结面的密缝，从而影响黏结强度。

（2）工夹具的夹紧必须使黏结面均匀受力，黏结面不能移动、错位，以保证整个黏结面的密缝。

（3）工夹具应在黏结缝胶泥充分固化、已具备机械强度后方可拆除。

第 5 节　质 量 检 查

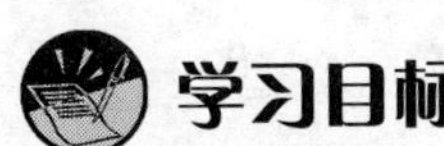

学习目标

➢ 了解浸渍增重率的测算方法。

➢ 能够根据工件情况判断浸渍质量、粘接质量。

知识要求

一、浸渍增重率的测算方法

1. 样品准备

可取 ϕ45 mm、长 45 mm 的石墨棒料每组 5 个。

每组试样反应一批材料的性能。相同原料、配方和生产工艺生产的同一规格石墨块材 30 t 内为一批。具体按 GB/T 13465. 1—2002 执行。

2. 步骤

（1）120℃以上烘干。

（2）试样称重，精确至0.01 g。

（3）随生产工件一起在大于等于120℃的温度下烘干。

（4）第一次浸渍、热处理，擦去表面树脂，称重。

（5）进行第二次浸渍、热处理后再称重。

（6）进行第三次浸渍、热处理后再称重。

3. 计算方法

按下式可计算浸渍石墨的第一至三次的各次增重率以及三次后的总增重率：

$$\Delta G = \frac{G_2 - G_1}{G_1} \times 100\%$$

式中　ΔG——浸渍石墨增重率,%；

G_1——试样浸渍前重量，g；

G_2——试样浸渍后重量，g。

二、石墨元件粘接表面的加工质量

（1）黏结面应平稳，避免凹凸不平。

（2）黏结面不得有灰尘、油污、树脂瘤等杂物。

技能要求

一、测定单块石墨元件的增重率

（1）单块石墨元件在温度大于等于120℃的烘房内烘干2～8 h（视单块元件的最大壁厚与含水量定）冷却至室温后称重。

（2）注上标记后与其他石墨元件入釜浸渍、热处理。

（3）经三次浸渍、热处理，每次浸后称重。

（4）每次浸渍后，在室温存放期间应刮去表面的残留树脂，热处理后锉去表面树脂瘤后再称重。

（5）按公式 $\Delta G = \frac{G_2 - G_1}{G_1} \times 100\%$ 计算每一次浸渍后的增重率与经三次后的增重率。

（6）增重率对同一种石墨材料，采用不同浸渍剂时具有可比性。

二、石墨元件黏结面加工质量检验

（1）黏结面的石墨材料表面不能有夹渣、裂纹等缺陷。

（2）黏结面不留有树脂瘤、灰尘、油污、垃圾等杂质。

（3）贴合后黏结缝的缝宽小于等于 1 mm，多用于平接形式。

（4）对于管子与管板的黏结缝加工质量的检验可借助样板、游标卡尺、深度尺、专用塞规来检查管板锥度孔及管子锥面。

（5）在采用螺纹粘接时，只要检查螺纹加工精度后，在螺纹上抹上胶泥将接管拧上即可。

三、注意事项

1．按树脂膜状况来判别固化度

用丙酮（或乙醇）擦拭树脂膜表面时，如固化良好，则棉球上无颜色呈现；如果固化不完全，就会有红色或褐色出现，据此可以判别浸渍石墨是否已完全固化。

2．树脂固化度的重要性

浸渍石墨与人造石墨的最大区别是不透性，它由浸渍树脂经固化后达到。如果固化度低，一则会降低抗渗性，二则会降低耐腐蚀性和强度。对石墨浸渍来说，采用棉球蘸取丙酮或乙醇擦拭浸渍石墨表面树脂膜后的变色状况来判断其固化度，不失为一种简便有效的方法。

思　考　题

1．简述浸渍剂黏度调整方法的优劣性比较。

2．简述石墨在浸渍后出釜存放期的作用，其时间的长短与环境条件是否有关？

3．简述粘接操作过程中发生胶泥呈现胶凝时的正确处置方案并说明理由？

4．酚醛浸渍后的热处理操作过程中为什么要按热处理的升温曲线升温？

5．提高浸渍质量的主要操作要点包括哪几方面？

6．提高胶泥粘接质量的操作控制点有哪些？

7．请分析黏结面的粗糙与光洁度对粘接质量的影响。